JIA

第18回 JIA 関東甲信越支部
大学院修士設計展

EXHIBITION OF STUDENT WORKS FOR MASTER'S DEGREE 2020

JN055209

はじめに

第18回大学院修士設計展が開催の運びとなりました。審査会としては8回目の開催となります。また今年も、本設計展の参加作品や審査過程と講評、大学研究室紹介を網羅した「2020大学院修士設計展作品集」を刊行することができました。本作品集の出版を無償で引き受けご尽力いただきました、総合資格学院岸隆司学院長および同学院出版局の皆様に深く感謝致します。

今年は新型コロナウィルス感染症の影響で、例年開催していた作品展は中止せざるを得ないと判断し、展示は本来のスタイルであるWEB公開にて行われました。また審査会についても例年の公開審査は断念し、書類による1次審査、その選抜者のみが直接参加した非公開の2次審査を執り行いました。苦渋の選択でありましたが、日本全体が自粛期間に入る直前に、なんとか審査会を開催できたことは、不幸中の幸いというタイミングであったと思います。

審査員にお迎えしました野沢正光氏にも、例年以上の審査作業をお引き受けいただき、厚く御礼申し上げます。また出展された院生諸君は勿論のこと、大学院専攻の関係各位にも御礼を申し上げます。

18回目を迎えたこの修士設計展も参加作品数44となりました。定着してきており、一人でも多くの大学院建築系専攻の院生諸君が、この修士設計展を自身の成長の機会とし、また新しい提案の発想の源として、大学院修了後のご活躍につなげていただくことを期待しております。

感染症の蔓延については、収束する気配も感じられません。そのような情勢のなかでも、可能な限りより充実した展覧会・審査会としていくつもりですので、関係各位のより一層のご協力をお願い申し上げます。

大学院修士設計展実行委員会 委員長

日野 雅司

JIA関東甲信説支部大学院修士設計展への協賛および作品集発行にあたって

　No.1の教育プログラムと合格システムを常に進化させ、日本で最も多くの1級建築士合格者を輩出し続ける教育機関として、ハイレベルなスキルと高い倫理観を持つ技術者の育成を通じ、建設業界そして社会に貢献する―、それを企業理念として、私たち総合資格学院は創業以来、建築関係を中心とした資格スクールを運営してきました。そして、この事業を通じ、安心・安全な社会づくりに寄与していくことが当社の使命であると考え、有資格者をはじめとした建築に関わる人々の育成に日々努めております。

　その一環として、建築に関係する仕事を目指している学生の方々が、夢をあきらめることなく、建築の世界に進むことができるよう、さまざまな支援を全国で行っております。卒業設計展への協賛やその作品集の発行、就職セミナーなどは代表的な例です。

　JIA関東甲信越支部大学院修士設計展は、2012年の第10回大会まで各大学院の代表を募り、WEB上にて展覧会を行っておりました。卒業設計に比べ、作品を公にさらす場が少ない修士設計において本設計展の意義を強く感じ、当学院は2013年から協賛させていただいております。協賛して8年目となる2020年の第18回は、審査員に野沢正光氏をお招きし、審査会を開きました。そして、その記録や出展作品をまとめた本作品集を発行することで、設計展の更なる発展を図っております。

　また本作品集では、2020年度に本設計展に応募された大学から15の研究室を取材し、各研究室のプロジェクトや取り組みを掲載しております。近年の建築・建設業界は人材不足が大きな問題となっており、国を挙げて問題解決に取り組んでおります。しかし一方で、建築を志す若い人々が漸減傾向にあることも見逃せません。そのような状況を踏まえ、研究室の活動を紹介した本作品集が、高校生をはじめとした、建築に興味を持ち始めた若い人々の道標の一つとなることを願っております。

　本年は新型コロナウイルス感染拡大により、私たちの生活や社会の仕組みそのものが変化せざるを得ない状況となりました。そのようななか、本設計展に出展された修士学生の方々、また本作品集をご覧になった若い方々が、時代の変化を捉えて新しい建築の在り方を構築し、高い倫理観と実務能力を持った建築家そして技術者となって、将来、家づくり、都市づくり、国づくりに貢献されることを期待しております。

総合資格学院 学院長

岸 隆司

CONTENTS

①調査・分析が重視される修士設計。密度の高い作品を前に、審査にも力が入る ②慎重に議論を重ねる審査員の野沢氏と実行委員 ③2次審査進出候補の作品がピックアップされていく ④2次審査は模型とプレゼンテーションパネルを会場に持ち込み行われた ⑤プレゼン終了後、審査員と実行委員がコメントを述べていく

⑥ 東京都立大学大学院・小泉雅生研究室　⑦ 東京工業大学・安田幸一研究室　⑧ 神奈川大学大学院・石田敏明研究室　⑨ 東海大学大学院・野口直人研究室　⑩ 東京理科大学大学院・伊藤香織研究室

CONTENTS

第18回 JIA 関東甲信越支部 大学院修士設計展

［主催］

JIA 関東甲信越支部大学院修士設計展実行委員会

委員長： 日野雅司（東京電機大学 准教授／SALHAUS 一級建築士事務所 共同主宰）

委　員： 岡野道子（芝浦工業大学 特任准教授／岡野道子建築設計事務所 主宰）

遠藤政樹（千葉工業大学 教授／EDH 遠藤設計室 主宰）

下吹越武人（法政大学 教授／A.A.E. 一級建築士事務所 主宰）

杉山英知（スタジオエイチ一級建築士事務所 主宰）

古澤大輔（日本大学 准教授／リライト_D アドバイザー）

※２次審査には、岡野氏の代理として青島啓太氏（芝浦工業大学 特任助教）が参加

［協賛］

株式会社 総合資格　総合資格学院

［参加大学院］

神奈川大学大学院、工学院大学大学院、芝浦工業大学大学院、首都大学東京大学院、昭和女子大学大学院、
多摩美術大学大学院、千葉大学大学院、千葉工業大学大学院、筑波大学大学院、東海大学大学院、
東京藝術大学大学院、東京工業大学大学院、東京電機大学大学院、東京都市大学大学院、東京理科大学大学院、
東洋大学大学院、日本大学大学院、日本工業大学大学院、日本女子大学大学院、法政大学大学院、武蔵野大学大学院、
武蔵野美術大学大学院、明治大学大学院、早稲田大学大学院

［応募作品］

44 作品
（審査 43 作品）

［応募作品］

2020 年3月10日（火）
13：00 ～ 17：00 ／1次審査

2020 年3月19日（木）
13：00 ～ 16：20 ／2次審査
16：20 ～ 17：00 ／表彰・総評

［審査員］

野沢正光
建築家／野沢正光建築工房 主宰

［会場］

JIA 館1階・建築家クラブ

［受賞作品］

最優秀賞

階段空間とその周囲の場の連続
（多摩美術大学大学院・王琳）

優秀賞

心地よい雑然さ
―境界の干渉から考える空間の多様性―
（芝浦工業大学大学院・杉沢優太）

歩く都市横断
―ロングトレイルによる非効率的経験とその価値化―
（法政大学大学院・野藤優）

奨励賞

ポストコロニアル
―コロニアル都市カスコ・アンティグオ（パナマ）の
未来都市への再編―
（千葉大学大学院・幕田早紀）

台湾味ミリュー
―宜蘭の礁渓における共食景の提案―
（法政大学大学院・呉沛綺）

ARCHIVE

01　WEB 版

JIA 関東甲信越支部 大学院修士設計展は、「新しい提案と発想の場」として、より多くの建築学生に活用されるべく、WEB での作品展示を行っています。WEB 版では今年度の全出展作品を閲覧できるのはもちろん、過去の出展作品なども閲覧できます。

WEB 版 URL → https://www.jia-kanto.org/shushiten/

02　JIA EXHIBITION OF STUDENT WORKS FOR MASTER'S DEGREE 2014
第 12 回 JIA 関東甲信越支部大学院修士設計展

第 12 回 JIA 関東甲信越支部大学院修士設計展
審査員：伊東豊雄
37 作品掲載／17 研究室紹介
編著：日本建築家協会関東甲信越支部
定価：1,800 円＋税

03　JIA EXHIBITION OF STUDENT WORKS FOR MASTER'S DEGREE 2015
第 13 回 JIA 関東甲信越支部大学院修士設計展

審査員：坂本一成
41 作品掲載／17 研究室紹介
編著：日本建築家協会関東甲信越支部
定価：1,800 円＋税

04　JIA EXHIBITION OF STUDENT WORKS FOR MASTER'S DEGREE 2016
第 14 回 JIA 関東甲信越支部大学院修士設計展

審査員：富永讓
46 作品掲載／29 研究室紹介
編著：日本建築家協会関東甲信越支部
定価：1,800 円＋税

05　JIA EXHIBITION OF STUDENT WORKS FOR MASTER'S DEGREE 2017
第 15 回 JIA 関東甲信越支部大学院修士設計展

審査員：長谷川逸子
45 作品掲載／24 研究室紹介
編著：日本建築家協会関東甲信越支部
定価：1,800 円＋税

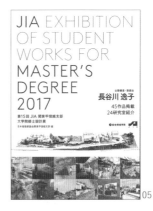

06　JIA EXHIBITION OF STUDENT WORKS FOR MASTER'S DEGREE 2018
第 16 回 JIA 関東甲信越支部大学院修士設計展

審査員：難波和彦
41 作品掲載／15 研究室紹介
編著：日本建築家協会関東甲信越支部
定価：1,800 円＋税

07　JIA EXHIBITION OF STUDENT WORKS FOR MASTER'S DEGREE 2019
第 17 回 JIA 関東甲信越支部大学院修士設計展

審査員：山本理顕
47 作品掲載／18 研究室紹介
編著：日本建築家協会関東甲信越支部
定価：1,800 円＋税

Chapter 1 審査会

2020年3月10日に1次審査、3月19日に2次審査が行われた。
審査員・野沢正光氏と実行委員による審査の様子、
出展者との議論、総評を紹介する。

JIA
EXHIBITION
OF STUDENT
WORKS FOR
MASTER'S
DEGREE
2020

1次審査

新型コロナウイルスの影響により、2020年3月17日（火）〜20日（金・祝）に予定していたJIA修士設計展の作品展示と公開審査が中止となった。このため、3月10日（火）に非公開での1次事前審査が、JIA館・建築家クラブにて開催された。2020年の審査員は、自然エネルギーや豊かな外部環境といった、多様な要素を統合した建築に取り組む野沢正光氏。一人の審査員に、審査方法から選出まで委ねるのがこの設計展の特徴だ。野沢氏を中心に実行委員を含めた協議を経て、2次審査に進む作品が絞り込まれていく。

【審査員】

野沢 正光 （建築家／野沢正光建築工房 主宰）
Masamitsu Nozawa

2001年、日本建築家協会第3回環境建築賞一般建築部門最優秀賞「いわむらかずお絵本の丘美術館」。2012年、日本建築学会作品選奨／2014年、第14回公共建築賞優秀賞「立川市庁舎」。2015年、第19回木材活用コンクール農林水産大臣賞「和水町立三加和小中学校」。

1次審査では、出展者から提出されたA1パネル資料が会場に並べられ、野沢氏と実行委員による資料の読み込みが行われた。その後、野沢氏により10数点の作品が候補に挙げられ、そこから実行委員を交えた協議へ。モニターに各作品の資料を映し出しながら議論を交わし、さらに作品を絞り込んでいく。その結果、10作品が2次審査へ進出となった。

全出展者の提出資料を読み込んでいく

2次審査進出作品の絞り込み

2次審査進出作品

■ 杉沢優太 （芝浦工業大学大学院）
「心地よい雑然さ
　　―境界の干渉から考える空間の多様性―」

■ 髙野美波 （昭和女子大学大学院）
「まちを織り、繋ぐ建築
　　―図書館機能を中心とした住民に寄り添う建築の提案―」

■ 王 琳 （多摩美術大学大学院）
「階段空間とその周囲の場の連続」

■ 中山陽介 （千葉工業大学大学院）
「滲み合うアンビエンス」

■ 幕田早紀 （千葉大学大学院）
「ポストコロニアル　―コロニアル都市
　　カスコ・アンティグオ（パナマ）の未来都市への再編―」

■ 庄井早緑 （東京電機大学大学院）
「生きられた家と生きられる家　―経験と記憶の設計実験―」

■ 原 寛貴 （東京電機大学大学院）
「谷戸多拠点居住論
　　―縮減する横須賀谷戸地域における拠点建築の提案―」

■ 高木駿輔 （東京都市大学大学院）
「准胝塔　―密教における塔建築の再考―」

■ 野藤 優 （法政大学大学院）
「歩く都市横断
　　―ロングトレイルによる非効率的経験とその価値化―」

■ 呉 沛綺 （法政大学大学院）
「台湾味ミリュー　―宜蘭の礁渓における共食景の提案―」

2次審査
（質疑応答）

2次審査は3月19日（木）に、引き続きJIA館・建築家クラブを会場に行われた。コロナウイルスの感染対策として、一般来場者を制限し、規模を縮小しての開催となった。当日は会場に模型が持ち込まれ、出展者によるプレゼンテーションと質疑応答を実施。設計展含めさまざまなイベントが中止となる中、形式は変わったものの、研究の集大成となる修士設計を披露する貴重な機会となった。

奨励賞　ポストコロニアル
—コロニアル都市カスコ・アンティグオ（パナマ）の未来都市への再編—

千葉大学大学院・幕田 早紀　　▶▶▶ P.36

野沢 なぜあなたは、パナマに6ヶ月滞在したのですか？

幕田 スペイン、中南米に興味があり、パナマ大使館主催の交換留学プログラムに参加しました。

野沢 現地の水の問題は、行く前から知っていたのですか？

幕田 行く前は知りませんでした。実際に滞在している間、1週間に1度は突発的な断水があり、首都であるにも関わらず不便だと思いました。

野沢 パナマの中でも、特にこのカスコ・アンティグオという都市が世界遺産に指定されているのですね。他の中南米の国と同じように、なかなか課題の多い国へ、土木スケールのものを提案してきたことに、僕はかなり驚きました。さらに、まちが抱える課題に対

千葉大学大学院・幕田 早紀さん

してあなたが組み立てた善意はとても力強く、好感を持ちました。

下吹越 デザインルールの説明で、2mの壁面後退をしなくてはならないと話されていたかと思います。そのガイ

ドラインの目的や意図を、もう少し説明していただけますか。新築するものは全てその制約に従う必要があるんですよね？

幕田 はい。そもそも既存の壁を壊すことができません。世界遺産への登録にあたって、そのようなルールが制定されました。

下吹越 工事中の建物もいくつかあると説明されましたが、その制約の下で新築されているということでしょうか？

幕田 工事中というよりは、空き家と廃墟が多いです。

下吹越 なるほど。あなたの提案ではセットバックによる効果はありましたか？

幕田 おそらくですが、新しくつくられる壁は、古くからある壁を尊重したデザインになっています。

下吹越 都市に対する提案としては、僕も野沢さんと同じように好感を持って聞いていました。しかし、あなたが提案した建築が都市に対してどのような配慮や意図のもとに設計されたのかが、いまひとつ伝わってきませんでした。セットバック以外に、何か意識したことがあれば教えていただきたいです。

法政大学大学院・呉 沛綺さん

幕田 セットバック以外には、市壁跡を中心にした動線を計画しています。船着き場に下りる中央の階段は、かつてあった市壁と同じラインに配置しました。

遠藤 既存の壁を残しながら、新たに水辺空間を設計しているのは、非常にいい試みだと思います。

野沢 もうひとつ質問です。パナマ運河の真ん中、ガトゥン湖には大量の淡水がある上、年間の降雨量が世界平均の３倍であるということですが、真水がそんなにあるのに水源の確保が課題となっている。となると、この水問題が解消できない原因はお金ではないかと誰もが思いつくのではないでしょうか？

下吹越 水はこんなにたくさんあるのに、なぜできないのか。障壁がありそ

うですよね。僕は治安かなと思いました。何だと思いますか？

幕田 お金でも治安でもなく……もっとパナマ運河に水を通したい、パナマ運河を拡張していきたいという国の方針があり、それが断水の解決よりも重要性が高くなっているのだと思います。

奨励賞　台湾味ミリュー
―宜蘭の礁渓における共食景の提案―

法政大学大学院・呉 沛綺　▶▶▶ P.40

野沢 この建物は全てあなたが新しく計画した建物ですか？

呉 いえ、既存の空き工場があって、それを取り囲むように構築しました。

野沢 屋外につくられている部分は、空き工場を再利用しているということですよね。もとのストラクチャーを切断しているのですね？

呉 はい。

野沢 カラフルな屋根があるところは何ですか？

呉 市場になっています。

野沢 エスキスで考えてから、プロットを描いていくような方法をとっているのですか？

呉 台湾のアイデンティティを導き出し、さらにそれをどのような形で敷地上に設計するかを考えました。そして、その中から最も直接的なプログラムを抽出しています。

野沢 下町から集めてきたサンプルを、「接続方法」と「素材」という観点からそれぞれ分析していますが、「接続方法」の分析はモノの接続としては納得できました。君が撮影してきた場所の写真は、好きなものを並べたコレクションのようで、並べ方もそれほど理屈っぽくない。これらを「発見した」と言いましたが、建築計画を見るとシークエンス的構成になっています。花びら構造の床を用意して、周辺環境との関係性から選び取られたコレクションをブリコラージュ的に散りばめているように見えるのですが、そのような理解でいいでしょうか？

杉沢 分析の過程で発見した言語というのは、建築の全体構成をつくり上げる空間の要素でしかなく、それはある程度、汎用性があります。花びら構造を用いた原理は、ワークプレイスのコンセプトからきています。

野沢 分析は、建築とは別に考えているということだよね？

杉沢 そうですね。

野沢 「接続方法」と「素材」の分析、またはあなたの興味から建築が突然現れるということはないんですね。

杉沢 はい。まずは土台をつくって、そこから、どのように周囲と接点をつくるか検討する課程において、発見したボキャブラリーが生かされます。構造形式を検討する際にも、周囲との接点が多いものを選んでいます。

下吹越 建物の用途はワークプレイスということでしたね。ここでどんな活動をして過ごすのか、どんな場所として想定されているのか、もう少し具体的に説明していただけますか？

杉沢 基本的にはひとつの会社が入居するビルを想定しています。クリエイティブ系の業種で、フリーアドレス制によりその日ごとに席を移動して仕事ができるようになっています。

野沢 用途にはあまり興味がなさそうですね（笑）。

下吹越 そのようです（笑）。機能が建築に影響を及ぼさないプログラムを用意したというように聞こえます。いろいろな空間要素を展開させる時に、具体的なアクティビティとの境

芝浦工業大学大学院・杉沢 優太さん

界を設定して、それらの関係性を織り込んでいった方が面白くなったのではないかと思います。でも、別の方向性に興味を持っているということなんでしょうね（笑）。

古澤 この建築の全体性を決めているという花びら構造は、縦動線ですよね。強い全体性をつくっている一方で、空間の性質を決めているのは雑然さから導かれた9つの空間性質です。これらは今回の花びら構造以外にも相性がいいのか、あるいは全体構成を決めると必然的に花びら構造が選ばれるのか、どのプログラムにも適用可能なのか、そのあたりのニュアンスを教えてください。

杉沢 9つの空間性質を、例えばラーメン構造にも全て適用できるかというと、そうではありませんが、少なくともいずれかの性質は必ず当てはまります。

古澤 そうすると、また別のプロジェクトで花びら構造以外のものを採用した場合には、9つの空間性質に強弱が出るということですよね。その強弱が今回のプロジェクトではどのように出たのか、そうした追従可能性を示してくれたらより良かったと思います。

野沢 自分が面白いと思った要素を建築設計に取り込むような考えは建築

家も持ち合わせているかと思いますが、杉沢さんが提案したものは一種のコレクション、趣味に近いものにも見えます。だからいけないと言っているわけではなくて、それはそれで良いのですが、集めてきた素材に対し、設計者がしっかりと枠組みを用意しなければ建築が立ち現れてこないのであれば、その建築はオーナメントにしかならない可能性もある。

かつて内田祥哉氏らは、建築生産の工業化をにらんだビルディングエレメント論を提唱し、建築の内部がどのような性質の部位で構成されているかを明らかにしようとしました。同じ視点で、建築の中で要素がどのように絡むのかということまで考えて欲しい。何か楽しいものを発見したと言うのなら、もう少し本丸に近づくかもしれません。現状は、発見した空間性質に寄り添うことで複雑さや雑然さが具体的に現れると思うあたりに、やや飛躍があるように感じます。しかし力作だと思います。

法政大学大学院・野藤 優さん

優秀賞　歩く都市横断
―ロングトレイルによる非効率的経験とその価値化―

法政大学大学院・野藤 優　▶▶▶ P.32

野沢 ロングトレイルのコースは、東日本大震災で冠水したり破壊されたりした部分も多くあるのですか？

野藤 そうですね。復興公園として再生されている場所も、コースの一部として含んでいます。

野沢 手を加えたのは3ヶ所だけで、30kmのコースすべてではないのですね。

野藤 はい。ロングトレイルの特徴として、都市の機能を使いながら歩くという点があります。敷地設定の際は、この特徴に倣い、歩きながら都市の機能をプロットしていき、明らかに機能が足りないところを補完するように意識しました。

杉山 このコース自体はすでにあるのですか？

野藤 はい。日本ロングトレイル協会というところが認定したコースとしてあります。

遠藤 八戸の環境を考えると厳しいような気がしますが、その点についてはどうですか。

野藤 このコースは、もともと冬には使用できなくなっています。積雪時には特に海側が危険なエリアとなるので、冬場の厳しい環境下を歩くことはあまり想定していません。

杉山 年間どれくらいの人が歩いていますか？

野藤 場所によって異なりますが、1ヶ月に100人前後です。

野沢 コースが30kmもあるので難しいかもしれませんが、あなたがつくったこの建築によって現れる風景など、期待が持てるような説明があるといいですね。

野藤 コースを歩いた経験を踏まえて建築をつくっているので、建築だけでなく、その建築の中を歩いていくような経験や建築のあり方が設計で生かされています。

野沢 そうですよね。建築の価値よりもトレイルの価値の方が大きいわけで、それを提案に落とし込んでいる。提案の中では遊歩道が最も魅力的で、建築的であると思いました。

野藤 ヨーロッパにあるようなツーリストルートは、垂直や水平など建築的な要素を強調することで、あえて自然を対比的に際立たせています。でも僕は、日本ではそのような形が適さな

いと思っていて、この地域に住む個々人の生業とアドホックな住民の生活、両者の間に僕がやろうとしているデザインがあるような気がします。

野沢 三陸海岸は、戦後何度か大きな津波の被害に遭っています。今回の敷地は、いわゆる入江のようなリアス式海岸が広がっていますから、ひどい洪水が起きるような地域ではないのですか？

野藤 はい。むしろリアス式海岸であるから、岩場が波を止めてくれているという現状があると思います。

最優秀賞 階段空間とその周囲の場の連続

多摩美術大学大学院・王 琳 ▶▶▶ P.24

野沢 とても面白い研究内容でした。あなたがはじめに取り掛かった階段のスタディについて、例えばル・コルビュジエのジャンヌレ邸など、どれか具体的な対象を挙げて、より詳細な説明をお願いします。

王 コルビュジエの作品は、開放された部分と囲われた部分がそれぞれ特徴的です。包囲面に番号をふって分析していくと、4つの空間に分類することができました。

野沢 この部分を取り出してレポートにしても面白そうです。アドルフ・ロースの作品に対する分析はどうですか？ こちらは具体的なプランを提案していますね。

王 ロースの作品では、ミュラー邸を中心に分析結果を挙げています。A、B、C…と設定したエントランス空間、そこから伸びる階段に番号を振って、階高の変化と水平方向接続を数値化し、表を作成しました。

野沢 なぜコルビュジエの場合とは異なる分析方法を用いたのですか？

王 ロースの作品は階段が多いからです。それぞれ特徴が異なるので、別の分析方法を採用しました。

野沢 なるほど。

古澤 おそらく、この場ですぐには理解しきれないと思うんですよね（笑）。あなたが今回つくったものは建築なのでしょうか？ 概念モデルを利用して建築をつくるヒントを提示しているのか、それとも建築としての全体像を示しているのか。

王 ヒントだと思っています。

古澤 それを見て僕らが刺激を受けて建築を構成していくようなツールです

多摩美術大学大学院・王 琳さん

よね。でも僕がツールを使おうとした時にストーリーに乗り切れない原因は、階段の幅と階高を全部統一していること。それによって階段レベルの差異を導き出すのは鮮やかな方法ですが、階段の上で行われるアクティビティが排除されてしまいます。それでは概念的なツールに留まってしまうのではないでしょうか。なんだか反論になっていて申し訳ないのですが。

王 要素も抽出すると、自分でもわからなくなってしまいます。

古澤 階段に着目しながらも階段以外の部分に豊かさをもたらす、もしくは階段を統一することで階段以外の差異を減らす。そういうことをやりたかったんですよね？

王 はい。

野沢 モダニズムの重要な建築家の作品を素材にして調べていくことで、あなたがつくる建築も同じ方法で今後調べていくことができると考えると、このように抽象的なことを考えることは、なかなか魅力的ですし、発見的だと僕は思いました。

プレゼンテーション終了後は座席の向きを変えて、審査員からファイナリストへ語りかける形に

日野 全員のプレゼンテーション・質疑応答が終わりました。これを受けて受賞者を決める審査を行いますが、審査方法は審査員である野沢さんに委ねられています。どのようにしましょうか？

野沢 今日この場に来ることができなかった30数点の作品は、残念ながらクローズドな書類審査の段階で選別してしまいました。僕はあの書類だけを見て、本当はすごくおもしろい提案を見落としてしまったのではないかと、未だに思うこともあります。しかし、今の社会環境の中ではこの方法しかなく、落としてしまった他の作品も大変気になっています。ファイナリストとなった10作品に関しては、皆さんからきちんとプレゼンテーションを聞くことができ、ホッとしています。

　さて、ルール上、ここから受賞者を決めざるを得ないのですが、実行委員の皆さんと議論しながら公平に選んでいきたいと思います。まずは青島さんから、追加で質問したいことや感銘を受けたプロジェクトなど、コメントをいただけますか？ ほかの実行委員の方も、同じように続けてください。

青島 非常にレベルの高い設計で刺激を受けました。まず、インパクトが大きかったのが、千葉工業大学の中山君の提案です。内部空間から想像するに、この建築からさまざまな影響が出てくるであろうということが面白く感じました。さらに、その裏に隠れている建築家としての職能まで考えると、大学院生のレベルを超えた範囲まで扱いながら、よくまとめ上げていると感銘を受けました。他に、東京電機大学の庄井さんは企画のまとめ方が興味深く、これからの建築に求められてくるものは、

やはりモノとしてのデザインだけではなくコトのデザインというか、分析自体がデザインになっていくことだと思います。そうした視点で見ると、制作・分析ともにかなり深いところまで考えられていて、非常に可能性を感じました。

古澤 気になったものを挙げると、芝浦工業大学の杉沢君、昭和女子大学の髙野さん、法政大学の呉さんの提案です。杉沢君は構築力が非常に高い学生だと思いました。建築の全体性をストラクチャーが決めるということを理解した上で、空間性質の9つのモデルがその全体性を揺るがすような、装飾が全体を凌駕するような関係を模型から感じました。髙野さんは、リサーチによってプログラムを導き出し、それを敷地になじませるような建築形態をつくっている。非常にオーソドックスかつ優秀な提案です。プログラムに対する熱意を感じました。そういう意味では、プログラムと形態がほとんど関与しない杉沢君の提案と正反対のものです。そして最後、呉さんの提案は、正直まだ理解しきれていませんが、配置図がとても美しいと感じました。この線の引き方、屋根伏せ図。非常に美しく、1枚の絵画のようでした。

杉山 僕も、呉さんの提案に対して、一つひとつのまとめ方や色使いが非常にきれいで、センスを感じました。多摩美術大学の王さんにひとつ質問です。研究対象にコルビュジエとロースを選択した理由は何かありますか、単純に興味があったから選んだのですか？

王 興味もありましたが、どちらの建築も階段が特徴的だったので選びました。

杉山 はい、ありがとうございます。この他に印象的だったのは髙野さんの提案です。図書館というと、学生の課題を見ていてもまちに開かれたオープンな図書館が多いですよね。髙野さんが『新建築』を調べた時も、そういったオープンな図書館の事例がほとんどだったと思います。そこをあえて、中からは周囲の雑居ビル群をあまり見せない、通過動線としてだけの閉じた図書館を提案しているように思えて、面白いなと思いました。

遠藤 修士設計ではリリーチに重きを置きますが、そうすると問題となってくるのは、リサーチ・分析からどうやってジャンプして作品にまでまとめるかということだと思います。明確な目的があると上手くまとまりますが、今の世の中でそういったものを自身の中に見出すことはなかなか難しいでしょう。したがって、どう切り出すかというところに、設計者としての主体性が出てくると思います。手法としてひとつあげられるのは、リサーチ結果に対して反対の意見で組み立てることです。もうひとつは、それぞれが異なる考えを持った他者であることを前提に、ひとつにまとめることを拒否して、リサーチ結果をそのまま示すことではないかと思います。そしてその示し方をデザインする。前者は使いやすい手法ですが、後者は少し難しいかもしれません。そして、こうした観点で今日の提案を見ていくと、気になった作品が3点ありました。まずは、階段の新しい見方を提示していた王さん。2つ目の方法を上手く提案していたと思います。それから中山君。彼の場合は、1つ目の批判的精神をもって、経験と実験を通してより巧みに全体を捉えようとしていたと思います。その意味で、2つ目にも挑戦しようとしている。あとは高木君。密教に対する自分なりの考えをもって、批判的に仏教建築を作品として仕立てた点を評価しました。

下吹越 変則的ではありましたが、皆さんの発表を聞くことができて良かったです。大変楽しく、活気に満ちた時間を過ごしました。遠藤先生がおっしゃったように、やはり修士設計はリサーチとデザインをどのようにして結び付けるかが重要です。そうした観点から自分の大学の話で恐縮ですが、法政大学の2人の提案は、個人的にはここ数年の修士設計の中でとても印象深い作品でした。リサーチからデザインにアプローチする際、野藤君は自分で歩いて身体に刻み込んだ体験をとにか

く絵に描き続けて模索していった。呉さんは常に表現にこだわった独創的なスタディ模型とドローイングをつくり続けながら、台湾のアイデンティティとは何かという非常に大きなテーマを実体化しようとしていた。この2人に共通することは、建築を信じる心がとても強かったということ。これが僕にとっては感動的で、学ぶことが多かったです。ファイナリストの皆さんの話を聞いていても、同じように建築の力を信じる心が感じられて、それぞれのアプローチの仕方、興味の中できちんと建築をつくろうとしている姿勢が伝わってきました。先に述べた2人のほかに気になったのは、王さんの提案です。建築をつくろうとする姿勢の話とは逆説的かもしれませんが、階段だけを、隣接空間との位置づけを階段の性質として定義した上で切り取って、リサーチ・パターンを展開している。非常に抽象的な思考の強度が伝わってきて、大変興味深く見ていました。それから、千葉大学大学院の幕田さんは、とてもいいプロジェクトを提案していました。一つひとつのアイデアはシンプルですが、明快であり、リアリティも感じられる。建築のデザインとしては気になる点がたくさんありますが、広げた風呂敷の大きさに心を打たれました。

日野 今日集まった10人の話を聞いただけでも、アプローチの仕方がさまざまで、そこが修士設計の面白さだと感じました。大雑把に分けると、計画そのものに価値を見出す人と、設計の手法をつくることに価値を見出す人を見て取ることができます。計画に重きを置いた場合は、「何をつくるか」が最も重要であって、手法の場合は「どうつくるか」が重要になると言うことができます。前者では風呂敷を大きく広げているか、社会的に意義があるか、そうしたところが明確に見える提案が良いと思

審査員・実行委員の言葉に耳を傾けるファイナリスト

います。後者は汎用性・普遍性のある手法を見出すことができているかどうか、が注目される点です。

この2つの軸で考えると、幕田さんの提案というのはまさしく計画的だと思いました。また、中山君は高いリアリティのある提案しているところが非常に良いと思います。どちらもその場所だからこそこの建築をつくるということに価値がある、というような計画的な提案です。中山君の提案は、議論の中で「かっこ良い・かっこ悪い」という話が上がりましたが、私としてはかっこ悪いと思いませんでした。建築の「かっこ良い」という概念を刷新してくれる案のようにも思えて、面白かったです。手法的な提案としては杉沢さんと王さん、庄井さんが挙げられます。その中でも王さんは階段空間を突き詰めるという、建築に正面から取り組むようなテーマを選んでいますが、手法研究が興味深いだけでなく、その結果最終的にできあがったたくさんの提案が、なんとも言えず魅力的だという点が一番の強みだと感じます。

野沢 実行委員のみなさんのコメントを聞きながら、話題に挙がった人に印をつけていったのですが、ほとんど全員に印がついてしまいました（笑）。大学によって指導方法や方針は違いますから、今日の審査は修士設計展というひとつのフィールド上で、サッカーやラグビーを

同時にやるようなものでした。ですから、受賞した作品が他と比較して優れているということではありません。

そのうえで、僕が1次審査の段階でいいなと思ったのは、野藤君の提案です。最終的に手を加えたのがロングトレイルコース上の3ヶ所だけという点は不満ですが、こういったスタディをしてもらいたいなということで、まずは野藤君を受賞者に選びたいと思います。次に王さんを選びます。先ほど、日野先生が計画と手法という分類を示していましたが、王さんは手法的な提案ということで、このゲームのような内容には驚かされました。それから幕田さんですね。大変壮大なテーマを扱っていることに加え、パナマに6ヶ月滞在してこの設計をつくり上げた。日本の建築家や学生がどちらかというと国内に閉じてしまっている中、背中を推したくなるような提案でした。「Think global, act local」という言葉がありますが、「local」が指すところはパナマでもいいわけですよね。僕はフェルディナン・ド・レセップスやギュスターヴ・エッフェルなど開拓者の姿勢を持った人たちが大好きです。審査員の好みも判断材料に含めていいはずですから、幕田さんも受賞者に入れたいと思います。

次は杉沢君です。模型の形が面白く、オーナメンタルさも感じられますが、プレゼンテーションはさすがでした。もう一人は……呉さんにします。しかしながら、次点には中山君を推しています。実際にプロジェクトが動き出していて、大変期待しています。かっこ良い建築になることと思います。風呂敷を最大限広げて、この建築がどのようにリノベーションされるのかということを共有するためのメッセージとなる意味では、とても共感できます。ですが、古い建物とかつてそれを設計した建築家に対するリスペクトを忘れないでほしい。路傍の石のような建物でも、どんな建物で、どんな意図でつくられたのか、まずはしっかりと捉えてみてください。それを踏まえた上で手を加えることを考えるという手続きは、絶対すべきです。人のつくったものにはいつでも作為があり、何らかの問題解決を図ろうとする努力がされているわけですよね。素材にしようとする建物が持つ物語を尊重し、そこに携わってきた人たちの話をよく聞いていくことが大切なのだと思います。もう一つ言及すると、東京電機大学の原君の提案にあったような空き家について、空き家に手を加えることで地域に人を呼び込むという考え方は良いです。しかし、対象とする空き家は、本当にもう人が住めない、タダで差し上げますと持ち主が言うようなものでなければ、再生させる根拠が発生しないと思いますので、見極めが大切です。

口野 受賞者5人が挙げられました。慣例としては最優秀賞1人、優秀賞2人、奨励賞2人の割合となっていますが、この割合は審査員の判断で変えてしまっても構いません。しかし、やはり最優秀賞1人は決めていただきたいです。

野沢 どうしましょう。逃げるようですが、建築になっていないものにします。ということで、最優秀賞は王さんです。そして優秀賞を杉沢君と野藤君、奨励賞を幕田さんと呉さんに選びます。繰り返しになりますが、賞を決めたからといって、その提案が比較して優れているということではないですよ。10分後には、また考えが変わっているかもしれない。それくらいあやうい評価軸ですが、今回のゲームのルールに従った結果ですので、お許しいただくしかありません。

さて、新型コロナウイルスが世界規模で広がっている年に遭遇してしまったことは、皆さんにとって自身の社会を考えるきっかけにならざるを得ないでしょう。これによって、社会の価値そのものが変わるかもしれない。東日本大震災の時もそうでした。だから今回、野藤君の提案を優秀賞に選んだのかもしれないし、パナマを対象とした幕田さんの提案でも、ヨーロッパ諸国による新大

陸の侵略、あるいはペストの蔓延を思い起こしていたかもしれません。

つくる作業としての建築は、ささやかでも社会に対する作為なのだと思います。つくるものは小さな住宅ひとつかもしれないけれど、それは大きく社会につながることができる。これが、建築をつくることの拠り所になるのではないでしょうか。平穏な社会がずっと続くわけではないのだという事実を突き付けられながら、建築という平和な仕事をしていく難しさと面白さの中で、皆さんがその作為を続けてくれることを期待しています。僕も、僕らを包み支配しているこの社会に対する作為を続けていきます。今日はありがとうございました。

—— 表彰式 ——

表彰式にて。左から、王さん、野沢氏

協賛する総合資格学院からは副賞が授与された

受賞に際しコメントする王さん

Chapter **2** 出展作品

本設計展の出展者は、
各大学院の専攻における代表者となる（各専攻2作品まで）。
受賞作品を含む43作品を紹介する。

— Exhibitors Works —

JIA
EXHIBITION
OF STUDENT
WORKS FOR
**MASTER'S
DEGREE
2020**

● 最優秀賞

階段空間とその周囲の場の連続

王 琳
Wang Lin

多摩美術大学大学院
美術研究科
デザイン専攻
松澤穣研究室

建築家にとって上下を繋ぐ階段は、建築要素の中で最も力を注ぐ部位の1つだ。階段自体やそのディテールに目を向けた研究や書籍が多い中で、本研究は階段空間を切り口として建築家の作品において捉えられる特質を「階段空間とその周囲の場の連続性」と題して研究する。その隣接空間との連続性を模索すると同時に、建築の可能性を広げたいと考えている。

コルビュジェ、ロースなどの建築家の特徴に合う分析方法でそれぞれ考察し、整理した結論に基づいて、階段空間を囲う包囲面に焦点を当て、自らの実験設計を行う。階段、スラブ、壁、この3つの構築物に分け、それぞれ基本の形と近似的な形を集め、パーツをまとめる。異なる組み合わせにより階段パターンを作成する。包囲面の位置と数により、各階段パターンの空間構成を番号で示すことができる。

これまでつくった階段パターンはどのような場面で使えるのが表現したいと思い、フレームは建築と模型の中間のようなものにたどり着いた。建築における構造化した秩序と空間構成の様々な関係を示す、アッセンブルのルールだと考えている。はっきりとした方向性で縛りを与えるというよりも、自由に考えられるものになればいいと思う。

上下のズレによって

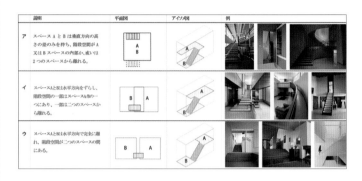

階高によって

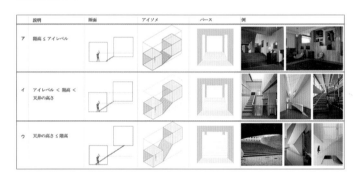

包囲面の数によって

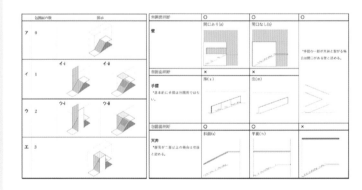

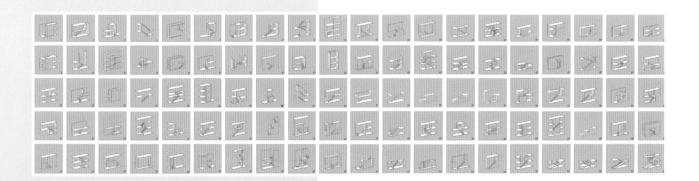

研究対象

①単体（パターン抽出）- ル・コルビュジエによる「建築的プロムナード」

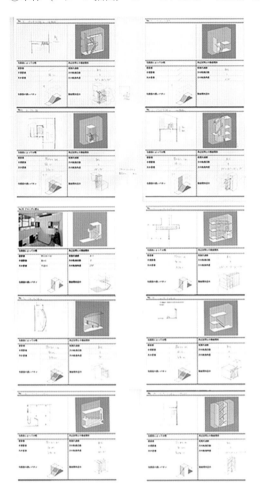

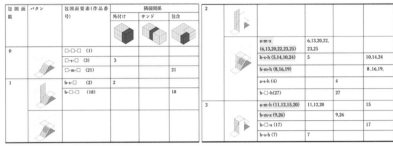

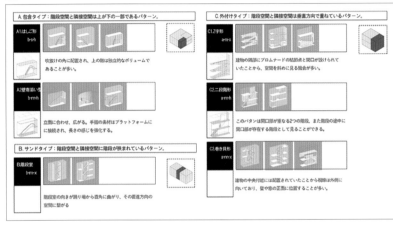

ル・コルビュジエの建築作品にみられる
階段空間のデザインパターン

---

②組み合わせ（空間構成）- アドルフ・ロースによる「ラウムプラン」

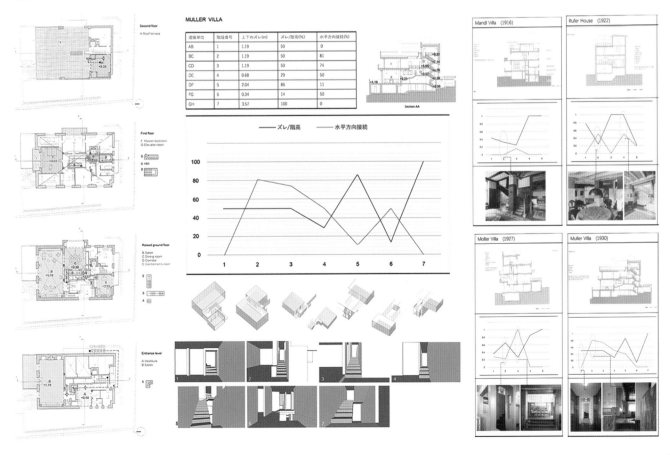

PARTS

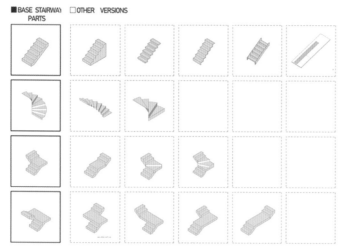
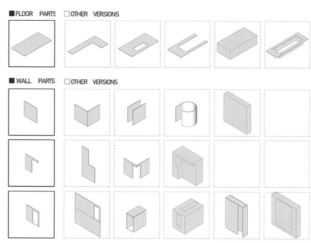

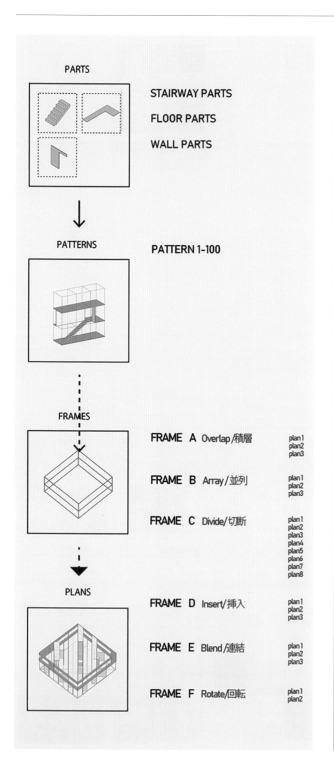

PARTS

STAIRWAY PARTS
FLOOR PARTS
WALL PARTS

↓

PATTERNS

PATTERN 1-100

FRAMES

FRAME A Overlap/積層   plan1
                          plan2
                          plan3

FRAME B Array/並列   plan1
                          plan2
                          plan3

FRAME C Divide/切断   plan1
                          plan2
                          plan3
                          plan4
                          plan5
                          plan6
                          plan7
                          plan8

PLANS

FRAME D Insert/挿入   plan1
                          plan2
                          plan3

FRAME E Blend/連結   plan1
                          plan2
                          plan3

FRAME F Rotate/回転   plan1
                          plan2

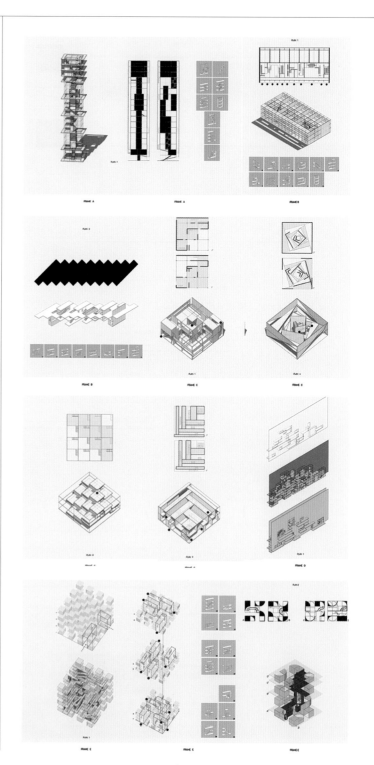

PARTS → PATTERNS

1.Type

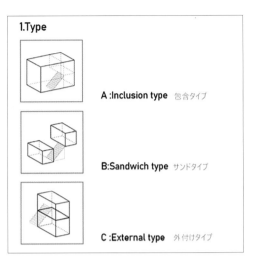

A :Inclusion type　包含タイプ

B :Sandwich type　サンドタイプ

C :External type　外付けタイプ

2.Surface

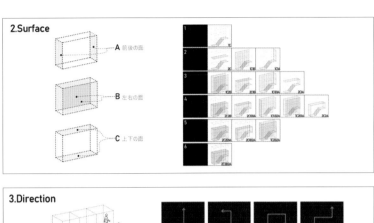

A 前後の面

B 左右の面

C 上下の面

3.Direction

GOAL LINE

START LINE

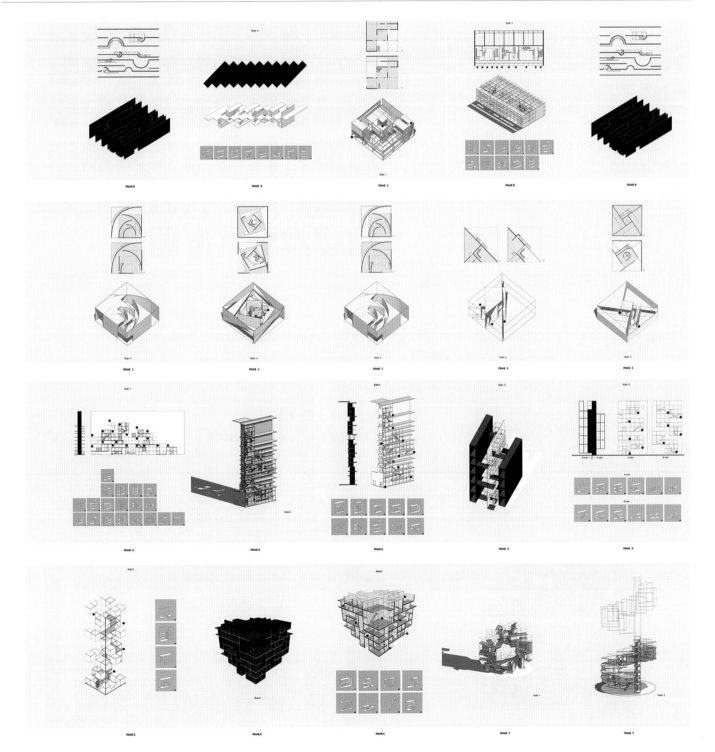

心地よい雑然さ

─境界の干渉から考える空間の多様性─

杉沢 優太
Yuta Sugisawa

芝浦工業大学大学院
理工学研究科
建設工学専攻
堀越英嗣研究室

機能性を重視したモダニズム以降の建築は空間を単位に計画を行ったため、単調になってしまった。一方で下町のアノニマスな建築には『心地よい雑然さ』ともいうべき空間が存在する。敷地の形状や周辺とのせめぎ合いなどが生み出す複雑さが境界面に見られる。それ故、空間の質は多様であり可能性を感じるのである。

本研究は、現代建築が抱えているボキャブラリー不足を背景に、それを解消するための建築設計ボキャブラリーを下町のアノニマスな建築から発見・確立することを目的としている。

『心地よい雑然さ』を「境界の干渉」という視点で分析を行い建築設計のボキャブラリーへと昇華する。そこで「境界の干渉」を『接続方法』と『素材』に分けて分析を行い、その組み合わせからなる『空間性質』を用いて、東京都中央区八丁堀にワークプレイスを提案する。

設計の手掛かりとして「壁面によるフレーミング」「屋根によるフレーミング」「屋根による開放性」「階段による誘引」「床による領域拡張」「壁面による領域拡張」「柱・梁による領域拡張」「屋根による領域拡張」「ボリュームによる領域拡張」の9つの空間性質を用いる。

本計画は、周囲を高層ビル群や雑居ビル群で囲まれた、ネガティブに捉えがちな敷地を選定し周囲の雑然さを取り込むことで、ポジティブなものへと転換するものである。それは雑然さを応用することで建築がより豊かになることへの展望を示すものである。

01. 分析対象サンプル

現地調査として実際に下町（関東及び関西）を訪れて雑然さを感じた場所の写真を筆者が撮影した。「接続方法」「素材」という境界操作の観点で写真を分類し、境界操作が顕著に見られるものを56枚の写真に厳選した。そのリストを記す。56枚の写真には写真1枚ごとに品番をつける。分析対象となる写真には区ごとに調査敷地に対応したアルファベットを当てはめ、さらに区ごとに分けた写真1枚ごとに番号と名称を与える。

東京都葛飾区立石················A	神奈川県横浜市神奈川区六角橋···············G
東京都江東区富岡・木場・牡丹······B	神奈川県横浜市南区中島町・弘明寺町・中里···H
東京都台東区日本堤···············C	神奈川県横浜市保土ヶ谷区上菅田町···········I
東京都中央区佃·················D	大阪府大阪市北区中津·····················J
東京都品川区小山···············E	大阪府大阪市淀川区十三本町·················K
東京都文京区本郷···············F	京都府京都市右京区梅ヶ畑高雄町·············L

02. 分析「接続方法」

境界操作における「接続方法」が顕著にみられるサンプルを対象として、「接続方法」を発見・評価することにより、設計に展開するための基礎をつくる。対象写真にみられる、「接続方法」をXS、S、M、Lの4種類のスケールに分けた上で言語化する。

56枚の写真の中で、それぞれの「接続方法」における境界操作の顕著なものを抜粋。その写真の中で境界操作が見られるところを「白抜き」にして、アイコンを用いることで境界操作を言語化する。

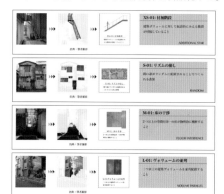

XS：主要な建築物に付加物が付随すること

S：建築物によって風景の切り取りが行われること

M：建築構成要素（床・柱・壁・屋根）によって、物理的に異なる空間と干渉すること

L：建築ボリュームの単位を操作することで、物理的に異なる空間と干渉すること

03. 分析「素材」

　境界操作における「素材」は「接続方法」を扱う際に付随する要素であり、この分析では「素材」が顕著にみられるサンプルを対象として、「素材」を発見・評価することにより、設計に展開するための基礎をつくる。本論では、「接続方法」同様、筆者が撮影した写真を分析の対象とし、発見・評価の対象とする。その写真にみられる、「素材」を言語化する。

　「接続方法」同様、56枚の写真の中でもそれぞれの「素材」における境界操作の顕著なものを抜粋する。そして、その写真の中で境界操作が見られるところを「白抜き」にし、アイコンを用いることで境界操作を言語化する。

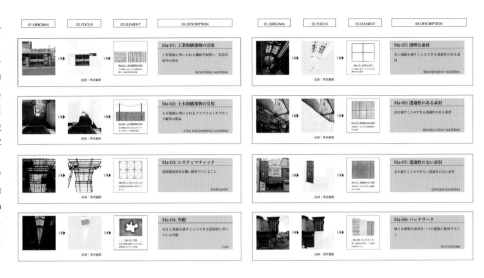

04.「接続方法」と「素材」の組み合わせから成る「空間性質」の分析

　本項では、前項で示された境界操作の「接続方法」と「素材」の関係性から設計の手掛かりを発見・確立することを目的とし分析していく。

　分析方法として、筆者が現地調査を通して発見した境界操作が顕著にみられる下町のアノニマスな建築を対象とし「接続方法」と「素材」の組み合わせによって"雑然さ"が顕著につくり出されている実例をいくつか選定することで、"雑然さ"のパターン及びテクニックを発見する。

　分析の対象となる建築において、前項で示したように 17 の「接続方法」パターンと 8 の「素材」パターンを明確にした上で、それらによって得られる"雑然さ"のパターンを抽出する。その際、対象となる実例の敷地及び周辺敷地情報、発見できた主要な「接続方法」・「素材」、ビ

ルディングタイプなどを明確にすることで、それらの与条件を踏まえた分析を行う。分析は「接続方法」に焦点を当てた分析と「素材」に焦点を当てた分析、そしてそれらの組み合わせによってつくり出されている「空間性質」の分析を行う。本論における「空間性質」とは、「接続方法」と「素材」の組み合わせや配置場所によってある空間から異なる空間を意識もしくは認識することを促すと考えられる要因と定義する。そして、発見できた空間性質を次章のプロジェクトで行う設計ボキャブラリーに昇華するために、図化し定義する。そして、最後に「空間性質」発見のフローをマトリクスにより体系化する。

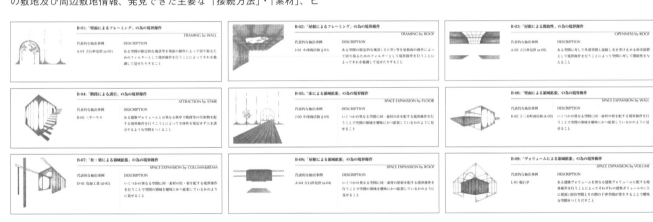

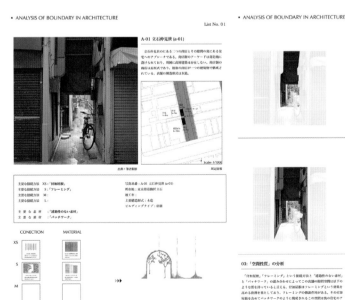

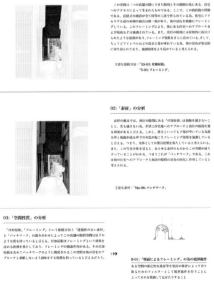

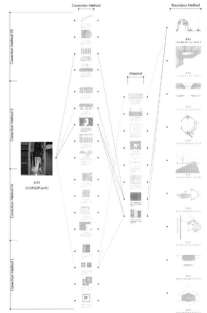

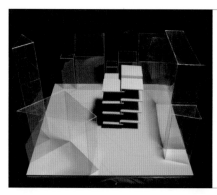

スタディモデル1

三角形敷地に基本形となる四角形平面で構成される、花びら構造のストラクチャーを導入

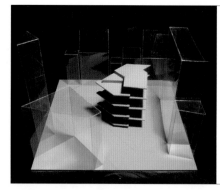

スタディモデル2

敷地形状に適用させるために平面形状を変形する

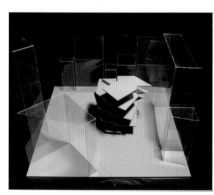

スタディモデル3

断面的な関係性をつくりだすために、各層のスラブを回転させる

スタディモデル4

高さに応じて変化していく周辺環境に寄り添うように、下層部分は敷地形状から引用した軸線を、上層部分では周辺の景色などに着目した軸線を引用し、層ごとの空間体験に変化を与えていく

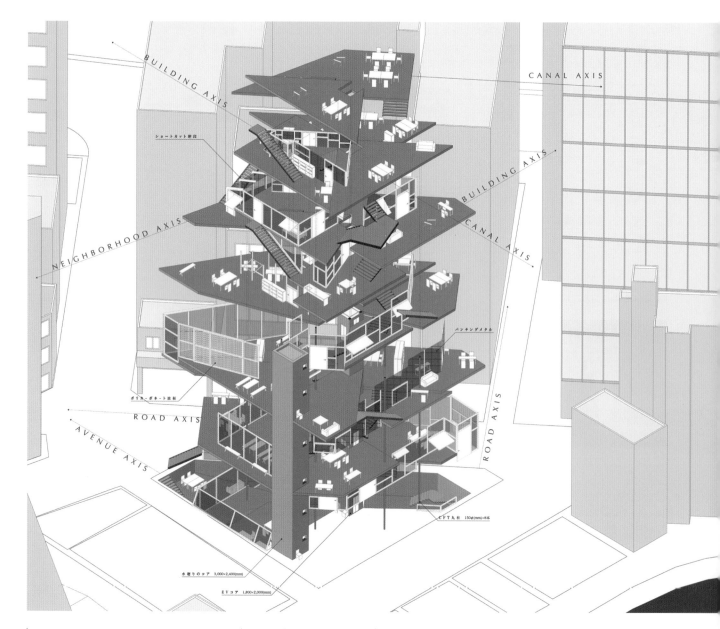

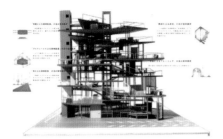

雑居ビル群に面する東側ファサード

高層ビル群と雑居ビル群の間に面する南側ファサード

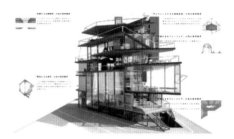

都市の大通りに面する北側ファサード

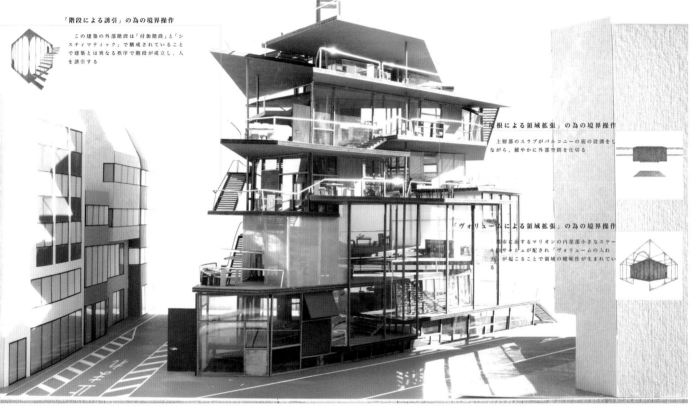

「階段による誘引」の為の境界操作

　この建築の外部階段は「付加階段」と「システィマティック」で構成されていることで建築とは異なる秩序で階段が成立し、人を誘引する

「屋根による領域拡張」の為の境界操作

上層部のスラブがバルコニーの庇の役割をしながら、緩やかに外部空間を仕切る

「ヴォリュームによる領域拡張」の為の境界操作

都市に面するマリオンの内部部小さなスケールのサッシュが配され「ヴォリュームの入れ子」が起こることで領域の曖昧性が生まれている

都市から垣間見える南西側ファサード

1FL PLAN

2FL PLAN

3FL PLAN

4FL PLAN

5FL PLAN

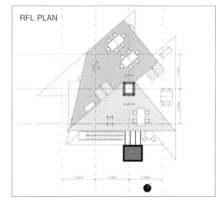

RFL PLAN

● 優秀賞
歩く都市横断

―ロングトレイルによる非効率的経験とその価値化―

野藤 優
Suguru Noto

法政大学大学院
デザイン工学研究科
建築学専攻
赤松佳珠子研究室

自動車や鉄道などの発達しすぎた交通網によって、人は歩かなくなった。本来ひとつの大きなカタマリとしてあった都市の経験は断片的なものへとなっていく。しかし、最も本質的な都市の経験はこの移動の間にあるのではないだろうか。そこには歩くことでしか見ることができない風景がある。「歩くこと」は20世紀が忘れたものを取り戻す非効率的な経験なのである。青森県八戸市のロングトレイルコースを対象とし、設計者自身としての私が歩き、経験することでその場所・素材でしかできない建築と旅路の設計を行う。

それは単に余暇空間として機能するだけではなく、その場所に住む人々の生業を留め、守っていくものになるであろう。

背景

「歩くこと」は思考と文化に強く結びついている。

自動車や鉄道などの発達しすぎた交通網によって、人は歩かなくなった。初めて訪れるまちでは、事前に SNS やインターネット等で情報を入手し、そこに最短ルートで向かいまた次の場所へと移動していく。これら大きな「点」での都市の経験がごくごく一般的になってきてしまった。しかし、最も本質的な都市の経験はこの「点」と「点」の間にあるのではないだろうか。

「歩くこと」はこれを取り戻す非効率的な経験なのである。「歩く」ことによる経験から、そこにしか存在しえないものを創造する。

青森県八戸市 蕪島神社～階上駅間

ロングトレイルとは、2016年より発足した日本ロングトレイル協会によって定められた長距離歩道である。林道や古道を接続した長距離のものであり、現地民のふれあいや土地の文化・自然を楽しむものとしてつくられている。

ロングトレイルは40～200km以上の都市的スケールを持つものである。ゆえに登山道やハイキングコースとの最も大きな違いは、いくつもの居住区を含んでいることだ。そしてそこには林道・車道・駅・漁港・河川敷など、あらゆるまちのインフラが内包されている。

対象:みちのく潮風トレイル

2020 年現在制定されているロングトレイル

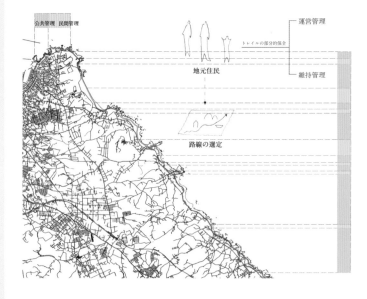

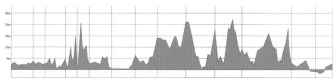

トレイルコースの高低差

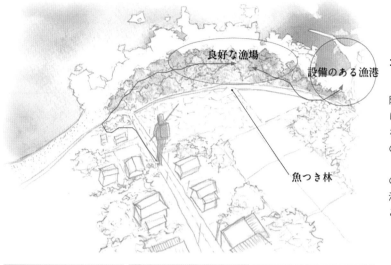

コンテクスト　生業の道

　海女たちにとって良好な漁場となる岩場は魚つき林（魚の隠れ家となる影をつくる林）などの裏にあるため、海女たちは彼女らの拠点となる場所からそこまで回り道をしなければならない。これが海沿いに踏み分けられた道をつくる。これのほとんどがロングトレイルコースの軸となっている。

　3.11による被害区分の多くが水産関係を占めている。そのうち民間施設がほとんどである。これは、古くからあった海際の浜小屋や道具置き場が震災によって流されてしまったことを意味している。

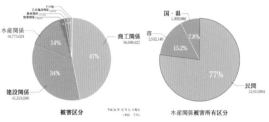

歩くことでしか経験できない風景・文化の旅路と建築

①海際で失われつつある生業の風景を踏み分けられた道＝
トレイルコースへ再び引き戻す

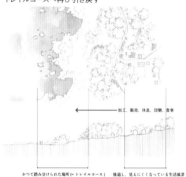

②生業の傍にハイカーを受け入れることのできる建築

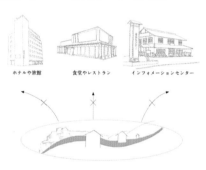

ハイカーのための機能を成すものを、地元住民の生業の中に内包する

コース上で利用できる既存の公衆トイレや食堂などのまちのインフラと照らし合わせながら、必要な場所に機能を補填していく

SITE - 1　共同加工場＋食事処

敷地面積＝約900㎡

<概要>
建築面積：385㎡
構造：木造
階数：1階（平屋建て）

SITE - 2　監視浜小屋＋簡易宿泊所

敷地面積＝約560㎡

<概要>
建築面積：125㎡
構造：RC＋木造
階数：2階

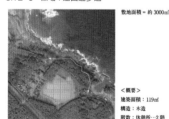

SITE - 3　漁場＋迂回遊歩道

敷地面積＝約3000㎡

<概要>
建築面積：119㎡
構造：木造
階数：休憩所…2階

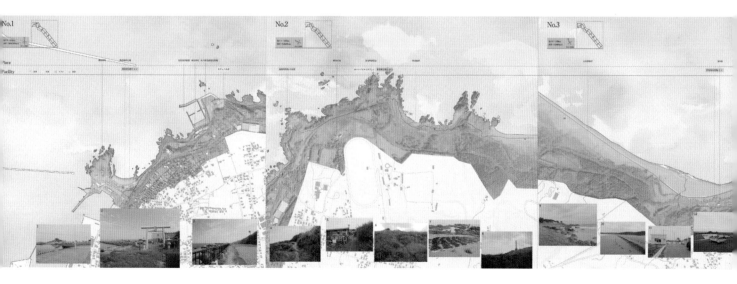

設計手法　身体的経験と体感

①歩いた経験を収集し、地図には表れない実空間を掴む

　まずは自分自身がこのロングトレイルを経験するところから始める。地図を片手に、歩行した時の経験を記述することで、本来の地図には表れない実空間を掴む。

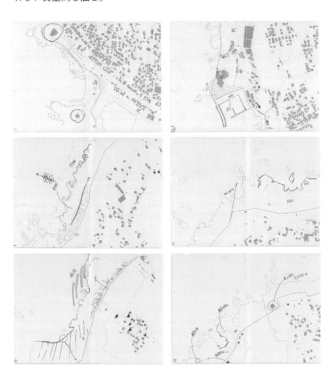

②部分（＝設計敷地）と全体（＝地形と環境）を体感し読み込むこと

　設計敷地として選定した場所を、単体としてリサーチするのではなく、自分の足で地形・環境全体を体感することで読み込んでいく。

③空間や風景のつくられ方・工夫を記録する

　歩きながらトレイルコースに上で経験した、この場所特有の風景や生活の工夫をスケッチによって記録し分析する。

SITE-1　共同加工場＋食事処

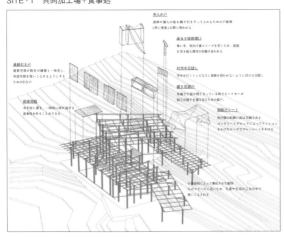

SITE-2　監視浜小屋＋簡易宿泊所

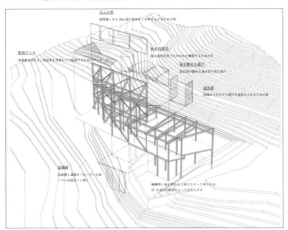

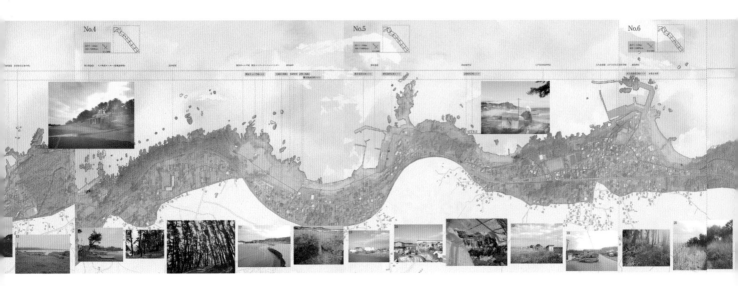

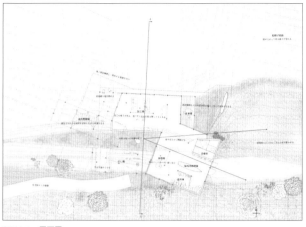

SITE・1　平面図

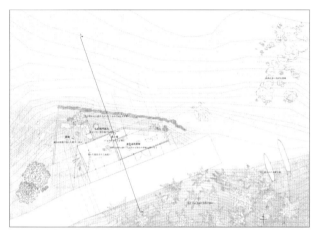

SITE・2　1階平面図

SITE・3　平面図

SITE・3　漁場＋迂回遊歩道

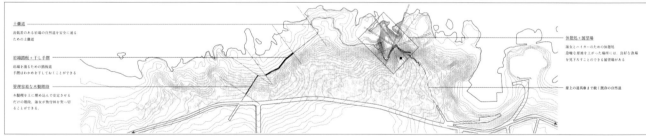

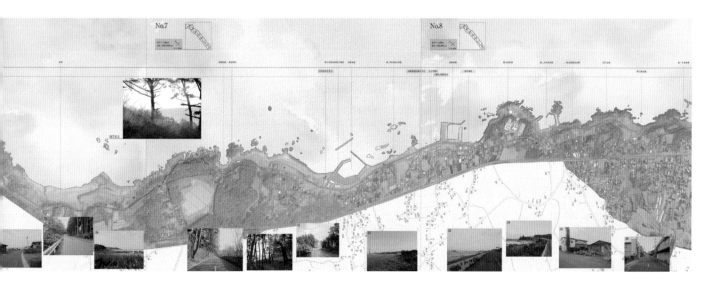

ポストコロニアル

―コロニアル都市カスコ・アンティグオ（パナマ）の未来都市への再編―

幕田 早紀
Saki Makuta

千葉大学大学院
融合理工学府
創生工学専攻
鈴木弘樹研究室

パナマ運河の影で消えゆくコロニアル都市、カスコ・アンティグオ。スペイン植民地時代の栄華の面影もなく、そのまち並みは消滅するのを待っているかのようである。

中南米の玄関口と言われるパナマの首都、パナマシティに位置するカスコ・アンティグオは、1903 年～1999 年までパナマ運河の建設・管理・運営を目的にアメリカから事実上の支配を受けていた関係で、人口の減少とスラム化が進んでいる。また、パナマ経済の中心であるパナマ運河が海抜 26m の人造湖からの高低差を利用した閘門式運河であるため、湖に貯まった淡水は最終的に海へと流れ突発的な断水が起こり、住人達は不便な生活を強いられている。

本計画は、パナマ運河の排水を利用し、コロニアル都市がサスティナブルな都市として生まれ変わることを目指していく。全体計画は水量調整域、取水堰、導水管、給水口、着水井、浄水場、浄水発生土を利用した住宅のプロトタイプからなる。コロニアル都市が将来に渡り残り続けられるよう最先端の技術を取り込み、浄水の過程を一体的に提案する。浄水場計画地に隣接する建築職人育成学校と連携し、浄水発生土を利用したレンガの制作、販売を通し、コロニアル都市のまち並みの保全を行う。貧困層の住人の就業支援は住人による長期的な開発、発展を見据えた活動の一部となり、カスコ・アンティグオの未来都市への再編に繋がっていく。

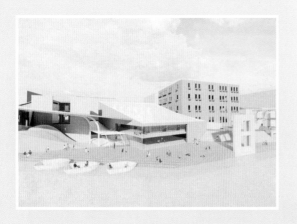

設計背景

カスコ・アンティグオの衰退

カスコ・アンティグオは、スペイン植民地時代においては生活の中心に広場を置いたグリッドプランを取り入れた最先端の都市であったと言える。しかし、1903 年～ 1999 年までパナマ運河の建設、管理、支配の名目でカスコ・アンティグオ西側のパナマ運河両岸 5 マイルをアメリカが所有していたため、パナマシティはカスコ・アンティグオから北東側に向かって開発され、カスコ・アンティグオは人口の減少、スラム化が進み衰退の一途を辿った。

深刻な水不足

パナマの年間降雨量は 2000 ～ 3000mm と世界平均（880mm）の約 3 倍だが、パナマ運河が海抜 26m の人造湖からの高低差を利用した閘門式運河であるため、湖に溜まった淡水は最終的に海へと流れ、パナマ運河の稼働に合わせて突発的な断水が起きている。一日に約 37 隻の船が通行し、住人たちは不便な生活を強いられている。2019 年の一年間で断水は 48 回行われ、水源の確保はパナマ全体の最重要課題である。

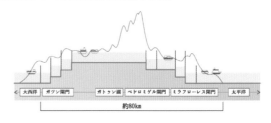

大西洋 ← ガツン閘門　ガトゥン湖　ペドロミゲル閘門　ミラフローレス閘門 → 太平洋
約80km

都市空間要素

現地調査を San Felipe 地区内の 520 敷地を対象に、2019 年 7 月 6 日～ 8 月 9 日にかけて行なった。

歴史・文化

海岸沿いの風景

工事・保全

組積造のまち並み

木造のまち並み

都市地図との比較

現在のパナマシティの骨格を 1904 年の都市地図が表す。1856 年の都市地図から人口の増加に伴い市壁が取り壊され、西側へと住宅地を拡大させていったこと、1904 年の都市地図から現在のセントラル通りが主要な通りとして整備されてきたことが分かる。

1850

1904

全体計画

本計画は、パナマ運河の排水を利用し、コロニアル都市がサスティナブルな都市として生まれ変わることを目指している。全体計画は水量調整域、取水堰、導水管、給水口、着水井、浄水場、浄水発生土を利用した住宅のプロトタイプからなる。浄水場計画地に隣接する建築職人育成学校と連携し、貧困層の住人の就業支援、住人による長期的な開発、発展を見据えた活動を展開していく。

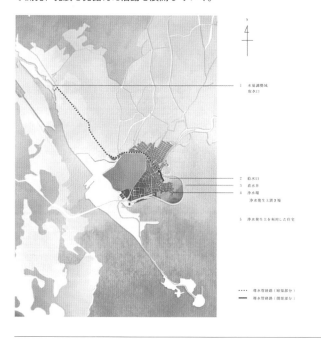

1　水量調整域
　　取水口

2　船水口
3　着水井
4　浄水場
　　浄水発生土渇る場

5　浄水発生土を利用した住宅

・・・・　導水管経路（暗架部分）
───　導水管経路（開架部分）

水量調整域、取水口

太平洋側から一番目に位置するミラフローレス閘門に沿って、水量調整域および取水堰を計画し、高低差を生かして使用済みの水を貯めていく。カスコ・アンティグオに送水するための取水ポンプを5台配置し、1日最大101,735㎥を取水する。送水のための電力はポンプ内の小水力発電で賄われる。

・取水口の最大取水量　101,736㎥／日
・一基あたりの取水量
　取水塔流入速度　0.15・0.30m／s
　管径　1m
　流量　$(1/2)^2 * \pi * 0.3 = 0.2355$ ㎥／s
　最大取水量　847.8㎥／h、20,347.2㎥／日

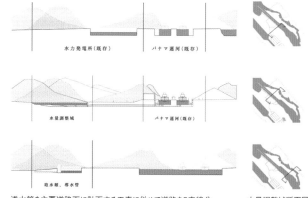

導水管を主要道路下に計画する工事に併せて道路を2車線分拡張し、慢性的な交通渋滞の改善を図る

水量調整域断面図

給水口

【地下鉄駅→魚市場→親水空間→船着場→カスコ・アンティグオ市内】と導水管経路に沿って計画していく。今までになかった親水空間を設けることで、水に触れ考える機会を増やしていく。

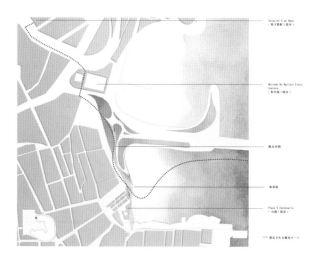

公園平面図

親水空間

導水管の一部は開渠部分となり、住人の憩いの場へと変わる

船着場

公園に沿って下っていくと船着場へと辿り着く。この船着場から既存の海上道路に沿って観光用の船がでる

既存の公園との接続

公園の端にたどり着くと、水位が下がる。既存の公園と緩やかに繋ぐ道を計画する

着水井

カスコ・アンティグオ西側に位置する海上道路シンタ・コステラ（既存）に沿って堰を設け、900,000㎥にパナマ運河の排水を貯め、通常時は観光用航路として、非常時は散水用として利用できる着水井を計画する。

・着水井の最大水量　3,600,000㎥／日
・着水井の通常水量　1,800,000㎥（水深2m程度）

既存の海上道路

2010年に渋滞の緩和を目的に建設された。オールドタウンを囲むように円環状に走る

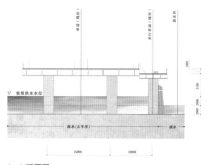

A-A'断面図

浄水場、浄水発生土置き場

対象敷地
敷地高低差最大2mを生かし、浄水の過程に合わせて施設を配置していく。

パナマシティの36.4%の水を賄う

一日最大給水量　45,000㎥／日
パナマ市の水使用量　47.73万人×0.186㎥／日＝163,808.526㎥／日

デザインルール

1997年にカスコ・アンティグオは世界遺産に登録され、『パナマ市の旧市街の修復と改築のための規範と手順のマニュアル（全239条）』が制定された。浄水場、浄水発生土置き場、工房の設計はこのマニュアルに従い行う。

(以下主要条件の抜粋)

61条：歩道を修復または再構築する必要がある時、使用する材料はそれぞれ石またはコンクリートとなる。その寸法は既存のものと同じになる。

123条：既存の壁に新しい構造物を建設することはできない。新設または既存の構造は、壁を尊重し、それらを強化し、価値を与えるものとする。空き地や建設のため、壁を壊す場合、周囲の壁の位置から少なくとも2m以上下げて、既存の壁の景観を強調し、評価できるように配慮する。

133条：新しい建物空き地および解体が許可されている建物は、開口部の高さ、プロポーションなどで全体の景観と調和しなければならない。

145条：改修される建物および新しい建物では、最大4階建てが許可される。1階の高さは3m、最大4mとする。

149条：改築する建物では、屋根を少なくとも建物の正面に向かって傾斜させる必要がある。勾配は35%〜80%に維持する必要がある。デッキの水は通りに向かって落ちる。

156条：建物の最大高さは16mまでとする。

161条：パティオの痕跡がない建物を除き、計画されたパティオのサイズは、既存のものより小さくしてはいけない。

171条：ファサードの開口部のドアと窓に使用できる素材は、ガラスパネルまたは木製のシャッターが取り付けられている場合、木製とする。アルミ製の窓、ドアの使用はできない。

194条：すべての建物の外観は、マット仕上げで塗装される。油性塗料は、木材および金属の建物でのみ許可される。

ゾーニング

既存建物との壁面位置関係
カスコ・アンティグオのデザインルールに従い、新しく建てる壁面はその壁面ラインより2m以上下げる

見張り台の復元
1749年の都市地図を参考に見張り台のラインを敷地内に復元する

市壁跡の挿入
高低差2mの敷地特性を生かして、浄水場の浄水過程に合わせた建物配置を行なっていく

市壁跡を中心とした動線計画

B-B'断面図

着水井のレベルに合わせて、船着場、浄水場が続いていく

A-A'断面図

市壁跡に合わせて舗装材を変え、歩きながら歴史を感じられるよう計画する

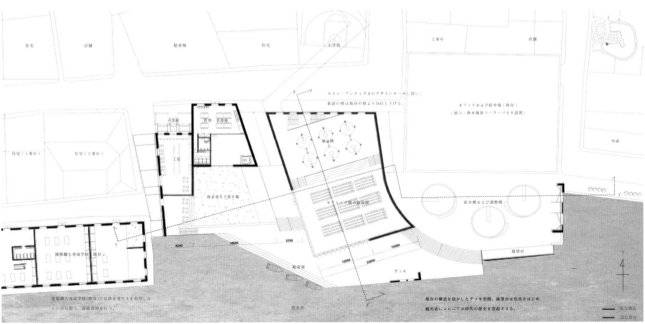

浄水場敷地地図および1階平面図

浄水発生土を利用した住宅のプロトタイプ

浄水発生土の再利用

　浄水発生土は土置き場に置いて乾燥させた後、園芸培養土、耐火レンガ、舗装材として再利用される。本計画では、レンガを用いた住宅のプロトタイプとして、建築職人育成学校の学生向けの共同住宅を提案する。建築職人育成学校と連携することで、長期的なまち並みの保全を行う体勢を整えていく。

建築職人学校（既存）について

　浄水場に併設する建築職人育成学校（既存）は、2001年にスペイン国際開発協力庁（AECID）によって設立され、完全無料の学校であった。この地域の貧困層の若者に技術を教え働く環境を提供する役割を果たしていたが、2018年に財政的な理由で休校となった。この学校が浄水発生土を利用したレンガの販売、レンガを使った施工を授業として行うことで、学校を運営していく。

新しいプログラムの提案

<学習プログラム>
－伝統的・現代的な石積み方法
－伝統的・現代的な木工および建具の制作
－鍛造と溶接

×

<実践プログラム>
－主にレンガを使った実際の建物の修復
－レンガの販売、使い方ワークショップ

伝統的・現代的な石積み方法　伝統的・現代的な木工および建具の制作　鍛造と溶接

環境への配慮

①雨水の利用
雨水を貯水し、中水を利用していく。突発的な断水に各住居が対応していくことで、最低限の生活を確保する。
②太陽光パネルの設置
夏至～冬至にかけての太陽高度は58°～74°である。屋根の勾配は24°とし、効率の良い発電を目指す。
③レインガーデン
パナマは熱帯雨林気候に属し、スコールが多く降る。一時的に大量の雨が降るため排水にも配慮していく。

ゾーニング

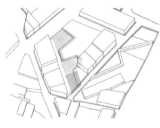

現在廃墟、空家の2棟。メイン通り、市壁跡の残るエレラ広場に面しているにも関わらず、雰囲気は暗く活用されていない

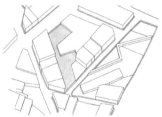

2棟を一体的に考える。現在ある外壁を生かして一繋がりの空間をつくっていく

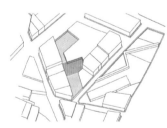

エレラ広場に面している部分に観光案内所、メイン通りに面している部分にレストラン＋建築職人育成学校の学生向け住居を計画し、道で繋ぐ

デザインルール

部分断面図

　浄水発生土を利用したレンガ壁＋鉄筋コンクリート壁柱。中空槽は鉄筋コンクリート壁柱、PSのスペースとして利用する。高さは3000mmとし、全体の外壁の高さに合わせ住人による施工を行う。

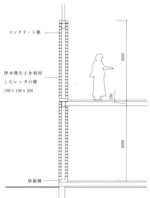

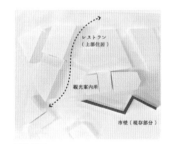

動線計画　　　　　　　　　　　　既存市壁（エレラ広場）

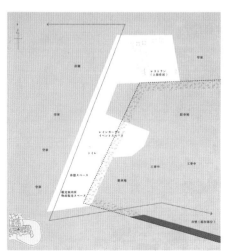

敷地図および1階平面図

全体イメージ

台湾味ミリュー

―宜蘭の礁渓における共食景の提案―

呉 沛綺
WU PEI CHI

法政大学大学院
デザイン工学研究科
建築学専攻
下吹越武人研究室

台湾は17世紀以降、占拠・統治されたことにより、原住民のほか、漢民族や戦後大陸から移住した兵士たちと近年東南アジア諸国や中国からの新移民などによって構成した多民族社会である。このような複雑な歴史と多様な文化の下で、国民のアイデンティティに対する意識は弱いと思われている。多くの台湾人は台湾文化に対する自信がなく、いつも流行する物事を追っており、文化の根が徐々に失われている。改めて台湾の歴史を読み取った結果、コンテクストが最も完全なのは台湾の飲食史であると思われる。そのため、本提案ではフードデザインの観点から、食物の産地から食卓までの循環を可視化する空間と場所を創出することを目指す。

昔の台湾社会においては、近所で食材や食器、家具などの物をシェアし、共食を行うことは日常であった。その行事は「辦桌（バンドッ）」と呼ばれている。以前、バンドッは主に屋外、半屋外で行われていた。都市空間の変遷のため、バンドッという共食文化は徐々に消えつつあり、商業化された食事形式と食空間に派生してきた。一方、台湾料理は各時代の民族特有の調理法を吸収し、台湾ならではの食材を用いたため、混和的で独特な味も特徴である。そのため、台湾味に対する明快なイメージは持ちづらく、台湾の民族がそれぞれ文化の根源と見なした食文化に関する知識を、再認識・再構築する必要があると思われる。もし台湾味ミリューという料理を中心に、環境や文化に影響を及ぼす場所ができたら、各民族の産地から食卓までの食に関する知識の交流が出来る共食景が期待できるのではないだろうか。

台湾味ミリューとは

タイトルの「台湾味ミリュー」とは、「台湾味」「ミリュー（milieu）」を掛け合わせた造語である。「台湾味」は、台湾人にとって料理の味だけではなく、芸術や服装、音楽などの文化も指している。「台湾らしい」と多くの人が感じられるものは、台湾味だと言える。2014年に開催された「台湾味シンポジウム（Taiwan Flavor Symposium）」では、現地でもっとも有名なシェフである江振誠を中心に、グラフィックデザイナー、ダンサー、編集者、料理研究家、食材探検家などが、それぞれの専門領域から見た「台湾味」とは何かを討論した。「台湾味」とは、台湾アイデンティティを下地に表れる事象である。そして、「ミリュー」は、社会的な環境と境遇のことである。

複雑な歴史と文化が形成された台湾だが、近年は台湾の食文化、特に小吃（street food）などの常民料理は台湾の特徴として知られており、台湾人の誇りとなっている。このことから、台湾の食文化を調査・分析することにより、台湾アイデンティティが確立できるのではないだろうかと考えた。フードデザインの観点から、食物が産地から食卓まで循環する構造を可視化できるような空間の提案を目指す。

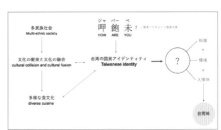

歴史について

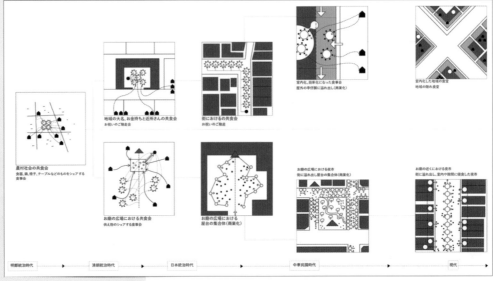

料理をシェアする習慣があり、バンドッの料理と食空間から、各時代での食文化の融合がうかがえる

敷地分析

　敷地は、台湾の頭部における宜蘭の礁渓に位置する空き工場。台湾の他のまちに対して宜蘭のコンテクストは複雑である。例えば、川の古地図から、対象敷地の周辺で集落をつくって暮らす複数の民族の関係性が分かる。また、各時代の政権の名残もまちに多く残っている。

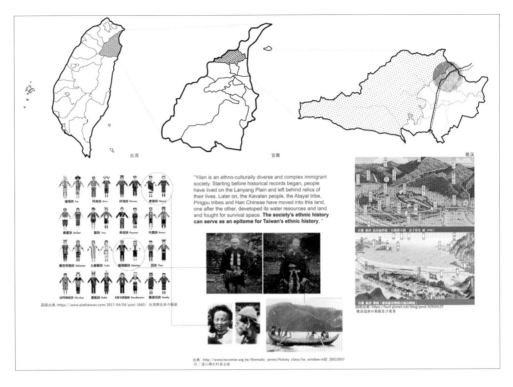

宜蘭の生活と川との関係
図版出典 https://www.picuki.com

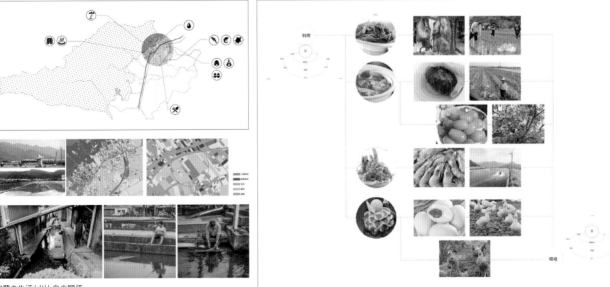

宜蘭の生活と川と泉の関係

台湾味の要素

広場

増築

大屋根

可変的な屋根

亭仔脚

要素の合体とプログラム

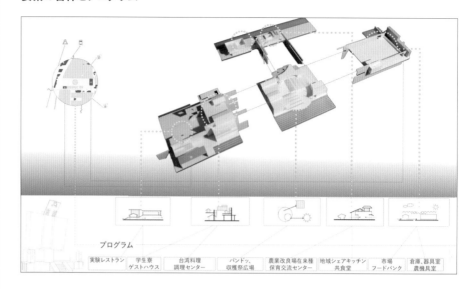

プログラム

実験レストラン	学生寮ゲストハウス	台湾料理調理センター	パンドゥ、収穫祭広場	農業改良場在来種保育交流センター	地域シェアキッチン共食堂	市場フードバンク	倉庫、器具室農機具室

ダイアグラム

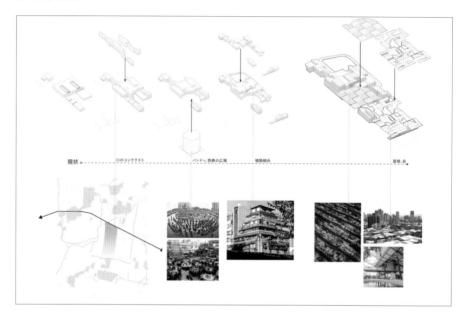

現状。 川のコンテクスト パンドゥ、祭典の広場 増築傾向 屋根、丘

（立面図・断面図）

西側立面図

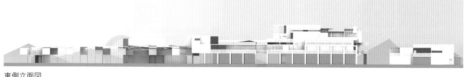

東側立面図

断面図

図面

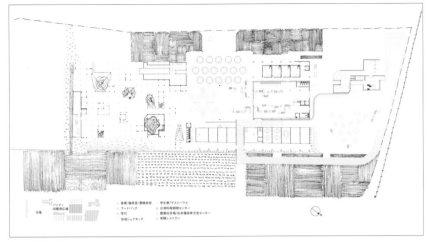

1F & SITE PLAN

2F PLAN

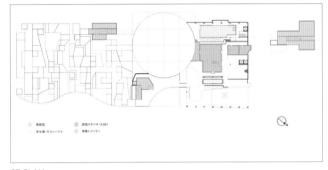

3F PLAN

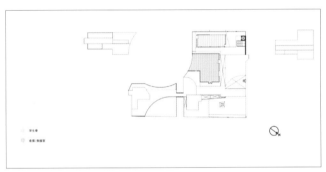

4F PLAN

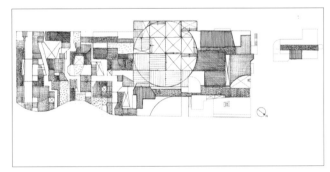

RF PLAN

浮遊する建築

─海抜ゼロメートル地帯の東京臨海部における水害に対する事前復興計画─

内山 大輝
Daiki Uchiyama

神奈川大学大学院
工学研究科
建築学専攻
曽我部昌史研究室

近年、世界各地で台風や高潮、地球温暖化に伴う異常気象による水害が頻繁に起こっている。本計画は、海抜ゼロメートル地帯の東京臨海部における水害問題に対する事前復興の提案である。

計画地域の東京都中央区に位置する佃島は隅田川河口に位置し隅田川と佃川支川に囲まれており、満潮時と干潮時の水位の差が最大約2mあるため、日常的に水害の危険がある。水門と防潮堤によって外水氾濫の対策がなされているものの、昨年の台風時には、隅田川の水量をできるだけ分散させるために水門がなかなか閉ざされず、住民は水害の危険に晒された。

そこで本計画では、水害の際に水没しない「浮遊する建築」を提案する。浮遊する建築は、地域に残る祭礼の単位から2街区を生活共同体の単位とし、1つの公共的な施設と住宅などによって構成する。建築は、佃島の過去と現在の風景から土着的な建築要素を抽出しデザインに取り入れる。移動が可能なことなど、水に浮くからこそその利点を生かした計画とすることで、住宅は時には庭を持ち、畑を持つ。祭礼際には広場を設け、神輿が街を練り歩く。

水害に対応できる建築の構想を通して、新たな街の構築と風景の継承の可能性、さらには地域共同体の再生を考えた。

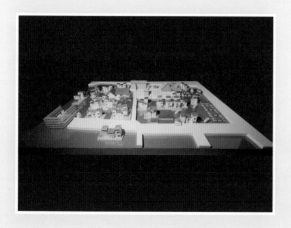

1、計画敷地

本計画では、東京都中央区の月島地区北部に位置する「佃島」を対象エリアに選定する。佃島は、隅田川河口に位置するため、満潮時と干潮時の水位の変化が多い日で最大2mあることから、日常的に水害の危険性がある。

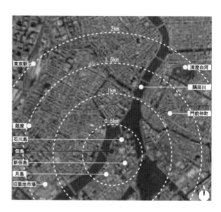

佃島は、江戸時代に徳川家康に招かれ摂津国佃村（現大阪府大阪市西淀川区）から森孫右衛門と漁師30名強が移住し、造成してつくられた漁村集落である。佃島の漁師たちは江戸幕府に白魚を献上していた。他にも、佃煮の発祥の地、築地市場の発展を後押しした場所としても知られている。

佃島と佃島の北にある石川島以外の地区は、明治時代以降に月島1号地から4号地まで徐々に埋め立てられ、月島地区は陸続きになった。佃島は水門と防潮堤によるハード整備によって、隅田川の氾濫対策がなされている。しかし実際の大雨時は、隅田川の氾濫を防ぐために限界まで住吉水門を閉めることはなかった。

ソフト面の対策では、行政がハザードマップを作成し、防災訓練を実施しているものの、参加率は1割ほどで、防災意識が定着しているとは言い難い現状にある。

2、水害の種類

水害は、大雨や高潮などの気象的な要素と、河川の流域や周囲より低くなっているなどの地理的な要素、山林伐採や都市化などの社会的な要素などが要因で起こる。水害には、大きく分けて以下の2種類がある。

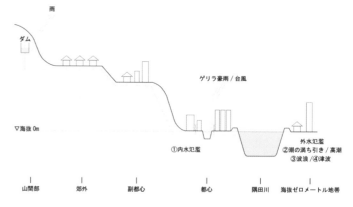

外水氾濫

- 河川の水が堤防からあふれる、または堤防が破堤して起こる洪水。
- 大量の流れの速い氾濫流と土石流が一気に市街地に流入し、短時間で浸水被害が起こるため、人的被害を伴う大きな災害になるおそれがある。
- 下流側では雨が降っていなくても、山間部などでの豪雨で、下流側で氾濫が発生する場合もある。

→ハード面の対策として、上流にダムをつくって河川の流量の調整をする、岸沿いに防潮堤を整備するなどの必要がある。

内水氾濫

- 短時間で大量の雨が降ると雨水が排水路や下水管に一挙に流入し、雨水処理能力を超えて起こる洪水。
- 河川から離れた場所でも発生する可能性がある。
- 人口や地下室・地下街、ライフライン、交通網が集中している都市部で可能性がある。

→ハード面の対策として、防災調整池、遊水地の整備などが進められている。

3、浮遊化計画

　海抜ゼロメートル地帯における水害に対する事前復興の方法として、浮遊する建築を提案する。「浮遊」という言葉には、浮かび漂うこと、また、そのように歩きさまようこと、という意味がある。

　水害時は水位に応じて建築があがり漂うことで水没を回避する。また、日常では建築が自由に場所をさまよい、人々の生活の変化や都市の変化に常に順応する。浮遊化していく過程をフェーズとプロセスごとにわけ、街が徐々に浮遊していく。

[浮遊化のフェーズ]

フェーズ1
空き家の解体
　佃島では、近年高齢化や建物の老朽化が原因で、空き家が増えている。これらを解体、更地化し、最低限の整備を行う。

フェーズ2
街区の掘り起こし
　街区を4ｍ掘り起こし、現在の佃川支川と同じ高さにする。

フェーズ3
道と住吉神社のかさあげ
　街区を掘り起こした残土を、道と住吉神社のかさあげに再活用する。かさあげされた道は、道の役割だけではなく、ふ頭としての役割と堤防としての役割を果たす。道に上下水道を整備する。

フェーズ4
建築化
　新たに水上に浮かび、街を構成する建築（船）を新築する。また、現状ある神社の機能や店舗に肉付けする形で新たな機能を付加する。

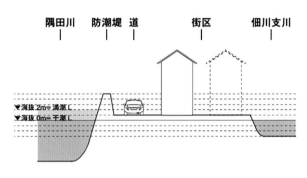

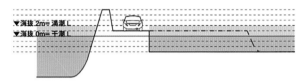

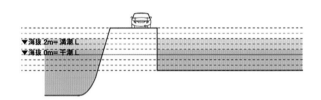

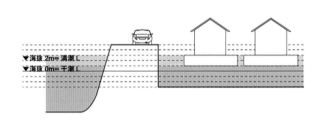

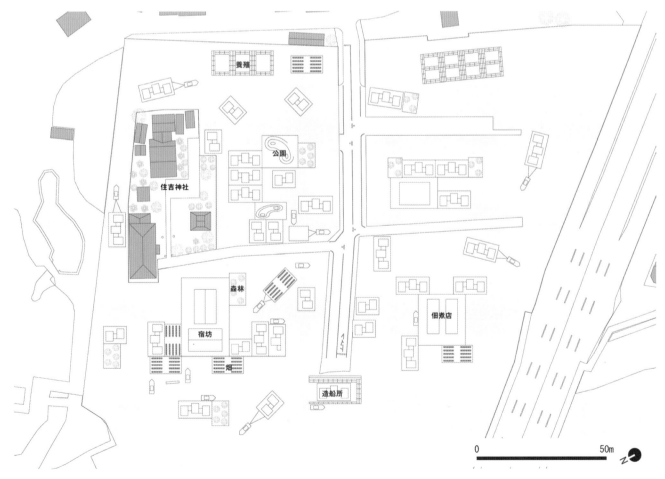

第4工期後

4、風景の構成　祭礼の単位を生活共同体の単位へ

住吉神社の祭礼の神輿の単位である、既存の2街区を生活共同体の基本単位とする。2街区を1つの公共的な施設と複数の住宅などで構成する。

浮遊する建築を構成する船たち

暮らす	エンジン等はないため、自らの推進力はない。
整える	水上環境を整備する。既存の船を活用するものもある。
肥やす	浮遊する建築と人々の生活をより豊かにする。

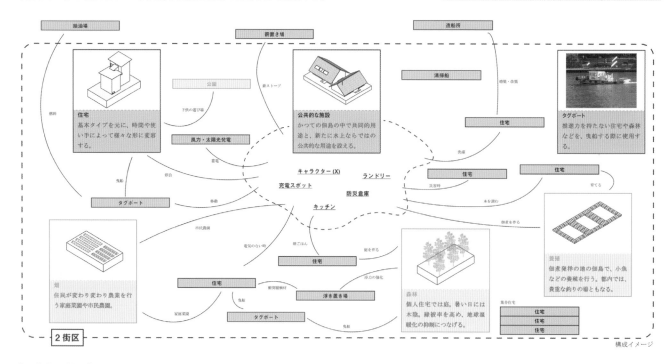

構成イメージ

[公共的な施設]

●機能面　水上生活を公共的な施設で補う

公共的な施設をキャラクター(x)とし、かつての街区の特徴からキャラクターx(用途)を決める。公共的な施設を固定し、かつての佃島の中で共同的用途と、新たに水上ならではの公共的な用途を設える。

●視覚面　海上で公共的な施設がランドマークになる

かつて佃島の漁師は、漁に出ると佃島の砲台を目印に帰ってきた。公共的な施設をシンボリックな建築にすることで、バラバラに浮遊する住宅の目印となる。

5、街区　宿坊

現在の住吉神社には陸路で参拝に訪れるが、かつては隅田川から船で来るのが正式な参拝ルートだった。そのため、住吉神社の参道に面したこの街区には、外から来る人をもてなすさまざまな店舗が並んでいた。本計画では、外から来る人のための宿坊を設計する。

●配置と形態

佃島の住吉神社には、住吉三神が祀られている。本社の建築様式には、同じく住吉三神を祀り全国の住吉神社の総本社である住吉大社と同様に、住吉造りを採用している。住吉造りは、反りのない切妻屋根の妻入りで、室内は外陣と内陣の二間に分かれる。また、住吉大社では第一から第三本宮が直列し、第三本宮の南には第四本宮が隣接する。海に浮かぶような船団のようである。本計画でも住吉造りの特徴である屋根と2つの空間に仕切る断面構成を用いる。本宮の拝殿同様に、手前に建築を配置することで、船団のような風景をつくる。

●求心力を持つランドマーク

かつての佃島は、垂直に延びる船の帆柱が風景を創り出していた。本計画では、煙突柱を垂直に延ばすことで街のシンボルとする。薪ストーブは船内を温め、外の煙突から放たれる煙は、求心力を持つ。

●庇の操作

浮遊する建築は陸地に建つ建築と違い、必ずしも隣に建築物などがあるとは限らない。そのため、強い直射日光に対応する必要がある。庇の出幅は、気温の高い夏は直射日光の当たらない長さ、気温の低い冬は太陽の光を直接室内に届くように設計する。

6、住宅

　本計画の住宅は基本モデルをもとに、さまざまなタイプへ展開を行う。

●水周りを集約させる

　水の位置と量をコントロールすることで、水上でバランスを取る。また、上下水道と接続せず集約させることで、移動可能にする。

●部屋単位を6畳とする

　かつての佃島の多くの住宅から基準居住空間を6畳間と設定し、これを部屋のモジュールとする。モジュール単位の連なりで、住宅の増改築を可能とする。

●部屋を木造にする

　船体部分のみを鉄骨造とし、他を木造にすることで軽量化とローコスト化を図りつつ、住宅の増改築の自由さを生む。

●縦動線を接続のコアとする

●雨水をバラスト水と備蓄水に転用

　雨水を貯め、緊急時に生活用水として活用する。また、貯める量を調整することで、重さとバランスから、建築を水平にして浮力を保つ。

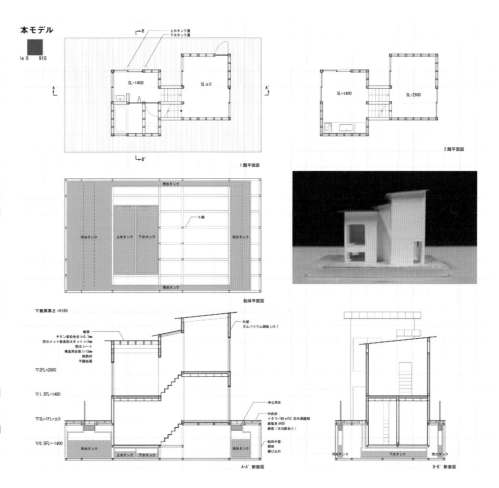

7、風景の寄生　組み合わせパターン

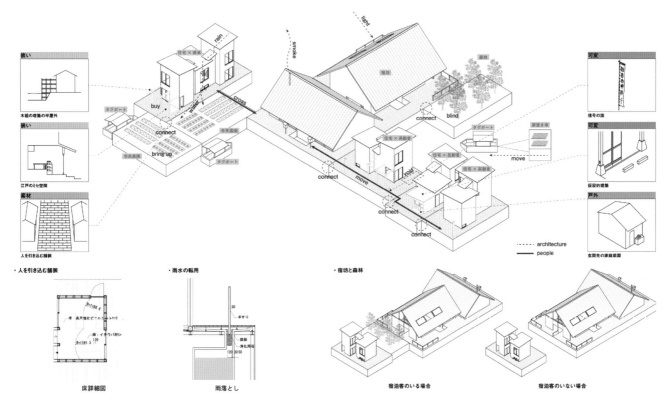

　日中は、公共的な施設（宿坊）に住宅が接続することで、人々が公共的な施設（宿坊）に集まってきて活気づいた場となる。市民農園では、タグボートで来た人が農作業を行い、接合した住宅が直売所になる。高齢世帯の住宅同士が接合することで、井戸端会議などが行われる。

継承と発展

―旧蒲原宿における職住一体の暮らしの場の提案―

馬鳥 夏美
Natsumi Batori

神奈川大学大学院
工学研究科
建築学専攻
曽我部昌史研究室

近代化が進行する前の暮らしと生業の関係は、今日大きく変化している。ライフスタイルも変化し、人々の価値観の多様化が進んでいる。伝統的な住宅の形式に着目することで、今日の多様化するライフスタイルのひとつに応えられる、新たな暮らし方を提示できる可能性があると考えた。

静岡市蒲原町は江戸時代、宿場町として栄えたが人口減少の一途を辿っており、宿場の町並みが薄れつつある。ライフスタイルや人の関わり方が変化してきた今日において、建築も形態を変える必要があると考える。宿場町の町並みは東海道に並行に立面が立ち上がっており、町並みは水平性が保たれ、統一された景観を保っている。そこで、東海道に対して建物の軸を45度ふり、和小屋を4本柱で支える新たな架構を提案する。軸をふることにより通りに対して建築を開き新たな人と建築の関係をつくり出し、4本柱のもつ厚みにより暮らしの場をより豊かなものとして提案する。

地方社会におけるアイデンティティの創出として宿場町の特産であったもの、町並みを継承し、今日におけるライフスタイルや人の関わり方の変化にあわせ、新たな建築形態を提示することで、持続可能なまちを目指す。

1、計画敷地

蒲原宿は、江戸から数えて東海道の15番目の宿場町として栄え、東海道の難所である富士川と薩埵峠に挟まれている。元禄期の洪水の被害を受け、宿場を山側に移したため、西木戸で大きく北へ折れ曲がっている。

旧東海道に沿って国道一号線が通されることが多いが、蒲原宿では折れ曲がっていることから国道一号線と重ならず、移設後の道路形状が当時のまま残されている。道路幅は本陣のある町の中心部にいくほど広くなっていく。北側には神社仏閣が多く、街道から垂直に細い路地が形成され参道となっている。各家の間口や奥行きも中心部につれて大きくなる。

2、敷地選定

計画敷地図 100m N

対象エリアとなる蒲原町は、人口減少の一途をたどっており、東海道沿いに空き家が増えている。しかし交通の利便性により2拠点居住者や移住者からの注目が集まっている。敷地は、旧東海道を挟んで対面する場所に選定した。本計画では「敷地い」に重点をおいて設計するが、まちの活性化のため「敷地ろ」「敷地は」「敷地に」においても設計する。

敷地に沿って、南北方向に中途半端な幅員の路地が伸びている。宿場町の特徴でもある細長い短冊状の町割りにより、長手方向の立面は閉じられた印象をもつ。本計画では南北方向の路地を延長させることで、東海道に面する立面だけではなく、長手方向の立面も東海道に面する立面も同様に重要視し計画する。

3、プログラム

2拠点居住者や移住者は地域の中でのコミュニティに関心をもつ場合が多く見られるため、地域コミュニティが生まれるきっかけとなるプログラムで構成する。そして、地域のアイデンティティを創出することで、地方の活性化につながると考える。江戸時代に蒲原宿の特色とされていた藍染や漆を生業とし、2拠点居住者や移住者の住居と一体となった暮らしの場を計画する。

「敷地い」「敷地ろ」は古い建物に隣接しているために「文化を継承できる場」、「敷地は」「敷地に」は駅から近いため、観光客も利用可能な「文化を発信できる場」として計画する。

	敷地 い	敷地 ろ	敷地 は	敷地 に
プログラム	藍染工房、機織り工房、住居	漆塗り工房、木工房、住居	カフェレストラン、コワーキングスペース、住居	宿泊施設、住居
敷地分析	藍染は、旧蒲原宿内でも生業とされ地域のアイデンティティとなり得る。志田邸とも隣接していることで、文化を継承する場となる。	蒲原町北側には山があり、対象エリア内でも材木屋さんが存在している。おじさんグループが集まる場所に近く、技を教えてもらえる。	新蒲原駅から歩道橋を渡り、すぐの敷地である。敷地南東側には商店があり、北側には墓地や幼稚園があることからさまざまな人が行き交う。	新蒲原駅付近には宿場があまりなく、新蒲原駅に近い敷地は、新たなライフスタイルに応えることのできる宿場が必要と考える。

4、古い建物から継承する要素

旧宿場町であることから、歴史的な景観が重要視されている。古い建物から今日に効果のある要素を継承する。

5、構造計画

　グリッドを旧東海道に対して45度ふり、小屋組を4本柱で支える。4本に柱を束ねることにより、柱と梁の接合部を剛接合的な取り合いとみなすことで壁量を減らすことなどが可能となる。

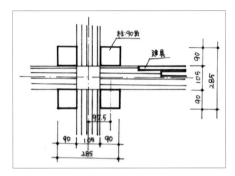

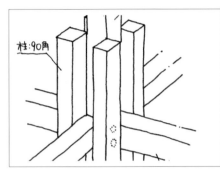

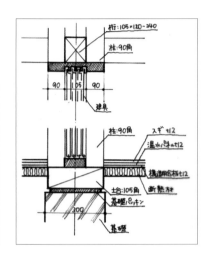

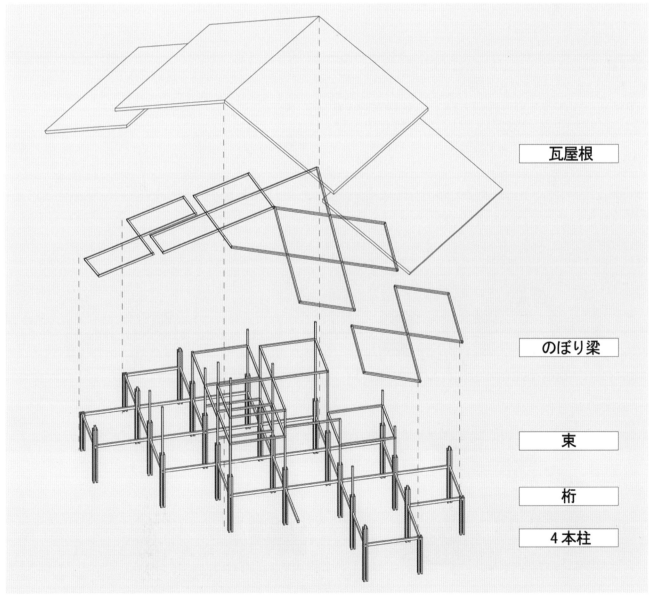

瓦屋根

のぼり梁

束

桁

4本柱

6、構造計画による効果

●「45度」に軸をふることによる効果

宿場町の町並みは東海道に並行に立面が立ち上がっている。町並みは水平性が保たれ、統一された景観を保っている。ライフスタイルや人との関わり方が変化してきた今日において、建築も同様に形態を変えコミュニケーションの場をつくる必要があると考えた。45度軸がふられることで各所に囲まれた空間が生まれる。

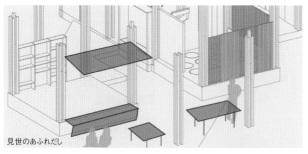

見世のあふれだし

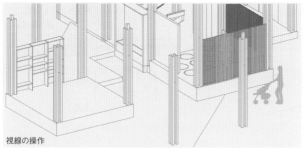

視線の操作

●「4本柱」による効果

105角の柱に比べて、4本柱は壁285mmの厚みをもたせることができる。古い住宅には部屋を格付ける空間などが存在していた。285mmの厚みにより部屋を格付けるための「ふるまい空間」を仕込むことができる。

棚　　　　　揚見世　　　　コントロールポール

●建具

4本柱の間を通過させることで、建具の可動域を広げることが可能となり、空間の多様性が生まれる。

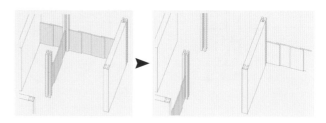

7、提案

●「敷地い」藍染文化を後世へ引き継ぐ

「敷地い」は、藍染と染色を行う機織りを生業とする移住者住居の計画である。隣接している国登録有形文化財の志田邸と連携しながら、蒲原の文化を継承していく。

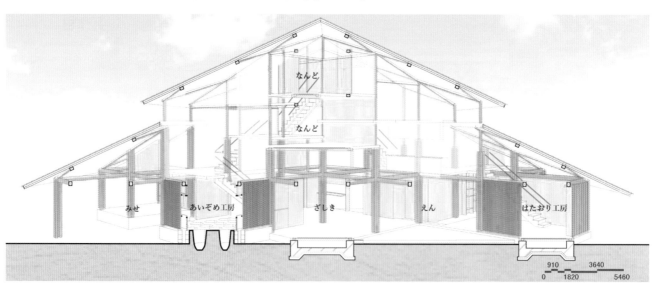

910		3640		
0	1820		5460	

断面透視図

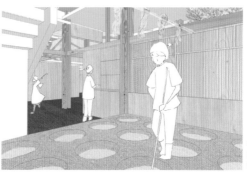

あいぞめ工房の藍甕（藍壺）で藍を建て染めする移住者

● 「敷地ろ」特産の漆器を後世に受け継ぐ

「敷地ろ」には、漆器を制作する木工房と漆塗を生業とする移住者住居を計画する。木工房は漆製品だけでなく、室内の薪ストーブの薪も加工し他住居に補充する役割ももつ。

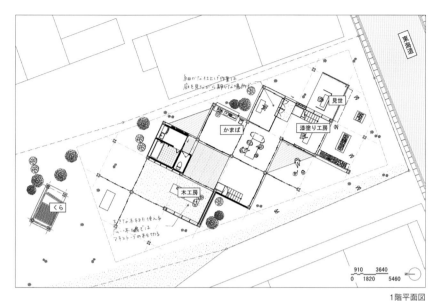

1階平面図

みせ部分を東海道側から見る。漆器商品が並び賑わう

木工房で作業する移住者。奥には漆塗り工房も見える

● 「敷地は」藍により関わりをもつ茶屋

新蒲原駅から一番近い敷地である。敷地北側には墓地や幼稚園があり、さまざまな年代の人が行き交うことが考えられる。

食事のできるカフェレストランとコワーキングスペースのある2拠点居住者住居を計画する。

コワーキングオフィスとして利用できる作業場

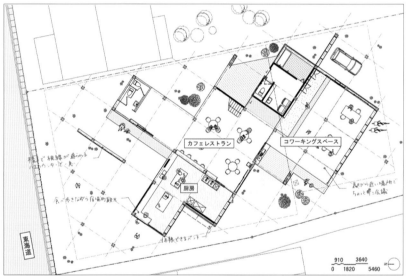

1階平面図

● 「敷地に」宿場町としての旅籠

新たなライフスタイルに対応するため、2拠点居住者や観光客のための旅籠の機能が必要である。

宿泊施設と首都圏で生活し、週末に蒲原へ帰ってくる2拠点居住者の住居を計画する。宿泊施設と住居は母屋と離れのような佇まいとする。

はたごを見る

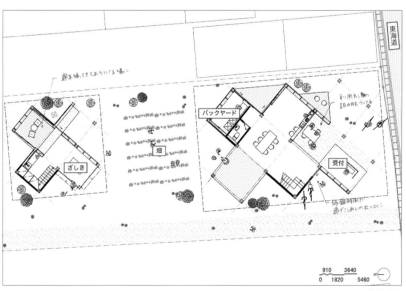

1階平面図

小規模庁舎建築の再考

―群馬県川場村役場の提案―

関 彩香
Ayaka Seki

工学院大学大学院
工学研究科
建築学専攻
冨永祥子研究室

地方の役場に行くと、まちの中心的な機能を担う施設であるにも関わらず、薄暗い空間で均質的な執務構成であることに疑問を感じる。役場こそ地域性を持ち、市民の日常となり、まちの中心になってもよいのではないだろうか。

近年多くの大規模庁舎建築が更新されていくのに対して、地方の小規模庁舎建築の多くは財政難により建て替えることができず現在も旧態依然のまま使われ続けている。今後、地方庁舎は人口減少や合併問題など不安定な状況に対し柔軟性を迫られているなか、大規模庁舎を模範とするのではなく、地方らしい庁舎のあり方を見直す必要があるのではないかと考える。

そこで本研究では、庁舎建築の建築的変遷と2000年以降の小規模庁舎建築の事例分析を行い、これからの小規模庁舎建築のあり方の再編を試みた。それらの研究から、従来の執務構成の再考と機能の見直しの必要性があると考え、新たな「雁行型」の執務構成と行政機能の集約化が、これからの小規模庁舎らしいあり方なのではないかと考えた。また小規模庁舎はいずれ合併により、行政機能が失われることを予想したうえで計画する必要がある。行政機能を失っても、冗長性を備えることで、機能変化後も住民の愛着となり続ける建築を計画する。同時に、提案敷地の群馬県川場村の役場の変遷と現状から庁舎における地域性を見出し、地域の核となるこれからの小規模庁舎建築の提案を行った。

1、テーマ

私が生まれ育った田舎の風景が残る川場村。老朽化により令和4年着工を目標に、村役場の建て替えが行われることが決定した。今日の多くの都道府県や都市部の庁舎建築は建築家により、市民に開かれた明るい庁舎へと改変されてきている一方で、地方地域の庁舎建築は均質化・画一化された旧態依然のまま使われ続けている。行政自体のあり方が変化してきているなか、これからの地方地域における庁舎像とは何かを模索する必要があると考えた。

戦後の建設ラッシュから40年経ち、多くの庁舎建築が建て替えや大規模改修を迫られている今、公共性や地域性だけでなく、社会の変化や現代の社会問題に対してこれからの地方庁舎は建築・空間・組織としてどうあるべきか再考することが目的である。

2、ターゲット

庁舎建築のうち、都道府県庁舎・区庁舎・市庁舎を大規模庁舎建築、町役場・村役場を小規模庁舎建築と定義する。このうち、本研究では、最終提案である川場村役場と同規模である小規模庁舎建築を分析対象とする。

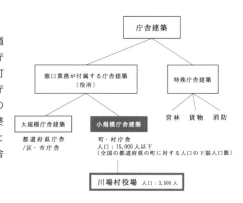

3、リサーチ手法

今日の事務的な機能性を追求した所謂ハコモノ行政建築が庁舎建築の変遷の中でどのような位置付けにあり、なぜ全国的に反映していったのかを庁舎建築の変遷の中で明確にする。また、これからの庁舎建築がどうあるべきか分析を行なう。

変遷を一つの年表としてまとめる。年代、行政の変化と庁舎建築の流れ、意匠的変化、平面構成の変化の4つの軸によって全体として現代までどのように変化してきたのかをまとめることで、庁舎建築の変遷の特徴、傾向を分析し、これからの庁舎建築を考察する。

分析の時代分け

明治期以前
久美浜代官所

明治期（1868～1912年）
兵庫県庁舎

大正期～昭和初期（1912～1937年）
福島県庁舎

戦後～2000年（1945～2000年）
埼玉県庁舎

4、分析

　雑誌「新建築」に掲載されている、2000年から現在における庁舎建築から小規模庁舎建築の定義内に含まれる庁舎建築を対象とする。

執務構成の傾向

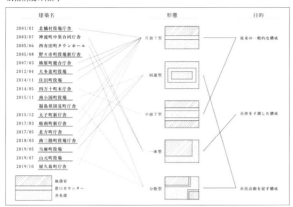

建築名	形態	目的
2001/01 北橘村役場庁舎	片面下型	従来の一般的な構成
2003/07 神流町中里合同庁舎		
2005/06 西有田町タウンホール		
2005/08 野々市町役場新庁舎	回遊型	
2007/03 椿原町総合庁舎		
2012/04 大多喜町役場		
2014/11 住田町役場	中央下型	合併を予測した構成
2014/05 四万十町本庁舎		
2015/11 南小国町役場		
福島県国見町庁舎		
2015/12 太子町新庁舎	一体型	
2017/03 岐南町新庁舎		
2017/05 北方町庁舎		
2018/03 南三陸町役場庁舎		
2019/05 当麻町役場	分散型	市民活動を促す構成
2019/07 山元町役場		
2019/10 屋久島町庁舎		

執務室
窓口カウンター
共有部

意匠計画の傾向

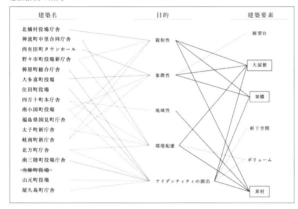

建築名	目的	建築要素
北橘村役場庁舎	親和性	展望台
神流町中里合同庁舎		
西有田町タウンホール	象徴性	大屋根
野々市町役場新庁舎		
椿原町総合庁舎		架構
大多喜町役場	地域性	
住田町役場		軒下空間
四万十町本庁舎		
南小国町役場	環境配慮	ボリューム
福島県国見町庁舎		
太子町新庁舎		
岐南町新庁舎	アイデンティティの創出	素材
北方町庁舎		
南三陸町役場庁舎		
当麻町役場		
山元町役場		
屋久島町庁舎		

共同体意識を表出させる要素の傾向

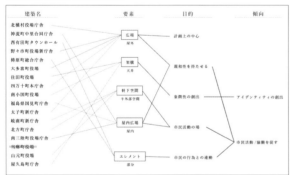

建築名	要素	目的	傾向
北橘村役場庁舎	広場 屋外	計画上の中心	
神流町中里合同庁舎			
西有田町タウンホール	架構 天井	親和性を持たせる	
野々市町役場新庁舎			
椿原町総合庁舎			
大多喜町役場	軒下空間 半外部空間	象徴性の創出	アイデンティティの創出
住田町役場			
四十町本庁舎			
南小国町役場	屋内広場 屋内	市民活動の場	
福島県国見町庁舎			市民活動／編集を促す
太子町新庁舎			
岐南町新庁舎			
北方町庁舎			
南三陸町役場庁舎	エレメント 部分	市民の行為との連動	
当麻町役場			
山元町役場			
屋久島町庁舎			

都道府県庁舎建築の変遷

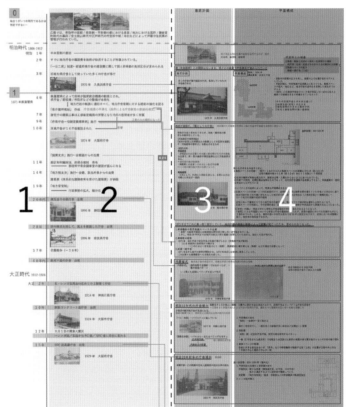

1. 年代と建て替えフェーズ　2. 行政の変化と庁舎建築の流れ　3. 意匠的変化　4. 平面構成の変化

5、分析結果

　近年の新たな平面構成、回遊型は執務空間を回遊することで積極的な市民活動を促している。分散型は市民の動線を減らすような動線計画を行い、開放的な空間をつくり出している。

執務構成

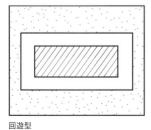

回遊型

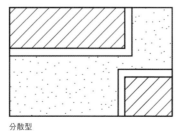

分散型

● 単一の大空間

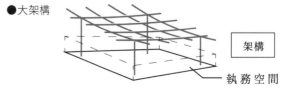

屋内広場　　広場　　庁舎

● 大架構

架構
執務空間

6、群馬県川場村役場の分析

第1期

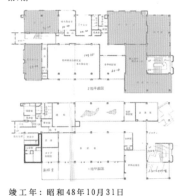

竣工年：昭和48年10月31日
構造：鉄筋コンクリート造
階数：地下1階（1部）、地上2階
敷地面積：1,800㎡
機能：1階（役場庁舎）
　　　…事務室・会議室・村長応接室・
　　　　議場・住民相談室・ふるさとサ
　　　　ロン・公使室等
　　　2階（山村開発センター）
　　　…老人ホーム・食堂・娯楽室・図
　　　　書室・村民ホール・農林業技術
　　　　研究室等

第2期

平面図の作成年：不明
（改修工事に際して作成した平面図）

機能：1階（役場庁舎）
　　　…事務室・会議室・村長室・村民室・
　　　　公使室・等
　　　2階（役場庁舎）
　　　…会議室・大集会場・議場・議員
　　　　控室・相談室・図書室等

第3期

平面図の作成年：平成12年5月

機能：1階（役場庁舎）
　　　…事務室・接待室・村長室・村民室・
　　　　公使室・等
　　　2階（役場庁舎）
　　　…会議室・大会議室・議場・議員控
　　　　室・相談室等

●変わるもの　公共空間の変動

　建設当初には2階部分の大半が公共空間を有していた。しかし、機能の肥大化、狭隘化によってそれぞれの機能は単体の施設として役場の周辺に分散して建設されていった。平成12年の第2期においては公共空間が行政業務の機能（会議室等）に変更されている。現在の役場においては完全に公共空間が失われている。

●変わらないもの　公使室

　「公使室」とは、公使と呼ばれる役職を持ったある夫婦が役場の中で住んでいる部屋である。「宿直室」とは異なり、実際に夫婦が住んでいる空間である。公使の彼らは、役場の職員をサポートする立場である。彼らは表に出る存在ではないので、彼らの存在を知っている村民は少ない。

7、提案　「雁行型」の執務構成を生かした川場村役場へ

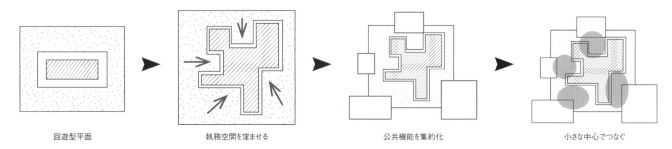

回遊型平面　　　執務空間を窪ませる　　　公共機能を集約化　　　小さな中心でつなぐ

8、計画

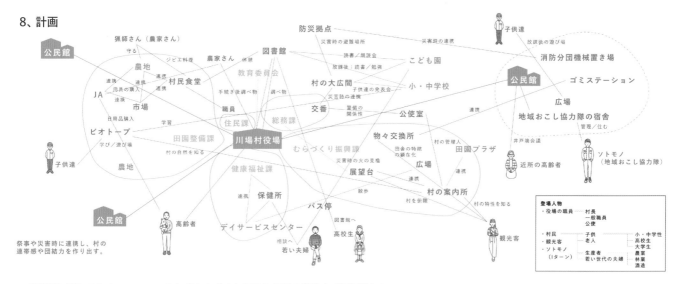

祭事や災害時に連携し、村の
連帯感や団結力を作り出す。

　川場村に関わるヒト・モノ・コトなどさまざまな事象と役場の機能を「雁行型」の
執務構成で絡めることで、小規模庁舎建築のあり方とプログラムを模索する。

9、ダイアグラム

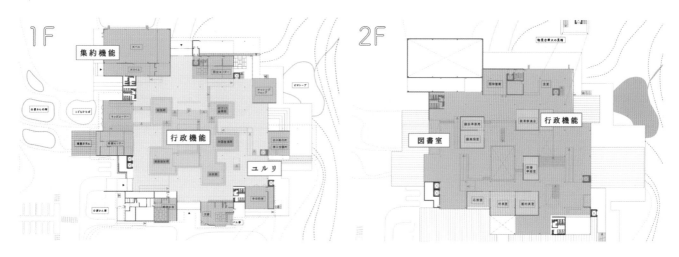

●課と公共機能の結びつき

　役場の課と町でのさまざまな事象は強く結び
ついており、課と町で起こっていることをつな
げることで小さな自治体の力を強める。

●公共機能の集約化

執務空間に接するように公共機能を接合させる。

●小さな中心によってつなぐ

　集約した公共機能や多目的室を小さな中
心（共有部）でつなぐことでお互いの活動が
滲み出し、協働や新たなつながりを生み出す
きっかけとなる。

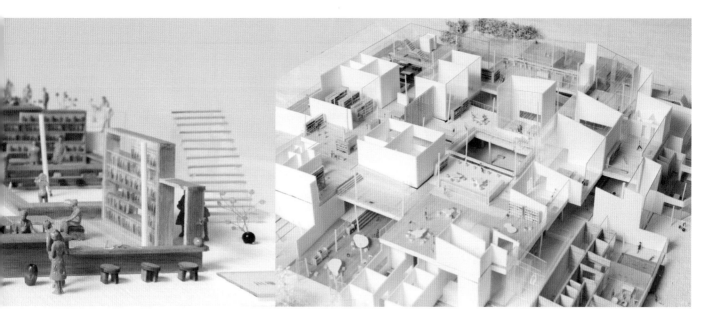

東京圏における駅の消滅の研究

―廃駅街区の開発手法の提案―

眞鍋 啓
Akira Manabe

芝浦工業大学大学院
理工学研究科
建設工学専攻
西沢大良研究室

鉄道駅の消滅は地方都市だけの話ではない。東京圏では226もの駅が消滅した。都市化とともに開設された過多の駅が、駅数整理のために廃止されるという原理であり、都心部での駅消滅は近代都市化の副産物なのである。東京圏で最も消滅した東京都97駅について詳細な分析を行った。廃駅街区（かつて駅のあった街区）を調査すると、個人商店の多さ・建築用途の多様性・歩車共存道路・住宅と道路の開放的な境界といった特徴がほぼ必ず現れた。以上の特徴を有した廃駅街区周辺エリアは、歩行圏という独自のコミュニティを形成し、現在まで残存してきたが、歩行圏であることを無視した開発によって、存続の危機にさらされている。

それに対して、都心部かつ駅近である貴重な歩行圏を保存・発展していく開発手法を提案していく。対象敷地は歩行圏の特徴を最も表した京成押上線の向島駅。プログラムは、歩行圏の存続を担う「リノベ本部」（設計事務所・ホテル受付・カフェ・銭湯）、町工場からノウハウを学べる「インキュベーション施設」（SOHO）、狭小敷地の問題を解決する「まちのアネックス」（体育館・倉庫・庭）といった周辺を生かすものとする。

どの通りからも目的地が分かる配置、人を引き込む八の字アプローチ、街区内部に広がる奥庭によって、異なる目的で集まった人々が新たなコミュニティを育む場となっていく。駅に代わる新たな施設は、歩行圏を発展させ、街のコミュニティを結んでいく結節点となる。

1、廃駅の分析

●都市化の最も進んだ東京都に廃駅が最も多い

東京圏の廃駅全226駅

●東京中心部からの距離によって廃駅種類が変化する

単体廃駅（路線：現存、駅：消滅）

廃線廃駅（路線：消滅、駅：消滅）

東京都廃駅

神奈川県廃駅

千葉県廃駅

埼玉県廃駅

●過多となった駅数の整理によって廃駅が発生

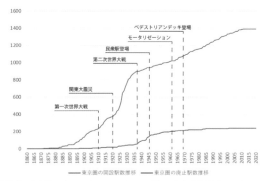

開設数と廃止数のピークにズレがあることから、増やしすぎた駅を整理したと分かる

●東京中心部により早く到着するために駅がまびかれる

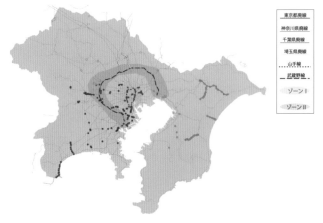

多くの廃駅がゾーン1、ゾーン2に立地することから東京中心部へと乗り入れる路線上の駅がまびかれたことが分かる。また、中心部に近づくにつれて、廃線廃駅よりも単体廃駅が立地する傾向からも駅整理のために廃止されたことが分かる

2、敷地選定

分析対象建物範囲を決め、歩行圏の特徴をまとめたデータシート計45枚より提案敷地を選定する。

●建築用途の多様さ

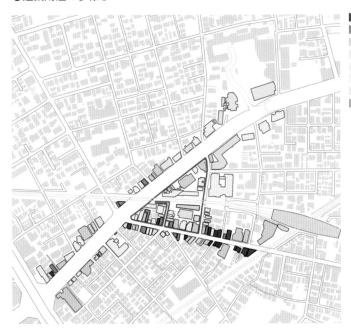

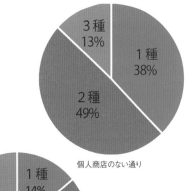

個人商店のない通り

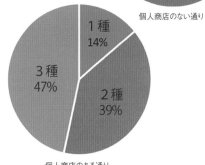

個人商店のある通り

建築用途を8種類で色分けした建築用途図

個人商店の出店と建築用途の多様性に相関性がある。個人商店のない通りに対して、個人商店のある通りは、他用途の種類数が2、3種類の占める割合が多くなる。

●個人商店の連続

個人商店連続度 ＝ 基礎点＋連続点

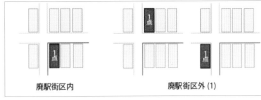

基礎点の計算

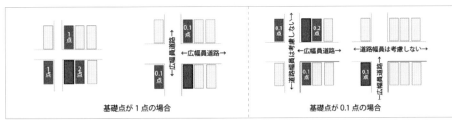

連続点の計算

基礎点と連続点を用いて、当時の駅前の強さを表す「個人商店連続度」を計算する。

●歩車共存道路の発生

個人商店が出店する通りは1車線が最も多い。また、個人商店のある1車線は全て歩道と車道に区別のない通りである。

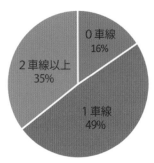

個人商店のある全通りの幅員種別割合

●住宅の道路に対する高い開放性

道路に対する開放度を表す「住宅開放度」は、個人商店の出店と相関性がある。
住宅開放度 [%] ＝開放・準開放型の合計棟数 / 通りの全住宅棟数×100。

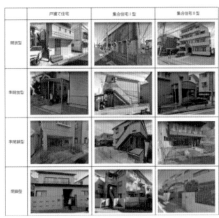

道路に対する開放度合で分類した住宅の表

個人商店と住宅の分布図

3、敷地

前述のデータシート計45枚より、2つのことが分かった。1）廃駅は近代都市化の副産物であり、都市化の進行度を測るバロメーターであること、2）駅が消滅したエリアは、都心でありながら多様性を生み出すことのできる街、「歩行圏」であったこと。

これらのリサーチ内容から、廃駅街区内でも異なる人が通る道に囲まれたエリアを敷地に選定する。

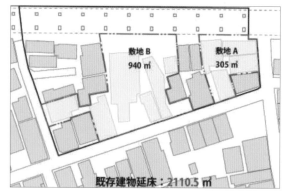

敷地B 940㎡　敷地A 305㎡

既存建物延床：2110.5 ㎡

残すべき建築。1階がアクティビティ誘発可能性あり　壊すべき建築。1階が車に侵食されている

歩行圏に不適当な建物を改善するため、敷地内に建つ建物の延床面積を確保しつつ提案する

4、提案内容

周辺を生かしてつなげ、多様な人々による新たなコミュニティを創る。

空き家 モクチン ↓	町工場 ↓	狭小住宅 朝鮮学校 ↓
リノベ本部	インキュ ベーション	まちの アネックス
設計事務所 ホテル受付 カフェ 銭湯	ミーティング ルーム 工房 SOHO	体育館 共有庭 レンタル倉庫 レンタル教室

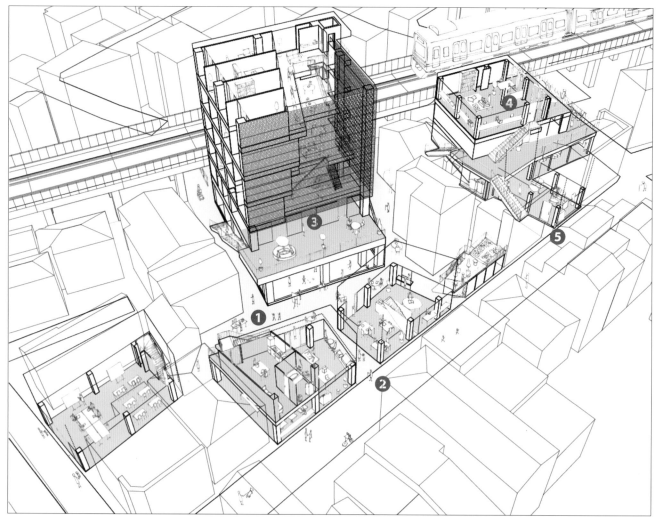

●コミュニティを生み出す配置

どの通りからも目的地が分かるようにズレた配置をし、街区内部に広場を設けることで、異なる目的で集まった人々が新たな交流を生み出す場となっている。

●人を引き込む空間構成

道路側を広く、広場側を細くすることで、入口が広くて入りやすいだけでなく、広場側は囲まれた落ち着いた広場となる。

●隣接住戸に配慮した共有部

隣接建物との間に奥広場へのアプローチを設けることで、今後の開発の拠り所とすることができる。

奥庭ではさまざまな人々の活動が生まれる

大きい入口が人を街区内部へと引き込む

吹き抜けによってミーティングルームは中心となる

今後の歩行圏を管理する事務所からは街を一望できる

既存建築に合わせたボリューム感で歩行圏を守る

1階平面図

公共建築の屋根構成に関する考察および設計提案

―近景と遠景に着目して―

大可 大
Takashi Ohka

首都大学東京大学院
（現、東京都立大学大学院）
都市環境科学研究科
建築学域
小林克弘研究室

屋根は降雨雪量や風、日射の状況などの外力に対するシェルターのような原初的な性格から始まり、気候や風土などの立地環境から入手できる材料により可能な構法との関係によって形成されてきた。また、連なることにより現れる屋根並みは、コミュニティのまとまりを表現するほか、平面的に大きい建物では外観上のシンボル性を担保するものとして発展してきた。

しかし、近代以降のモダニズムや高層化、新たな建築材料の浸透により屋根は消去され、均質な矩形空間のみが残った。多様性を尊重する現代では、建物内のさまざまなアクティビティを許容、誘発する建築が求められ、それに応答するかたちで屋根表現も多種多様となっている。一方で、街並みのガイドライン等で半強制的に形式だけ引用される、シンボリックなツールとして使用されている現状も多く見受けられ、現代建築における屋根の十分な位置付けができていない。

本研究は、社会の要請が複雑化・細分化していく流れの中で、多くの人が利用する公共建築における屋根表現の傾向を位置付け、外部空間において遠景では面が、近景では端部が大きく知覚される屋根の両義的な性格に着目し、それらの構成から屋根表現を導出し、次世代の屋根表現の可能性を提示することを目的とする。『新建築』に発表された、310作品を対象とした分析により得られた屋根面と端部における修辞の変形パタンを統合し、敷地に内在する文脈に対して表現の読み替えを行うケーススタディとして複合施設の設計を行った。屋根構成と表現の一貫性が担保された屋根面と端部の修辞の変形を巧みに利用することで、人や自然と有機的な関係性を持つ屋根の有用性を示し、次世代の屋根表現の可能性を提示した。

1、計画内容・敷地

敷地は中野駅新北口駅前エリア再整備計画が行われる場所であり、現区役所と隣接する中野サンプラザが文化・芸術発信の機能を含んだ複合施設への建て替えが決まっている。さらに高層の建物が密集する都心エリアでもあり、建蔽率80%、容積率600%の規制がかかるため、部分的に高層のボリュームが想定される。そこで不特定多数の人が利用する複合施設において、圧迫感を与えず、街と接続する新しい内外の関係性を持った空間を提案する。

2、屋根の分析

屋根は身体と外部の境界をつくるものから、持ち上げられたことで内部空間が強調され、内部と外部の境界をつくるものとしての認識変化がある。そこからモダニズムにより屋根が消去され、ポストモダニズムにより意味の記号として再登場するも、均質な矩形空間が一般化し内部と外部の関係は希薄化、そして現代は構造解析技術の向上、3D-CADツールの普及に伴い、内部と外部の両方から考えることができる形として取り上げられているという屋根表現の傾向を捉えた。

さらに、屋根が消去されたモダニズム以降に限定し、建築家・塚本由晴がまとめる住宅作品の屋根表現の系譜と社会背景に関する認識をベースとして、公共建築における建築家の屋根表現の系譜を整理した。建築家・大高正人は近代主義を「止揚」すべく地域性に固執し、内井昭蔵は人間性の「回復」を行うべく装飾の復権を提唱しており、両者のモダニズムに対する反動は、住宅建築における屋根表現の「切断」や「引用」の表現と理念に共通項があることを指摘した。これを起点に住宅建築は「箱によるリバイバル」、公共建築は屋根と壁が一体化したボリューム一体のものが多くあらわれ、内部と外部の関係が希薄した状態が続いたが、2010年以降は震災の影響もあり、SANAAによる街との「接続」を意識した屋根表現に見られるように、再び内部と外部の関係は親密化する傾向を明らかにした。

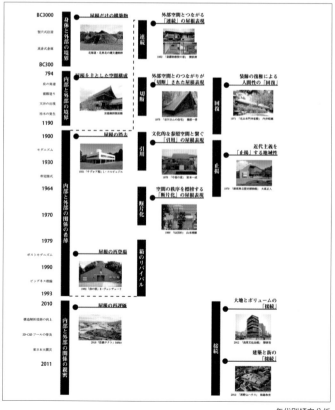

年代別傾向分析

3、建築作品の分析

　2000〜2019年の20年間に『新建築』に発表された310作品を対象として、作品分析を行う。遠景では屋根面が、近景では端部が大きく知覚される屋根の両義的な性格を、それぞれ把握できる最小単位の「型」と、その単位がどうなっているかの「状態1」と、どう構成されているかの「状態2」に分けて修辞化を行った。

　屋根構成を修辞化するには、基本となる修辞を設ける必要があり、本研究においては単位を規定する「型」と、「型」がどう構成されているかの「状態2」の組み合わせを基本となる修辞とし、「型」がどうなっているかの「状態1」を含むものを変形と扱う。基本形は「型」と「状態」の関係が固定的であるのに対し、変形はさまざまな逸脱を許容していると言え、比較することにより変形が持つ屋根表現を明白にすることができる。

　これらから屋根面の変形の修辞として最も多い「高さを変え重なり合う」変形パターン、端部の変形の修辞として「端部を薄く見せる」変形パターンを導出した。

分析項目

屋根面における修辞の変形

端部における修辞の変形

4、設計プロセス

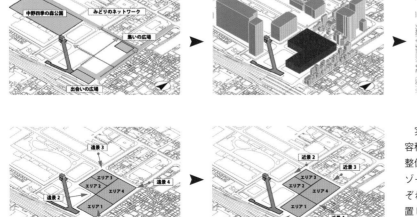

中野四季の森公園
みどりのネットワーク
集いの広場
出会いの広場

遠景3
遠景2
遠景1
近景2
近景3
近景4
エリア3
エリア4
エリア1

　実際の再整備計画の基本方針を整理し、建蔽率80%、容積率600%を考慮したボリュームを配置する。さらに再整備計画の基本方針より動線計画を踏襲し、プログラムのゾーニングを行った上でボリュームを修正する。次にそれぞれのエリアに内在する文脈に対して、遠景での視点を設置し、適した屋根面の修辞を選択して、表現の読み替えを行う。最後に遠景により構成された屋根面に対して近景の視点を設置し、シークエンスに適した端部の修辞を選択して、表現の読み替えを行う。

5、修辞の変形の読み替え

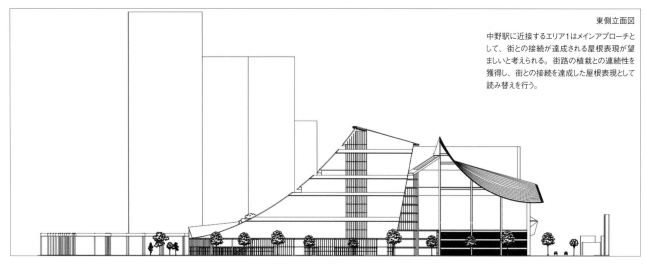

東側立面図

中野駅に近接するエリア1はメインアプローチとして、街との接続が達成される屋根表現が望ましいと考えられる。街路の植栽との連続性を獲得し、街との接続を達成した屋根表現として読み替えを行う。

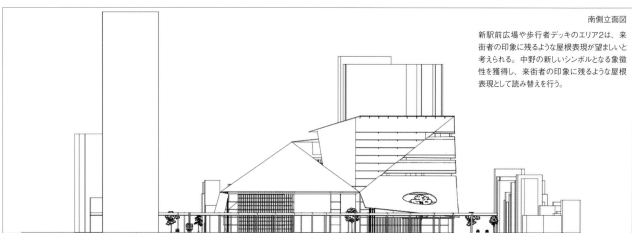

南側立面図

新駅前広場や歩行者デッキのエリア2は、来街者の印象に残るような屋根表現が望ましいと考えられる。中野の新しいシンボルとなる象徴性を獲得し、来街者の印象に残るような屋根表現として読み替えを行う。

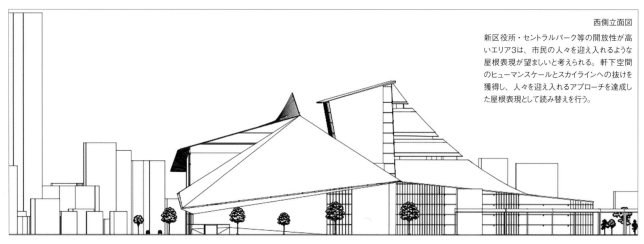

西側立面図

新区役所・セントラルパーク等の開放性が高いエリア3は、市民の人々を迎え入れるような屋根表現が望ましいと考えられる。軒下空間のヒューマンスケールとスカイラインへの抜けを獲得し、人々を迎え入れるアプローチを達成した屋根表現として読み替えを行う。

中野ブロードウェイ等の建物が密集しているエリア4は、対比的に開放性の高さを感じられる屋根表現が望ましいと考えられる。直交するH鋼による架構の方向性を強調し、内部空間が浮遊したような印象を獲得し、開放性の高さを達成した屋根表現として読み替えを行う。

北側立面図

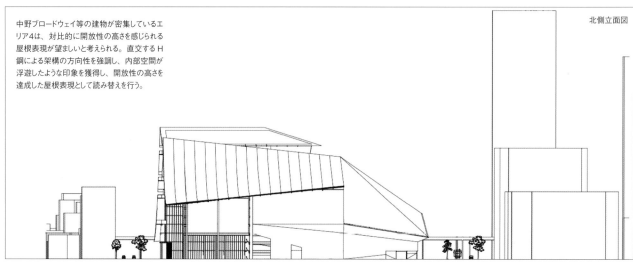

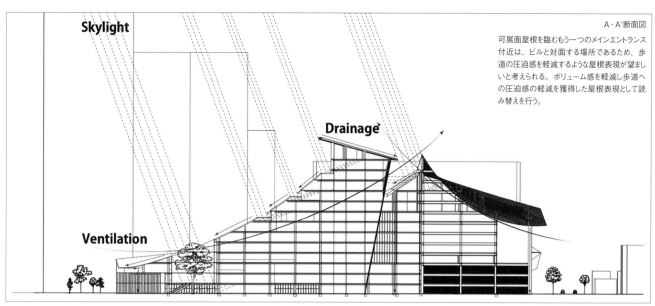

可展面屋根を臨むもう一つのメインエントランス付近は、ビルと対面する場所であるため、歩道の圧迫感を軽減するような屋根表現が望ましいと考えられる。ボリューム感を軽減し歩道への圧迫感の軽減を獲得した屋根表現として読み替えを行う。

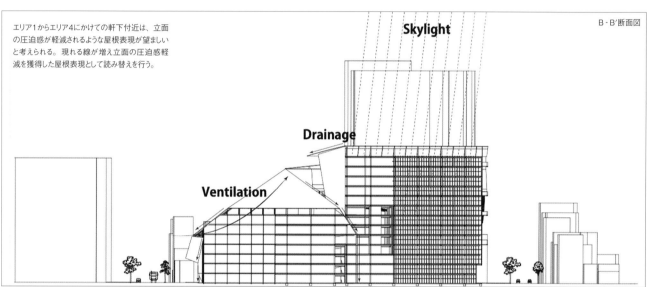

B - B'断面図

エリア1からエリア4にかけての軒下付近は、立面の圧迫感が軽減されるような屋根表現が望ましいと考えられる。現れる線が増え立面の圧迫感軽減を獲得した屋根表現として読み替えを行う。

6、総括

　屋根面と端部の構成において、設計者の言説が得られたものをピックアップし、同じ修辞の変形で統合することによって変形が内在する普遍的な表現を獲得し、屋根構成と表現の一貫性を担保することができた。

　さらに、屋根面と端部における修辞を統合し、敷地に内在する文脈に対して表現の読み替えを行うことで、人や自然と有機的な関係性を持つ屋根の有用性を示し、次世代の屋根表現の可能性を提示した。

現代公共建築における
シンボル性獲得手法に関する研究および設計提案

北山 勝哉
Katsuya Kitayama

首都大学東京大学院
（現、東京都立大学大学院）
都市環境科学研究科
建築学域
小泉雅生研究室

建築のシンボリズムは古くから語られており、その地域やコンテクストを代表する代名詞となり得る力があることが広く知られている。しかし現代では「ハコモノ建築」と揶揄されることを危惧し、力強い建築表現とすることを避けることも少なくない一方で、公共建築においてはシンボルや象徴に対して説明が求められる機会が多い。

そこで、現代建築においてシンボル性を持たせることを意図している事例を抽出し、その事例を目的・操作部分・設計手法の観点から分析し類型化する。今後の公共建築におけるシンボル性獲得に適した手法を考察、提案することを目的とする。

現代のレトリック（弁論術）として用いられるシンボルという言葉に批判的な立場として設計提案を行った。まず分類相互の関係性モデルを整理し、象徴の目的に対応するシンボル性獲得のための設計手法を考察した。象徴の目的に対応するコンセプトモデル5種を作成し、その後にそれらを結合させるような形で、具体的なプログラムに基づく市庁舎の設計提案を行った。これによりシンボル性を強く意図した公共建築について、その効果を提示した。

シンボル性の要素を詰め込んだ本提案は、ある種、前時代的で醜悪にも見える。しかしこの設計提案は過剰とも言える現代描写である。

建築におけるシンボリズム

具体的なシンボリズムの定義は画一ではなく、曖昧である。ここからは(a)記号（sign）と(b)表象（representation）、(c)象徴（symbol）に着目する。

(a) 記号（sign）：一定の事象や内容を指し示すはたらきをもつ知覚可能な対象。この中でも、多義的・間接的である（規則性が緩やかである）ものを「象徴」と呼ぶ分類も存在する。

(b) 表象（representation）：感覚の複合体として心に思い浮かべられる外的対象の像であり、知覚内容・記憶像など心に生起するもの。

(c) 象徴（symbol）：直接的に知覚できない概念・意味・価値などを、それを連想させる具体的事物や感覚的形象によって間接的に表現すること。直接的に表しにくい観念や内容を、想像力を媒介にして暗示的に表現する手法。

この3つの類語から考えると、象徴（symbol）が最も広義的であり、その物理的側面が記号（sign）であり、心理的側面が表象（representation）であると考えられる。このことから本研究で扱う象徴（symbol）については「抽象的な思想・観念・事物などを、具体的な事物によって物理的あるいは心理的に理解しやすい形で表すこと」と定義する。

象徴（Symbol）	
物理的側面	心理的側面
記号（Sign）	表象（Representation）

建築におけるシンボリズムの定義イメージ

シンボル性獲得を意図している事例の分析と類型化

象徴の目的を分類する

抽出した事例に対して、何を象徴することを意図しているか、またどのような目的から象徴性を持たせているか、について5種に分類した。

【類型化】象徴の目的

①建築空間の独自性：外的な対象に依らず、その建築自体が特徴的であることを主眼とした分類

「回転楕円体、楕円錐体、楕円の吹抜けという構成はアブストラクト・シンボリズムの延長上にある。」
（例．福井県立恐竜博物館／黒川紀章）

②敷地コンテクスト性：建築が敷地やそのエリアのコンテストに基づくことを主眼とした分類

「この形は、八幡町のシンボルというべき水を司る月の、満ちる直前の十二夜の姿を現している。」
（例．郡上八幡総合スポーツセンター／黒川哲郎＋デザインリーグ）

③商業的アイコン性：ブランディングや広告的な目的で目立つことを主眼とした分類

「建物前面にオープンスペースを設けた。この部分に大庇をかけることで（中略）店舗としてアイキャッチ性のある造形としている。」
（例．開運堂本店／竹中工務店）

④内部機能の表出：その建築の機能やビルディングタイプに基づいたコンセプトを表現することを主眼とした分類

「低く湾曲した屋根はこの施設のあり方を象徴しております。壁面や屋根、柱、庇などは奥行き感を強調し、覆われ、守られ、支えられるといった感じを出すことを考えました。」
（例．犬山市民健康館さら・さくら／内井昭蔵建築設計事務所）

⑤都市的ランドマーク性：遠景からの目印や、見る人の意識に残ることを主眼とした分類

「ステンレス鋼管でできたエントランスゲートは、都市空間と美術館を結ぶ大事な仕掛けです。エントランスゲートが光を一身に集めた姿は、ふたつの川両護岸から都市のランドマークとして、市民の記憶に残っていくものと考えています。」
（例．国立国際美術館／シーザー・ペリ）

操作部分の分類

　抽出した事例に対して、象徴性を持たせるためにどの部分に建築的操作をしたかを分類する。操作部分は9種に分類することができた。

設計手法の分類

　抽出した事例に対して、象徴性を持たせるために具体的にどのような設計を行ったかを分類する。設計手法は28種に分類することができた。

分類相互の関係性モデルからシンボル性獲得手法への変換

　ここでは、象徴の目的に対してシンボル性獲得手法を設定する。これは前章の分類相互の関係性をもとに、象徴の目的に対しての操作部分、設計手法を整理するものである。これにより前章では非線形であったモデルを線形なものに変換し、設計手法として設定する。それぞれの象徴の目的に対する具体的なシンボル性獲得手法を図に示す。

設計提案

象徴の目的に対応するコンセプトモデル

　前章で設定したシンボル性獲得手法を基に、それぞれの象徴の目的に対応するコンセプトモデルを作成した。これら5種のコンセプトモデルを結合させるような形で、次節において設計提案を行う。

設計提案　- 市庁舎を対象として -

　具体的な敷地および市庁舎というプログラムに対して、シンボル性を強く意識した設計提案を行う。前段落で示したコンセプトモデルを結合させ、四周の立面が異なった表情として現れるように計画することで、分類した5つの象徴の目的を全て汲み取れるような立面構成とする。

【プログラム】
市庁舎および図書館分館、児童館機能
【提案概要】
地上4階建て　延べ床面積：約1万1000㎡
【敷地概要】
人口8万人規模の郊外の市　敷地面積1万3511.14㎡

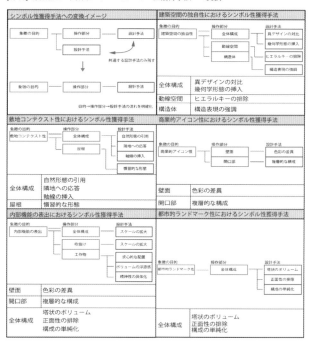

建築空間の独自性モデル

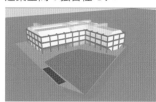
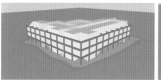

全体構成：幾何学形態の挿入
→倒した8角柱3つを交差させる
動線空間：ヒエラルキーの排除
→動線空間をボリュームとする
構造体：構造表現の強調
→構造体を外観にあらわす

敷地コンテクスト性モデル

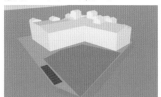
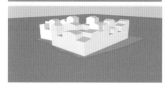
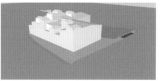

全体構成：軸線の挿入
→2つの都市軸を引用して角度を振る
隣地への応答
→周辺にあわせ、ボリュームを分節
屋根：慣習的な形態
→頂部を一般的な勾配屋根とする

商業的アイコン性モデル

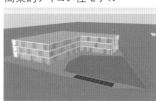
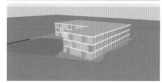

壁面：色彩の差異
→異なる色の壁をランダムに配置する
開口部：複層的な構成
→ブリーズソレイユやバルコニーを設置

内部機能の表出モデル

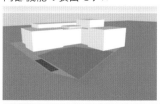
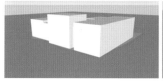

全体構成：スケールの拡大
→主要機能のボリュームを肥大化する
吹抜け：スケールの拡大
→全体を貫通する吹抜けを設ける

都市的ランドマーク性モデル

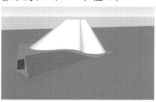

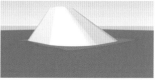

全体構成：
正面性の排除→建物の角を丸める
塔状のボリューム
→高さを上げて全体を錐体とする
構成の単純化
→全体をワンボリュームとする

北側立面

建物のメインエントランスとして広場を囲むようなＬ字型の立面である。ここでは、比較的大きなボリューム同士が噛み合うことによってダイナミックな建築表現としている。その外側に表された構造体は、さらに建築の力強さを強調するとともに、線的な構成によって大味な北側立面全体を調停するような役割をもっている。

東側立面

主に施設駐車場側から見える立面である。構造体・8角柱・動線部分ないどのそれぞれの要素の見える面積をおよそ同じにし、形態をあまり重ね合わせず並置することで、要素同士のヒエラルキーを薄める構成とした。これにより構造体・8角柱・動線部分など、それぞれの要素が独立して、シークエンスとして順番に見えてくる。

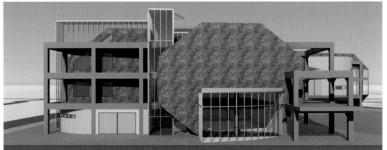

南側立面

主に住宅街側から見える立面である。等間隔に並べられた構造体とブリーズソレイユに、角度を振った8角柱が貫入していくことで、線的な要素と面的な要素のグラデーショナルな変化が得られるような構成とした。また上部の動線部分ボリュームや塔の方向性により、水平性が強調されている。

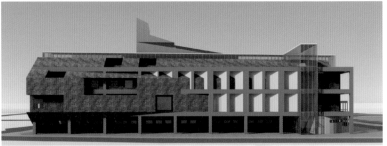

西側立面

住宅街と北側大通りの両面から見える立面である。この立面においては最も多くの要素を混在させた。ここではボリュームの分節や、小さな勾配屋根などの部分的要素の集積によって構成することにより猥雑な印象を与えることを意図している。

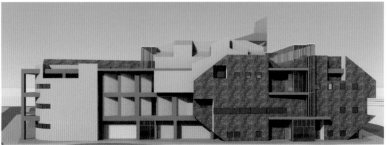

1階平面図兼配置図

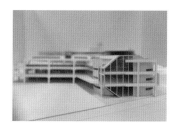

建物全体で既存広場を囲むようにL字型の配置とし、6ヶ所の入り口によって全方向からのアクセスが可能になっている。
1階には主に執務室とホール、図書館分館を計画している。ホールは既存広場に面して計画することで、内外の一体的な利用に対応することが可能である。
図書館分館は北側前面道路に面する位置に計画することで、図書館の様子をファサードとして周囲に見せる。また、図書館分館部分は庁舎部分とは独立して別利用（利用時間で区切って利用すること）が可能な計画とした

2階平面図

2階は主に執務室と図書館分館、それに付随する創作活動室を計画した。アトリウムとホールの上部は吹抜けとなっており、下階の様子がうかがえる空間となっている。

3階平面図

3階は主に執務室と議場、児童館機能を計画した。2階にも計画したホワイエはメインエントランスである北側ファサードに面した明るい空間として議場などの待合スペースになる。

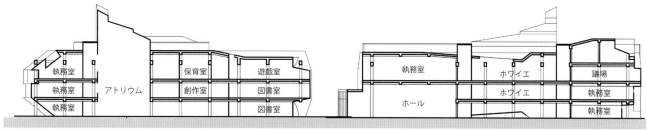

結 - 現代におけるシンボリズムについての提言 -

ポストモダニズムの時代には、視覚優先の記号的かつ絶対的な形態としてのシンボル性が模索された。しかし、説明性やプロセスを重視する現代においては、意味的かつ相対的な形態としてのシンボル性が求められているのではないだろうか。こうした状況にも関わらず、設計者側が要求に対して、ただの弁論術（レトリック）としてシンボルという言葉を用いている現状は看過しがたい。

本研究では、公共建築において様々なシンボルの様相を併せ持つことにより、シンボル性を獲得するため手法とその設計提案を示した。シンボル性の要素を詰め込んだ提案は、ある種、前時代的で醜悪にも見える。しかし、この設計提案は過剰とも言える現代描写である。建築のほぼ全ての部分が、分析によって導き出されたシンボル性によって説明が可能であり、弁論術としてのシンボル性は十分に備えた建築となっている。

この設計提案の適否については度外視したとしても、ただ漠然とシン

ボルを語るのではなく、絶対性と相対性を兼ね備えた「良質なシンボリズム」とは何かについて考える必要があるのではないだろうか。

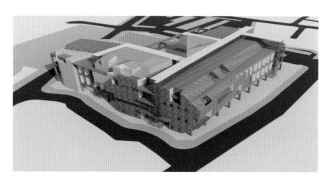

まちを織り、繋ぐ建築

―図書館機能を中心とした住民に寄り添う建築の提案―

髙野 美波
Minami Takano

昭和女子大学大学院
生活機構研究科
環境デザイン研究専攻
金子友美研究室

豊島区池袋は2019年度に「東アジア文化都市」として大々的に再開発され、池袋にある4つの公園とその周辺は変貌した。再開発により、まちの活性化や観光客の増加が見込める一方、池袋の治安の悪さは目立ったままである。これは、客引きや致傷事件の多さが要因であると考えられる。また、2014年度には23区で唯一「消滅可能性都市」に認定された。これを受け区は、子育てしやすい環境づくりをするなど、ソフト面での改善を図っている。また、年代別に豊島区の人口と23区全体の人口とを比較すると、20〜40歳の割合が23区全体の人口と比べて高いことが分かった。こうした敷地特有の現状を生かし、ハード面での対策として、住民がいつでも居場所として利用できる施設を設計したいと考えた。

敷地は現在の池袋駅前公園である。ここは池袋駅を利用する住民が日常的に使う経路でありながら、周囲は雑居ビルに囲まれ、歩車分離がされていない、ゴミが毎朝散乱しているなど様々な問題が観察調査により浮き彫りとなった。この敷地に、図書館を中心として保育園やスーパーなど必要だと思われる機能を内包させ、現状の問題を解決する。建築の南北を斜路で繋いで屋内型遊歩道とし、公園を通勤・通学経路として利用している人々の安全を確保しつつ、日常的に本や展示物などに触れて生活を豊かにすることを慮った。

住民にとって生活する上で欠かせない、まちに根ざした建築をつくるというのが本設計の試みである。

選定理由

豊島区は、2020年度のオリンピックに向けて、池袋西口公園など池袋周辺の4公園について整備計画を策定している。今回は、整備の対象となっていない2つの公園を取り上げた。これらの公園を訪れて観察を行い、どちらがより都市空間に住まう住民の生活に寄与する建築を設計できるか考えた。「西池袋公園」は利用者が目的を持って訪れている印象があったのに対し、「池袋駅前公園」は通り道として利用されていた他、サラリーマンや業者の方が休憩する場所として利用しているようであった。以下の表は2つの公園の観察結果である。

どちらも利用者がいることから需要がある空間だと言える。観察の結果から展望を感じたのは通勤、通学の経路の一部となっている可能性の高い池袋駅前公園であった。

	池袋駅前公園	西池袋公園
種類	街区公園（区画整理事業より）	街区公園（区画整理事業より）
大きさ	2,996.28㎡	8,690.66㎡
用途地域	商業地域[容:800%、建:80%]	第一種住居地域[容:300%、建:60%]
周辺の用途地域	北：第一種住居地域[容:300%、建:60%]　第一種中高層住居地域[容:300%、建:60%]	東：商業地域[容:600%、建:80%]　西：第一種中高層住居地域[容:300%、建:60%]
観察された利用者（平日昼）	喫煙者、昼休み中のサラリーマン、休憩中の工事業者、飲酒している老人など	立教大学の学生、老夫婦
観察された利用者（休日昼）	喫煙者、複数人の若者、成人	小さい子供を連れた家族、小学生、成人
公園の機能	公共トイレ、駐輪場、地下駐輪場入り口、地下駐車場入り口、水天宮、ベン	公共トイレ、防災機能、屋外球技場、地下駐輪場入り口、ベンチ
遊具の有無	無	有
起伏	無	有
筆者の所感	南北に長い公園であり、長いベンチに人が腰をかけていてその前を通路として歩くのには躊躇いがある。男性しかおらず、女性は避けているような印象があった。東側の建物が高く（飲食店やホテルなど）圧迫感がある。自転車の利用者も多く、通勤や買い物で家と池袋駅を結ぶ動線として利用している人が多いのではないかと感じた。	休日は家族連れが多く、遊具で子供が遊んでいて住宅街の公園の雰囲気であった。周辺に住む住民が利用しているのではないかと思われる。平日は近隣の大学生とみられる人以外の利用者がほぼいなかった。ボールを使ってよいスペースが分けられているため、小さい子供でも安心して遊ぶことができる。

池袋駅前公園と西池袋公園の観察結果

敷地の現状と問題点

対象敷地：池袋駅前公園（豊島区東池袋 1-50-23）
種類：街区公園　面積：2,996.28㎡
用途地域：商業地域（容積率800％／建ぺい率60％）
周辺の用途地域：第一種住居地域（容300％／建60％）、
　　　　　　　　第一種中高層住居専用地域（容300％／建60％）

毎朝ゴミが散乱している

貨物車両が路駐していて見通しが悪い

遊歩道として整備されている公園よりも車道を歩く人の方が多い。ゴミの散乱や、光が入らず暗い環境であることが要因だと考える

公園の東側には雑居ビルが並ぶ。通学・通勤の要の道でありながら飲食店、風俗店が多く、特に夜間の治安の悪さが目立つ

敷地周辺のリサーチ

以下の４つの図は池袋駅前公園から半径1kmの分布を示している。これらの図を作成することで、当敷地に必要とされる機能を見出した。

黒の矢印は池袋駅前公園を通勤・通学で利用している場合のルートを示している（主に帰宅経路の向き）。図Bの色分けから分かるように、本設計の敷地は池袋駅を出てから居住エリアに向かう橋渡しをするような敷地であると言える。一方で、図Aより線路の東側は西側と比較して買い物ができる場所が少ないことが分かる。

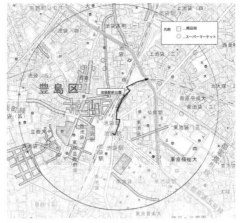 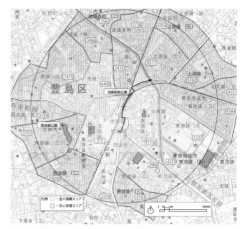

図A　池袋のスーパーマーケット分布図　　　　　図B　池袋の人口や居住エリアの分布図

図書館を選定した理由

修士設計にあたって人々の生活に近いものの設計がしたいと考えた。それは人々が生活する上で欠かせない存在であり、拠り所となるようなものを指す。まず先に思い浮かんだのは図書館であった。人々が自由に利用することができ、滞在時間も決まっていない、利用方法が来館者に委ねられる利用者主体の建築であると考えた。また、立地場所によってその必要な用途が変わると考え、その土地に根差した設計ができると思い、図書館を選定した。

池袋リサーチと図書館建築のリサーチ手法

「新建築」過去10年分から公立図書館31事例を調査

空間とプログラムを分けて研究を行った。デザインリサーチはボリューム、吹き抜け、静と動の区別、テラスの有無、静空間の書架の配置方法と閲覧席の関係性。これら5つに分けて調査した。プログラムリサーチは図書館以外の機能を事例ごとに整理して、結果として7つの視点を見出すことができた。

(1) 対子供（特に乳児）と母親のための空間の充実
(2) 店舗の併設
(3) 滞在できる空間の多様化
(4) コミュニケーションスペースが図書館に内包されている
(5) 1階が地域解放されている
(6) 外部空間の充実
(7) 駅前図書館の増加

空間リサーチ

番号	建物名	ボリューム	吹抜け	静と動	テラス	書架
1	大船渡市民文化会館・市立図書館/リアスホール	7	3	5	2	4
2	北区中央図書館	1	4	5	1	2
3	小布施町立図書館「まちとしょテラソ」	5	4	3	2	4
4	武蔵野美術大学 美術館・図書館	7	1	2	1	3
5	村山市総合文化複合施設「楯葉プラザ」	1	1	4	2	4
6	えんぱーく	7	1	4	2	4

プログラムリサーチ

番号	建物名	複合	交流ルーム	イベントスペース	多目的ホール	カフェ	パサージュ	広場	その他店舗	その他
1	大船渡市民文化会館・市立図書館/リアスホール	複	×	×	○	○	×	○	なし	スタジオ
2	北区中央図書館		○	×	×	○	×	×	なし	中庭
3	小布施町立図書館「まちとしょテラソ」		○	○	×	×	×	×	なし	
4	武蔵野美術大学 美術館・図書館		○	×	×	×	×	×	なし	キャットウォーク
5	村山市総合文化複合施設「楯葉プラザ」	複	○	×	○	○	×	○	なし	託児室、民児室、調理実習室
6	えんぱーく	複	○	○	○	○	×	○	あり	託児室、プレイルーム、子育て支援センター 音楽練習室、調理実習室、民間オフィス、工芸所

平面の形のアプローチ

湾曲した敷地に添わせる建物の曲げ方を考察する

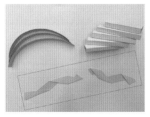

1 年輪のように層を重ねる
2 コンテナのような箱を重ねてずらす
3 細い紙を折って曲げる

既存の木を避けながら、図書館やその他機能の面積を確保するため、3の手法を採用した

機能を収めるための手法を考察する

……【立面】歩行空間を書架にして、その他の図書機能と生活に必要な空間を塔状にする。歩行者はスロープを歩いていると自ずとさまざまな本に出会う。

……【平面】敷地が湾曲しているため、直線では敷地に入らない。

各所で必要な面積を計算し、紙を折ったような形状で敷地の中に収める

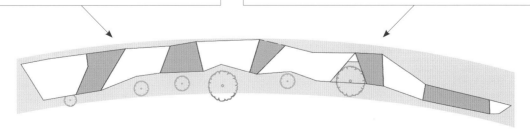

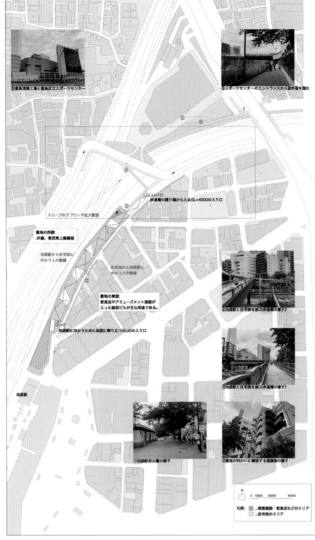

配置図兼屋根伏せ図

模型の外観写真

断面的アプローチ

　歩車混同を解消するため、道路と歩道はレベル差をつけて切り離す。自転車の利用も多いことから、住宅代から駅までの橋渡しであるこの建築に駐車場と自転車用の通路を設けて、移動をスムーズにする。歩道は斜路とし、図書館とともに屋内化する。これにより安全性が高まる。

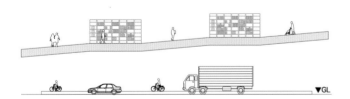

内包している機能　- プログラムリサーチを基に -

　リサーチで見出した7つの視点を、敷地に必要な機能に当てはめた。
・対子ども（特に乳児）と母親のための空間の充実…保育園・子ども図書館
・店舗の併設…スーパーマーケット・カフェ・レストラン
・滞在できる空間の多様化…クッキングスタジオ・サウンドスタジオ
・コミュニケーションスペースが図書館に内包されている…研修室
・グループ学習室
・1階が地域開放されている…斜路を設けて住民の通勤・通学経路とする
・外部空間の充実…斜路を歩行してもらうことが目的のため、敷地内に外部の歩行者空間は設けない
・駅前図書館の増加…駅と住宅地をつなぐ役割を果たす

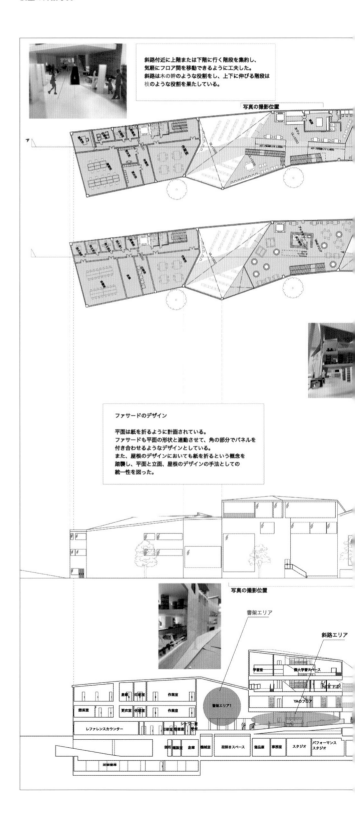

ヤングアダルトコーナーのブックタワーを見る

書架2吹き抜け上部からヤングアダルトの
フロアを見る

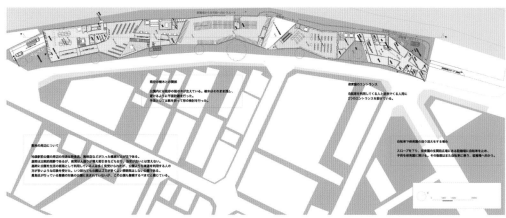

既存の樹木の保存について
公園には既存の桜の木が生えている。桜木はそのまま残し、
避けるように平面計画を行った。
本棚としては桜を避けて計画を行った。

保育園用のエントランス
自転車を利用して来る人と徒歩でくる人用に
2つのエントランスを設けている。

敷地の周辺について
池袋駅前公園の周辺の用途は飲食店、雑貨店などが入った複雑なビルが主である。
池袋は比較的治安の悪い地域であるが、夜間利用者が増え賑やかになるため、治安が悪いとは言えない。
池袋に公園を生活の拠点として利用している人は多く見受けられるが、公園が万全を活用する人の力が歩いような対象を受けた、いつ訪れても公園はゴミが多く整備されない状態である。
豊島区が行っている整備の対象の公園に含まれていないが、この公園は整備するべきだと感じている。

自転車で保育園の送り迎えをする場合
スロープを下り、保育園の支関前広場まで駐輪場に自転車を止め、
子供を保育園に預ける。その後親はまた自転車に乗り、駐輪場へ向かう。

GL＋2500　1階平面図兼配置図

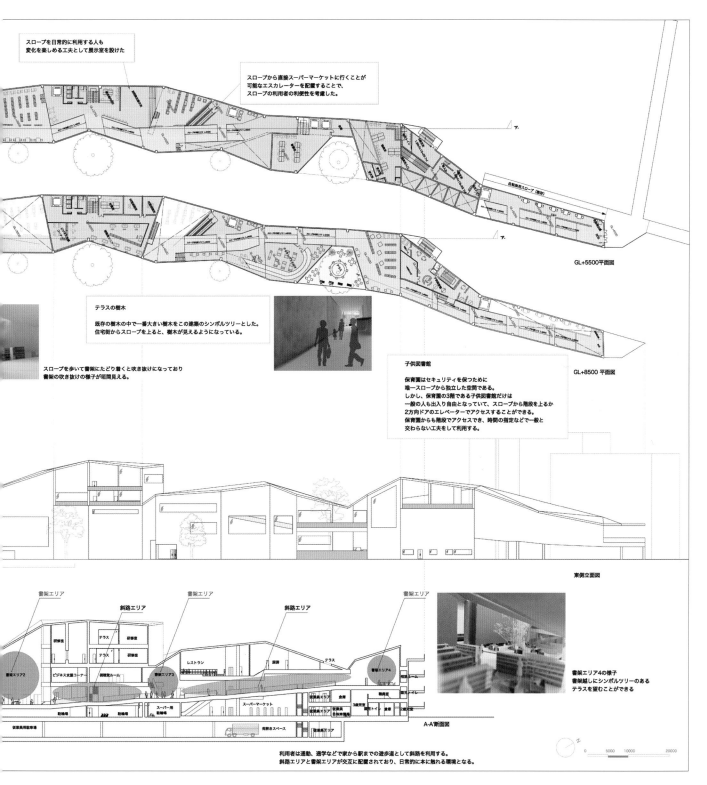

スロープを日常的に利用する人も
変化を楽しめる工夫として展示室を設けた

スロープから直接スーパーマーケットに行くことが
可能なエスカレーターを配置することで、
スロープの利用者の利便性を考慮した。

自転車用スロープ（境界）

GL+5500平面図

テラスの樹木
既存の樹木の中で一番大きい樹木をこの建築のシンボルツリーとした。
住宅街からスロープを上ると、樹木が見えるようになっている。

スロープを歩いて書架にたどり着くと吹き抜けになっており
書架の吹き抜けの様子が垣間見える。

子供図書館
保育園はセキュリティを保つために
唯一スロープから独立した空間である。
しかし、保育園の3階である子供図書館だけは
一般の人も出入り自由となっていて、スロープから上るか
2方向ドアのエレベーターでアクセスすることができる。
保育園からも階段でアクセスでき、時間の指定などで一般と
交わらない工夫をして利用する。

GL+8500 平面図

東側立面図

書架エリア　斜路エリア　書架エリア　斜路エリア　書架エリア

書架エリア2
研修室　テラス　研修室
テラス　研修室
ビジネス支援コーナー　視聴覚ルーム　書架エリア3　レストラン　厨房　テラス　書架エリア4
駐輪場　スーパー用駐輪場　スーパーマーケット　金庫　3階保育室　書架エリア
従業員用駐車場　荷捌きスペース　書架エリア

A-A断面図

書架エリア4の様子
書架越しにシンボルツリーのある
テラスを望むことができる

利用者は通勤、通学などで家から駅までの遊歩道として斜路を利用する。
斜路エリアと書架エリアが交互に配置されており、日常的に本に触れる環境となる。

0　5000　10000　　　20000

いつかわたしも、そしてあなたも

―都市部における福祉複合施設の設計―

森下 翔子
Shoko Morishita

昭和女子大学大学院
生活機構研究科
環境デザイン研究専攻
森部康司研究室

「しょせん、他人事」と思っていた社会問題だったが、私たち家族にも関わる問題であること、そして将来わたしが設計者となり、働く女性となった時に直面する問題でもあることが分かった。騒音が原因で起こる保育所の保育所建設反対運動、認知症の人の隣に住みたくない、と起こる介護施設建設反対運動……。必要なはずの施設なのに、なぜ建設されないのか。

本計画では、介護施設・保育施設の複合施設を都市部に設計し、新しいまちのあり方を考える。該当敷地は東京都武蔵野市吉祥寺の過去に保育園計画が頓挫した敷地である。第1種低層住居地域であり、道路斜線・北側斜線制限がかかり、建ぺい率50%、10mの高さ制限がある。配置計画を考える際、壁面が迫ってくる施設は近隣住民にとって好ましくないと考え、建物を45°に振り、近隣住宅への圧迫感の減少や、敷地内の四方に空間ができ庭としての活用などを生み出す。これにより、都市部にある狭い敷地でも土地を有効活用できる。都市部は広い土地が少ない。それゆえに保育施設などは迷惑だと疎まれ、建設されることに対し、ハードルが高い施設である。しかし、介護施設・保育施設はこれからも必要とされる施設であることは明白である。本計画が都市部における福祉施設のロールモデルとなることで、近年希薄となっている近隣のコミュニティ活性化につながり「あってもいいな」と思える、介護施設・保育施設となる。

1、背景

●待機児童の増加、高齢者の社会的孤立

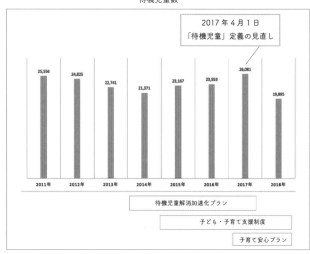

待機児童数

2017年4月1日「待機児童」定義の見直し

待機児童解消加速化プラン

子ども・子育て支援制度

子育て安心プラン

共働きの世帯が増加し、女性の社会進出が進んだことにより、待機児童の増加が顕著になった。一度は減少しているが、待機児童の定義を自治体で統一した2017年4月1日に増加していることが分かる。その後、政府の政策が功を奏し待機児童は減少しているが、兄弟別の保育園に入園したり隣駅の保育園にしか入園できなかったりと依然地域に根ざした保育施設の増加は求められる。

また、少子高齢化と共に、高齢者の社会的孤立が問題となっている。2018年高齢者白書（全体版）より65歳以上のものがいる世帯は単独世帯・夫婦のみの世帯が半数以上となっており、高齢者の一人暮らしが増加している。地域での付き合いの程度の項目を見ると「付き合っていない」（「あまり付き合っていない」「全く付き合っていない」）の割合は男女ともに2割程度となっており、60歳以上の高齢者が孤独死（孤立死）を身近な問題だと感じている。実際、孤独死は増加しており、2015年には3127人と過去最多となっている。少子高齢化が進み、高齢者の一人暮らし世帯が増加している現在、高齢者が世の中から取り残されている。

●近隣住民の反対運動

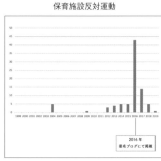

介護施設反対運動　　　　保育施設反対運動

1999年 介護保険制度施行　　2005年 介護保険法一部改正

2016年 保考ブログにて掲載

住民運動を調査するため、朝日新聞・毎日新聞・読売新聞の過去20年間(1999年4月～2019年4月)の記事をキーワード検索した。結果、介護施設反対運動は36件、保育施設反対運動は85件の新聞記事が見つかった。そして、二つの施設の建設反対運動の理由の共通点として、1）場所性が関係する反対理由、2）施設性が関係する反対理由、3）行政・事業者の説明不足による反対理由の3つがあげられることが分かった。

2、計画敷地

住民運動の反対運動を調べた際に武蔵野市における保育所計画について多くの記事があった。武蔵野市は「住みやすい街」「住みたい街」として人気の街であり、他の地区からの移住が絶えない地域である。そこで、今回は武蔵野市一丁目に建設予定だった「ましゅまろ保育園」について注目した。

吉祥寺駅から徒歩5分にある武蔵野市吉祥寺東町一丁目の元駐車場の土地に計画予定だった「ましゅまろ保育園」は、2016年9月着工予定、2017年4月に定員66名で開園予定だった。しかし、近隣住民との話し合いが難航し、事業者が撤退した。近隣住民が立ち上げた「東町保育園建設を考える会」の代表は、予定地前の市道が狭い・渋滞の抜け道や東京女子大学への通学路として交通量が多いなどを指摘し、「住民の声を聞かず、事業者の計画を点検しない市に不信感が募っている、このままでは同意できない」と訴えている。

その後、吉祥寺南町三丁目の市有地が「ましゅまろ保育園」計画の代替地として候補に挙がった。しかし、2016年11月に行われた住民説明会では、同じ地域に二つの保育園はいらない、市の計画が唐突であるなどの意見が寄せられ、「ましゅまろ保育園」計画は頓挫した。

現在、当初の敷地だった吉祥寺東町一丁目には戸建て住宅の建設が始まっており、吉祥寺南町三丁目の市有地には「ましゅまろ保育園」とは異なる保育施設の建設が予定されている。

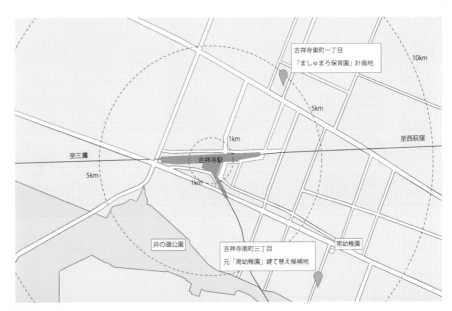

吉祥寺南町三丁目   吉祥寺東町一丁目

3、配置計画

該当敷地は、第1種低層住居専用地域であるため周りを住宅地に囲まれ、二階建ての住宅地が建っている。さらに、建ぺい率50％、10mの高さ制限道路斜線制限・北側斜線制限がある。

敷地の半分を保育施設の屋外遊技場とし、配置計画を考えた。しかし、壁面が近隣住宅に接近していることが分かり（青いゾーン）、近隣住民の立場からすると、壁面が迫ってくる介護施設や福祉施設は好ましくないと考えた。そこで45°に建物をふると、近隣住居との接点が少なくなり周囲への圧迫感の減少・敷地の四方を庭として活用することができる、道路からアクセスがしやすい、と狭い敷地の中で敷地を活用することができる。

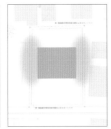
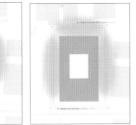

敷地の50％を保育施設の園庭と見立て、配置計画を考えた

45°に傾ける

4、プログラム

本計画では小規模多機能型介護施設・事業所内保育とする。小規模多機能型介護施設とは利用者が可能な限り自立した日常生活を送ることができるよう、利用者の選択に応じ施設への「通い」を中心として短期間の「宿泊」や利用者の自宅への「訪問」を組み合わせた、日常生活上の支援や機能訓練を行う施設である。事業所内保育とは子ども・子育て支援新制度における地域型保育事業の一つである。企業が事業所の従業員の子どもに加えて、自治体の認可を受けて地域移住民の保育を必要とする子どもにも施設を提供するものである。

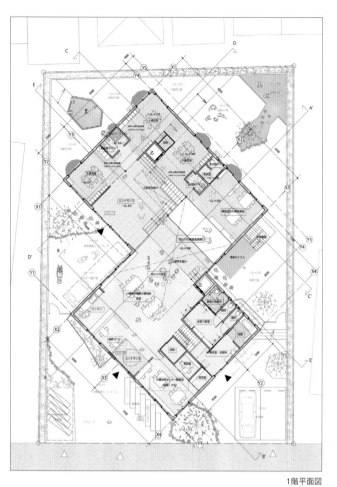

1階平面図

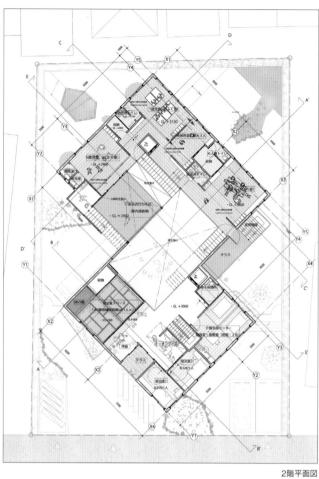

2階平面図

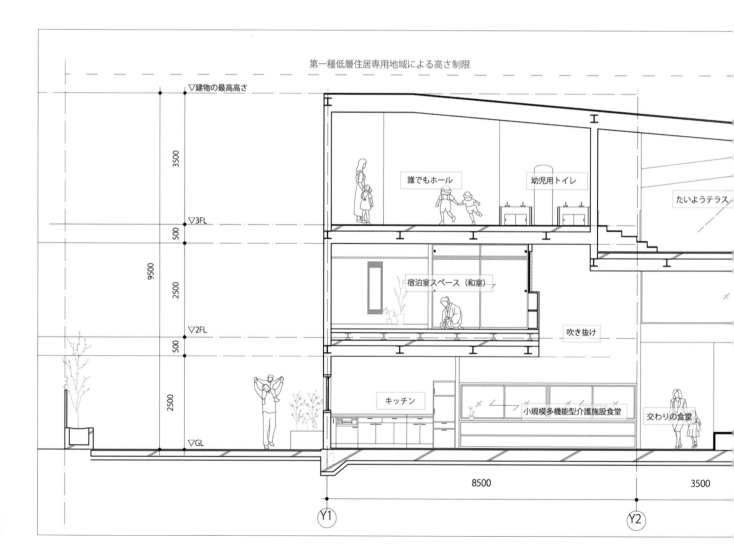

第一種低層住居専用地域による高さ制限

誰でもホール　　幼児用トイレ　　たいようテラス

宿泊室スペース（和室）

吹き抜け

キッチン　　小規模多機能型介護施設食堂　　交わりの食堂

8500　　3500

Y1　　Y2

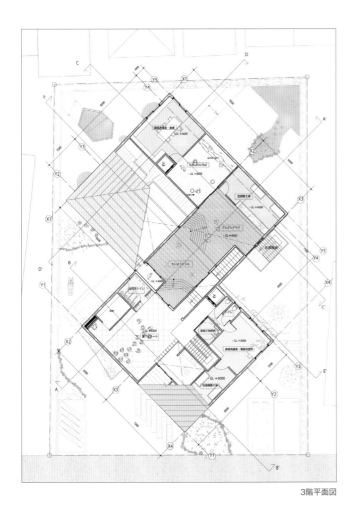

3階平面図

介護施設エントランス

都市部の建築面積が少ない土地だからこそ、吹き抜けを設置し、空間の奥行きを出した。交わりの食堂では、園児との交流として食事を共にすることができる

保育施設エントランス

保育所建設反対運動の際に、「迎えにくるお母さんたちの声がうるさい」というものがある。本計画では、保育施設のエントランスを広く取り、お母さん同士の井戸端会議、保育者とのコミュニケーションに使うことができる

音による苦情の対策

近隣住民による建設反対運動の理由の中に「園児の声がうるさい」という意見が数多くある。そこで、音と生ぬるい風の発生する室外機を屋上に設置すること、子どもたちの声が上部に抜けるように工夫した

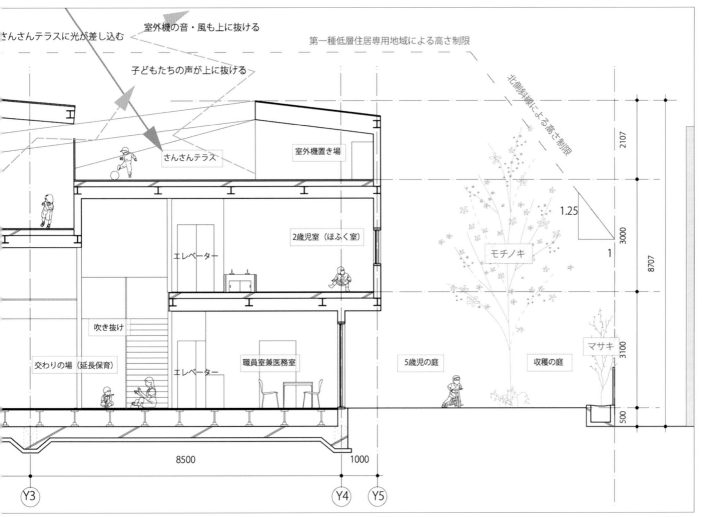

さんさんテラスに光が差し込む

室外機の音・風も上に抜ける

第一種低層住居専用地域による高さ制限

北側斜線による高さ制限

子どもたちの声が上に抜ける

さんさんテラス

室外機置き場

2歳児室（ほふく室）

エレベーター

モチノキ

1.25

1

2107

3000

8707

吹き抜け

交わりの場（延長保育）

エレベーター

職員室兼医務室

5歳児の庭

収穫の庭

マサキ

3100

500

8500

1000

Y3　Y4　Y5

A - A' 断面図

町工場の技術を継承したアート作品を作る 公共施設の設計と研究

―墨田区の町工場に着目して―

伊藤 匡平
Kyohei Ito

千葉大学大学院
融合理工学府
創成工学専攻
上野武研究室

ものづくりの衰退と共に、多くの町工場が廃業し、職人の高い技術が失われつつある。そこで日本の高いモノづくりの技術を次の世代に残す提案をするため、東京23区の単位面積当たりの町工場数に着目し、最多である墨田区を対象に計画した。一方で四国新居浜の大伸ステンレスでは、町工場の高い金属加工技術とデザイン性の高いアートを組み合わせた新しい形のアート作品がつくられており、墨田区に「町工場の技術を継承したアート作品を作るための公共施設」を設計するための調査を行った。

調査の内容は、1）墨田区での技術を継承したアート制作の展望、2）対象敷地の選定、3）技術を継承したアート制作の公共施設の必要な機能、4）対象敷地と周辺敷地の境界の設計の手がかり、を調査目的とした定量調査や現地調査である。

町工場の技術を継承したアート作品制作のための公共施設として墨田モノ×アートLabを設計し、その機能を補う形でクリエーターシェアハウス、街中美術館、インスタレーションスペース、スポーツ広場を提案した。職人（地域住民）・来街者・アーティスト（新規住民）の3つの動線と、親水空間が有効活用されていない荒川へ人を誘導する動線を設計に取り入れることで、人々の距離感をデザインし、人をつなぎ街に根付く提案となった。

対象敷地だけでなく異なる属性の人々を結び街に波及させることのできる建築として、墨田のものづくりを継承するための公共施設を設計した。

1、テーマ

墨田区の町工場は工場の老朽化や後継者不足の問題を抱えており、町工場数は年々減少している。一方、四国新居浜の大伸ステンレスでは、高い金属加工技術を持つ町工場とデザイン性の高いものをつくることができるアーティストがコラボすることで、独自性の高い作品をつくることができるようになった。町工場の技術をアートに取り入れることで、町工場の技術を残すことができるだけでなく、新しいアートの体系をつくることができる。そこで技術を残すため、町工場の技術を継承したアート作品をつくるための公共施設を提案する。

2、墨田区での技術を継承したアート作品の展望

墨田区公式ホームページや統計局のデータより、世代別に墨田区の人口の推移を調べた。現在20～30才の若い世代の人口が大幅に増加しており、35～54才の世代は緩やかに人口が増加している。55～79才の世代はほぼ横ばいで、80才以上の世代の人口は緩やかに減少している。また、15才～19才のハイティーン世代はほぼ横ばいとなっている。さらに、墨田区の町工場である浜野製作所の社長の好意でモノづくりに強い関心のある若者に元自宅を安く提供したことから始まったシェアハウス「浜野インキュベーション」や、墨田区内で7人の若いアーティストが長屋を改装しシェアアトリエとして活用した「float」のように「ものづくり」や「アート制作」を仕事とする若者が移住した事例がある。

また、墨田区産業活力再生基礎調査分析報告書からは、空き工場を貸し工場として活用する意向については50％の人が賛成している他、70.6％の人が空き工場の貸し活用に関心を示している。自社工場を新しいものづくり拠点とする意向については、賛成派は「機会があれば検討したい」と回答する人を含め56.3％おり、半数以上の人が肯定的であることが分かった。

これらのことから、墨田にはモノづくりやアート制作に関心のある若者が多く集まり、かつ、墨田の町工場経営者も空工場を活用して新しいモノづくりの拠点として利用することに対し肯定的であり、住民の反発は少ないと考えられる。

3、対象敷地の選定

墨田区の発行した「墨田区マスタープラン」のデータから対象敷地を選定する。なお個別の建物が影響を及ぼしうる範囲は半径200mであるというスモールエリアというリノベーションまちづくりの概念が存在し、これをマッピングの調査範囲として採用するものとする。

本設計は町工場が密集している地域にこそ必要であると考え、町工場が集中している東墨田の中でも、南西部の文花地区と北部の荒川沿いに特に集中しているため、ここを敷地とする。さらに、東墨田のマスタープランによると、南西の文花地区に学術拠点を、北部の町工場の多いエリアに文化、スポーツ施設を計画している。公共施設を設計する場合、北部を敷地にすることは区の方針に沿った敷地であるといえる。

分析結果としては、1）特に老朽化が進んでいるものは調査範囲の中心部から100mの地点に多かった。2）調査範囲全体として老朽化した建物が多く、構造がむき出しの木造の工場など老朽化の程度が甚だしいものがあった。3）設計可能な空き地はエリアの西側に多く、南側に点在していた。4）調査範囲の中心地は荒川の近くに位置する公園である。土手が川と公園を遮ってしまい公園を訪れた人々が川の近くであることに気づかず親水しづらい環境であった。5）荒川の川沿いは空き地となっていたが立ち入り禁止となっており、広い場所であるにも関わらず有効活用されていなかった。

以上より、荒川の近くに位置するにも関わらず、親水空間として問題があり、まとまった土地がとりやすいことから公共施設の対象敷地を調査範囲の中心部の敷地とし、周辺の空き工場、空き家、空き地に関連施設を設計するものとする。

4、公共施設に必要な機能

　中小企業センターとは墨田区の文花地域に位置した中小企業支援施設であり、千葉大学の誘致のため2017年3月にその機能を墨田区役所庁舎（墨田区西部）に移転し閉館した。墨田中小企業センターの役割としては、人材や取引先の紹介や販路、受発注の拡大、取引マッチングなど、「①働く人や企業を結び付ける仲介者としての強い役割」があった。また、商工相談や経営改善、営業力強化支援などのように「②経営における相談先」としての役割もあった。さらに、展示、広告、HPの作成のように「③企業のPRの場」としての役割があった。加えて講習会・スクール、技術・技能の習得向上など「④企業や人材のスキルアップの場」としても重要であった。また次点として「⑤自社工場の機能補完の機能」や「⑥運動の場」としての機能もあった。

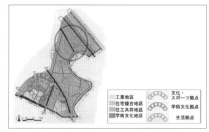

東墨田マスタープラン

5、対象敷地と周辺敷地の境界の設計の手がかり

建物用途種別

工場種別

●建物用途種別と考察

　北西側の住宅側には職人が多く住むと推測され、技術を継承したアート制作の様子を設計した公共施設への動線を通して見ることができるようにすることで、新規住民である若い移住者と、もともとこの地域に住む人々がコミュニケーションを取りやすい環境をつくることでより質の高い作品の制作につながるのではないかと考える。また、宿泊施設が非常に少なく、空き家を商業施設や宿泊施設に改装することで外部から人が訪れやすくなるのではないかと考える。

●工場種別と考察

　対象敷地周辺はリサイクルが街の特徴として挙げられ、リサイクルを設計に取り入れることで建物が地域へ波及する設計をすることができると考える。対象敷地周辺の町工場は金属を扱っており、公共施設のマテリアルに金属を含ませることでこの地域のシンボルとなる建築となる。工場種別では油脂、金属、革、廃棄リサイクル業、ゴム・スポンジ・ウレタンなどに特徴があり、特徴ある素材を建築のマテリアルとして使用し、DIYなどで持続可能な建物とすると地域のシンボルとなる建物をつくることができる。しかし、油脂やゴム、スポンジなど金属以外のマテリアルを建物の前面に出すこと、大規模な建物ではDIYをすることが難しいことから周辺に波及する建物にその要素を含ませるべきであると考える。

6、設計　墨田モノ×アートLab

　生産・育成の場として墨田モノ×アートLab、定住の場としてクリエーターシェアハウス、表現の場として街中美術館を提案する。

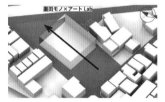

町工場のある東側の壁は閉じ、道側の壁はガラスにして外部から見えるようにする。特に来街者を川へ誘導するため南から北への動線を意識する

南北に箱を一つずつ設置し、間の大空間を、作品をつくるためのスペースとし、動線を通る人は内部の活動を見ることができ、立体的に北へと進むことができる

内部に棚、椅子、家具を設置し、大空間を機能にあわせて南北方向、東西方向軸に緩やかに仕切る。また、隣の街中展示室と来街者の回遊動線への道をつくる

外部から光を取り込み、空そのものを借景とするため正方形の窓を天井につくる。また、道に墨田の象徴となる金属の屋根を設ける

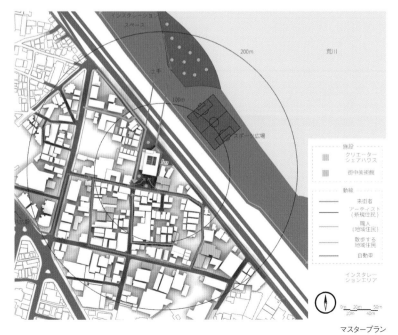

マスタープラン

墨田の森。対象敷地の隣の金属を取り扱う町工場がDIYでつくった廃材利用の金属板の大屋根、白くて細い柱、植林された木によって墨田の象徴である「ものづくり」と「自然（森）」を表現する。修理が可能で廃材を利用した持続可能な屋根

正方形の大窓。天井部に方形の大窓をつくることで空間全体に光を取り込むことができる。空を借景とすることで自然を感じることができ、より質の高いアート作品をつくることができる

スライド屋根を設置し、日差しの強い日等必要に応じてガラス窓を閉じることができる

7、事業性

●収入

項目	単価（円）	数量		金額（円）
外部企業への斡旋料金	100,000	10人 ×	× 12 ヵ月	12,000,000
宿泊費	5,000円/日	8人×	30 日 × 12 ヵ月	14,400,000
設備貸出料金	1,000円/時	30人×8時間	×20 日×12 ヵ月	57,600,000
作業場利用料金	1,000円/時	60人×8時間	×20 日×12 ヵ月	115,200,000
計				199200000

●支出

項目	単価（円）	数量		金額（円）
クリエーターへの仕事依頼（外部企業）	70,000	10人	× 12 ヵ月	8,400,000
講演料	100,000	2人	× 12 ヵ月	2,400,000
墨田モノ×アート Lab 人件費	200,000	10人	× 12 ヵ月	24,000,000
建築費返済	100,000,000			100,000,000
雑費	5,000,000			5,000,000
計				139,800,000

年間の利益 199,200,000 － 139,800,000 ＝ 59,400,000

墨田モノ×アート Lab 事業収支
税金やその他もろもろの収入や支出はあるが、概算では収益を得ることができる

●助成金
・墨田区の助成金他団体の助成金（ものづくりプロモーション推進運動。区内のものづくり事業者が参画して実施するイベント等事業を支援する助成金）
・区内生産品等販路拡張補助（区内生産品等の販路拡張事業〈墨田区外の需要を高める目的で行われる展示会、商業広告等及び来街者サービス目的の即売会〉を実施する団体又は企業に対し、経費の一部を補助する助成金）
・東京都産業労働省観光まちづくり支援事業助成金（東京都と公益財団法人東京観光財団による地域の観光産業の活性化や経営力強化等を図る事業に対する助成金）

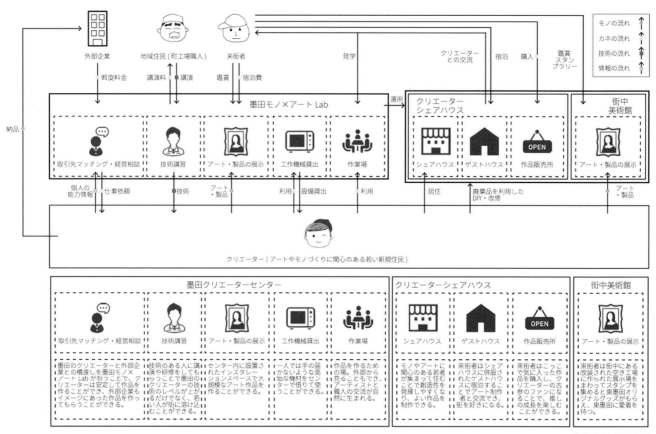

各施設が内包する機能

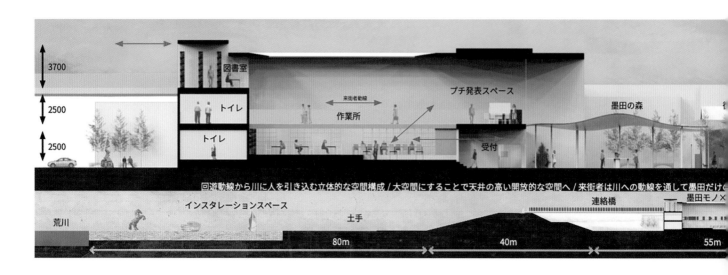

8、リサイクルした建材

設計する建物の建材にリサイクルしたマテリアルを利用することで地域の特徴であるリサイクルを前面に押し出す。アート作品を際立たせる建物がリサイクルというデザインコードを持ち、技術を継承したアート作品が廃材でつくられることで、この地域独自のアート作品となる。

金属屋根
墨田モノ×アートLab の隣の建物である金属を取り扱う町工場の廃材などを利用し、有機的な曲線を持ち、森をイメージさせる屋根へと生まれ変わる

革のドア・壁紙
革を利用した壁紙やドアは柔らかな手触りを感じることができる。本来なら多くの革が必要になるが、再利用品を使うことで安価でつくることができる

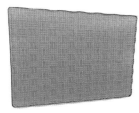

スポンジの吸音材
防音室の内側にスポンジを張ることで吸音材とすることができる

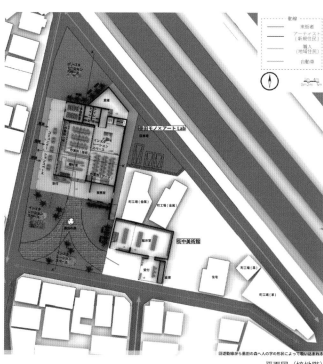

平面図（接地階）

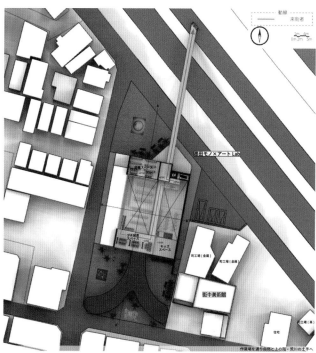

平面図（2・3階）

クリエーターシェアハウス（ゲストハウス）

連絡橋

屋外展示場

5460
9160
3320

術を継承したアートを見ることができる。
ート Lab
墨田の森
→ 土手から荒川へ

A-A'断面図

6700
9660

地域住民（町工場職人）は側面側からコミュニティスペース→作業場（技術）→作業所（アート）を見ることができ、町工場職人とクリエーターの融和につながる / 来街者は川への動線を通して墨田だけの技術を継承したアートを見ることができる。

B-B'断面図

顔相的建築

―吉阪隆正にみる「スキ」のある建築の提案―

櫻井 友美
Tomomi Sakurai

千葉工業大学大学院
工学研究科
建築都市環境学専攻
遠藤政樹研究室

本作品のテーマである「スキ」とは、建築家・吉阪隆正の言論や作品の特徴を示すキーワードである。合理的な世界は広い非合理の一部でしかなく、この落差を「スキ」と定義した。吉阪作品の特徴は、このスキを積極的に受け入れたうえで統一をもたらすことにある。そうして可能となる建築は、感情の伴う思い出や連想のある不思議な世界をかたちづけるものとなる。街にある顔相的建築にはこの条件が揃っている。本作品は、この分析から建築を構築する。

この目的を達成するために注目したのは、顔相研究の心理学者ポール・エクマンである。エクマンは人間の豊かな顔表情を物理的な方法で精密に分析していた。この分析結果を利用し、街の顔相的建築の構造を本作品が提案する新しい顔相建築への応用や創造に役立てている。

敷地は、東京都葛飾区立石駅前周辺である。下町情緒溢れる街の雰囲気が、昨今の再開発により失われはじめているところで、荒川と中川に挟まれたゼロメートル地帯でもある。そこに地上5.4mのペデストリアンデッキで結ばれた5つの複合施設を計画する。それらは非日常的な避難施設であり、ポール・エクマンに分析による顔相を有する建築で、市民が日常的に愛する建築である。

合理的では決してないものを計画・構築する試みである。

1、敷地

この場所は、戦後の闇市から栄え、近年では呑んべい横丁と呼ばれる下町情緒溢れる街であった。それは、そこに住む者にしか分からない良さがある。住民から多くの反対があるなか、都市開発地に選出され、2021年には44階建ての高層マンションが完成する予定である。

また、この地区では昔、洪水が多かったため、荒川や中川がつくられた。現在でも、川底よりも土地が低いゼロメートル地帯と呼ばれる場所が多くある。川の堤防が決壊した時には0.5～3.0mまで浸水する恐れがある。

東京都葛飾区立石駅周辺

2、テーマ

3つの点が集まった図形が人の顔に見える現象を一般にシミュラークル現象と言う。フランスの哲学者のジャン・ボードリヤールは、シミュラークルについて、今日の消費社会における諸事の物は、プラトン的な「オリジナル」と「コピー」の対立において存在しているのではなく、ただその「模像（シミュラークル）」の循環のみによって存在しているのであると言う。

シミュラークル現象を用いて、顔のように見える建物を69作品集める。特徴的な開口部が口に見えるものや、開口部のプロポーションにより顔に見えるものである。そのような形態を「顔相的形態」とし、その建築を「顔相的建築」とする。

モダニズム建築から、現在の建築まで幅広く「顔相的建築」は見られた。ロンシャンの礼拝堂のように、建物全体が目・鼻・口・頭が表されるものもあるが、歪んだ顔になっているものや、一部のみが顔の部分に表されるものもある。「顔相的建築」は建物のボリュームに、豊かな立面をつくることができると考えた。

1、悲しみ　　　2、怒り　　　3、喜び

4、恐怖　　　5、驚き　　　6、嫌悪

3、街中の顔相的形態の事例収集と
シミュラークルトレース

東京近郊を歩きまわり「顔相的形態」を持つ建物を150収集する。シミュラークル現象により、顔に見えるようにシミュラークルトレースのスケッチを行なった。顔のようなプロポーションを持つもの、一部が目・鼻・口などに見えるために全体も顔に見えるもの、一部だけが目・鼻・口などに見えるもの、目・鼻・口などが反復しているもの、1つが顔に見えると周りも見えるもの、逆さにすると顔のように見えるもの、手前にあるものと奥にあるものが重なり合って顔に見えるもの、こうした7つのパターンがあった。それぞれ比例的顔相、相対的顔相、部分的顔相、連続的顔相、相似的顔相、相反的顔相、複層的顔相と名付ける。

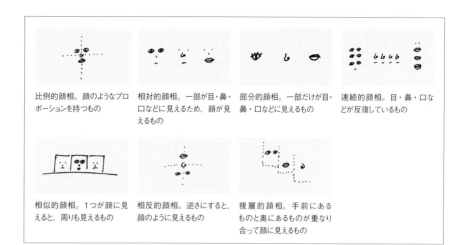

比例的顔相。顔のようなプロポーションを持つもの

相対的顔相。一部が目・鼻・口などに見えるため、顔が見えるもの

部分的顔相。一部だけが目・鼻・口などに見えるもの

連続的顔相。目・鼻・口などが反復しているもの

相似的顔相。1つが顔に見えると、周りも見えるもの

相反的顔相。逆さにすると、顔のように見えるもの

複層的顔相。手前にあるものと奥にあるものが重なり合って顔に見えるもの

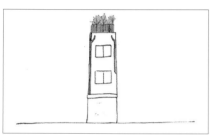

「悲しみ」→涙の排水管
ほぼ左右対称に配管が傾き、下に向かって流れる。奥に壁があることで捉えられる

「怒り」→歯型の住宅
アーチ状の梁が、ポールが怒鳴った時のむき出しになった歯並びと歯茎である

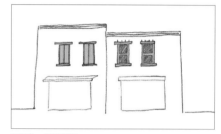

「喜び」→寄り添う顔
2つの縦長の窓は目、大きな1階の開口は口。隣り合う建物の窓が寄り添うように近付いている

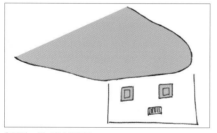

「恐怖」→リーゼント高架下
建物とつながる高架は髪の毛まで怒りが湧き上がっているよう。分厚いサッシの窓は目が見開いている

「驚き」→びっくり！な家
道路に面したシャッターは縦に長く、あんぐりと開いた口のよう。丸いパラペットはスキンヘッドのよう

表情をもたらす建築の機能を考察したところ、大きく笑うような大開口は人が多く集まる商店や駅にあり、ドアが縦長のために驚いたような顔は1家族用の住居に見られる。顔相的形態は機能に従って、表情が生まれることが分かった。

4、「顔相的形態」の構成的分析

「顔相的形態」について3つの手法で構造分析を行った。

● 「顔相的形態」を構成する部分

　顔は目、鼻、口、頭、眉、髭、耳の部材からなる。事例収集を行った150の建物の、目、鼻、口、頭、眉、髭、耳への部材変換を行い、「顔相的部分」を分析した。

● 「顔層的形態」の建築機能との対応比較

　表情をもたらす建築の機能を考察した。大きく笑うような大開口は人が多く集まる商店や駅にあり、ドアが縦長のために驚いたような顔は1家族用の住居に見られる。顔相的形態は機能に従って、表情が生まれることが分かった。

● 「顔相的形態」の吉阪的分析

　建築史家である倉方俊輔によると吉阪の建築には5分野の造形の特徴がある。1）素材、2）形態、3）対称性、4）にぎわいの動線、5）自然の介入である。これと収集した顔相的形態との関連性を整理した。

①素材

吉阪は建築に可能性を求めた。そのために最も使われた素材はコンクリートであった。自然の中にかつてない空間を切り開くこともできれば、原始の洞窟画のように具象的な形を刻むこともできる。コンクリートを可能性の素材として活用したのである。

②形態

形態には二つの効果がある。一つは行動的な効果である。全体に関して珍奇に見える形も機能的な根拠があり、細部に関しては人間の行動に対応するだけでなく行動を誘発する。もう一つは心理的な効果である。具象的な形や文字などのサインは親しみを持ったインフォメーションであり、仕掛けを持つ外壁は気づいたものに愛着を与える。

③対照性

人間は、工学と原始、強さと弱さ、理性と非理性といった、さまざまな対極を併せ持つ存在である。このような対照性の併存を擬人主義的に造形して表している。理性的・理想的なだけではない人間にとって、建築はどうあるべきか、という問いへの解答だったのか。

④にぎわいの動線

表面的には目立たない動線が建築を強靭に定義づけている。最短で結ぶことや、建築を眺めるプロムナードとなることには向いていないが、それは「にぎわい」を生み出している。根底にあるのは難しい理屈ではなくて「たのしさ」の原理である。

⑤自然の介入

自然と人間との関係には、自然がその姿かたちを通して、人間の感情を動かすという現象が存在している。その方法として楔を打ち込む加算型と、削り取るという引き算がある。人為的な介入により場所のポテンシャルが引き出され、自然の潜在的な面を露わにしている。人工が自然のように自然が人工のように思えるような新たな風景をなしている。

5、分析結果

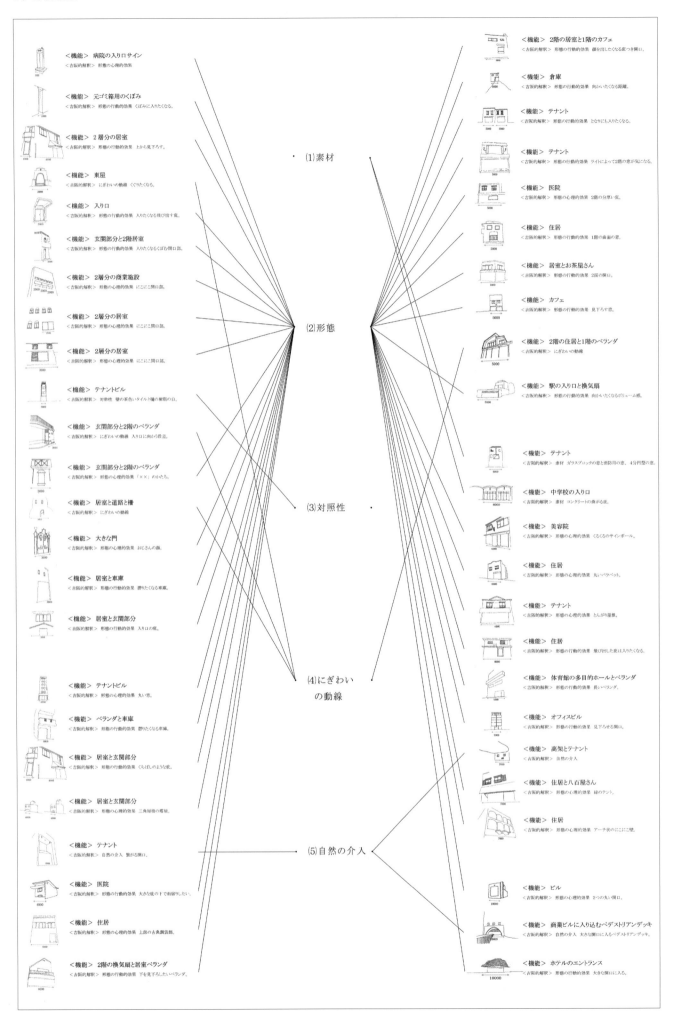

左列（上から下へ）

<機能> 病院の入り口サイン
<吉阪的解釈> 形態の心理的効果

<機能> 元ゴミ箱用のくぼみ
<吉阪的解釈> 形態の行動的効果 くぼみに入りたくなる。

<機能> 2層分の居室
<吉阪的解釈> 形態の行動的効果 上から見下ろす。

<機能> 東屋
<吉阪的解釈> にぎわいの動線 くぐりたくなる。

<機能> 入り口
<吉阪的解釈> 形態の行動的効果 入りたくなる飛び出す庇。

<機能> 玄関部分と2階居室
<吉阪的解釈> 形態の行動的効果 入りたくなるくぼむ開口部。

<機能> 2層分の商業施設
<吉阪的解釈> 形態の心理的効果 にこにこ開口部。

<機能> 2層分の居室
<吉阪的解釈> 形態の心理的効果 にこにこ開口部。

<機能> 2層分の居室
<吉阪的解釈> 形態の心理的効果 にこにこ開口部。

<機能> テナントビル
<吉阪的解釈> 対称性 壁の茶色いタイルと樋の屋根の白。

<機能> 玄関部分と2階のベランダ
<吉阪的解釈> にぎわいの動線 入り口に向かう段差。

<機能> 玄関部分と2階のベランダ
<吉阪的解釈> 形態の心理的効果 「××」のかたち。

<機能> 居室と道路と樋
<吉阪的解釈> にぎわいの動線

<機能> 大きな門
<吉阪的解釈> 形態の心理的効果 おじさんの顔。

<機能> 居室と車庫
<吉阪的解釈> 形態の行動的効果 潜りたくなる車庫。

<機能> 居室と玄関部分
<吉阪的解釈> 形態の行動的効果 入り口の庇。

<機能> テナントビル
<吉阪的解釈> 形態の心理的効果 丸い窓。

<機能> ベランダと車庫
<吉阪的解釈> 形態の行動的効果 潜りたくなる車庫。

<機能> 居室と玄関部分
<吉阪的解釈> 形態の行動的効果 くちばしのような庇。

<機能> 居室と玄関部分
<吉阪的解釈> 形態の心理的効果 三角屋根の塔屋。

<機能> テナント
<吉阪的解釈> 自然の介入 繁がる開口。

<機能> 医院
<吉阪的解釈> 形態の行動的効果 大きな庇の下で雨宿りしたい。

<機能> 住居
<吉阪的解釈> 形態の心理的効果 上部の古典調装飾。

<機能> 2階の換気扇と居室ベランダ
<吉阪的解釈> 形態の行動的効果 下を見下ろしたいベランダ。

中央

・ (1)素材

(2)形態

(3)対照性 ・

(4)にぎわい
の動線 ・

(5)自然の介入 ・

右列（上から下へ）

<機能> 2階の居室と1階のカフェ
<吉阪的解釈> 形態の行動的効果 顔を出したくなる並つき開口。

<機能> 倉庫
<吉阪的解釈> 形態の行動的効果 向かいたくなる距離。

<機能> テナント
<吉阪的解釈> 形態の行動的効果 となりにも入りたくなる。

<機能> テナント
<吉阪的解釈> 形態の行動的効果 ライトによって2階の窓が気になる。

<機能> 医院
<吉阪的解釈> 形態の心理的効果 2階の分厚い庇。

<機能> 住居
<吉阪的解釈> 形態の行動的効果 1階の曲面の窓。

<機能> 居室とお茶屋さん
<吉阪的解釈> 形態の行動的効果 2階の開口。

<機能> カフェ
<吉阪的解釈> 形態の行動的効果 見下ろす窓。

<機能> 2階の住居と1階のベランダ
<吉阪的解釈> にぎわいの動線

<機能> 駅の入り口と換気扇
<吉阪的解釈> 形態の行動的効果 向かいたくなるボリューム感。

<機能> テナント
<吉阪的解釈> 素材 ガラスブロックの窓と消防用の窓、4分円型の窓。

<機能> 中学校の入り口
<吉阪的解釈> 素材 コンクリートの曲がる庇。

<機能> 美容院
<吉阪的解釈> 形態の心理的効果 くるくるのサインポール。

<機能> 住居
<吉阪的解釈> 形態の心理的効果 丸いパラペット。

<機能> テナント
<吉阪的解釈> 形態の心理的効果 とんがり屋根。

<機能> 住居
<吉阪的解釈> 形態の行動的効果 飛び出した庇は入りたくなる。

<機能> 体育館の多目的ホールとベランダ
<吉阪的解釈> 形態の行動的効果 長いベランダ。

<機能> オフィスビル
<吉阪的解釈> 形態の行動的効果 見下ろせる開口。

<機能> 高架とテナント
<吉阪的解釈> 自然の介入

<機能> 住居と八百屋さん
<吉阪的解釈> 形態の心理的効果 緑のテント。

<機能> 住居
<吉阪的解釈> 形態の心理的効果 アーチ状のにこにこ壁。

<機能> ビル
<吉阪的解釈> 形態の心理的効果 2つの丸い開口。

<機能> 商業ビルに入り込むペデストリアンデッキ
<吉阪的解釈> 自然の介入 大きな開口に入るペデストリアンデッキ。

<機能> ホテルのエントランス
<吉阪的解釈> 形態の行動的効果 大きな開口に入る。

6、計画概要

災害時、川の堤防が決壊した時に0.5〜3.0mまで浸水する恐れがある。この街に、いくつもの顔をもつ地上5.4mのペデストリアンデッキ複合建築を提案する。建物は以下に挙げる5つを計画する。五つ子商店街、顔動線集合住宅、鼻滑り台付き駐車場、大きな口の庁舎、外を覗く保育園である。

敷地の周囲4方向から登れる5.4mのペデストリアンデッキにより、13の小さな階段と大きなスロープがつながっている。さらに、商店の間や、遠回りするような階段、バスや車が通るスロープなどを点在するように配置する。ペデストリアンデッキは、高さ18mの4層の駐車場に絡みつき、それぞれの建物をつなげるものである。

配置図兼1階平面図

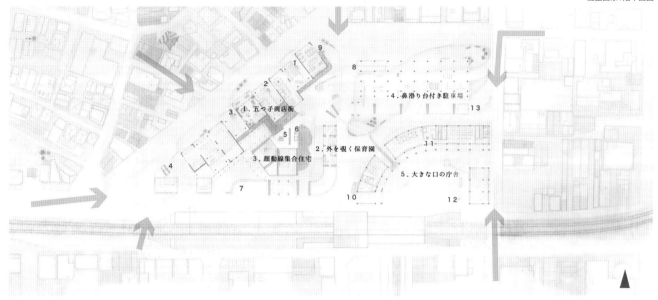

五つ子商店街　－連帯的顔相×店舗併用住宅－
1階が商店、2〜4階が住居の建物が5棟連なっている。それぞれ異なる「顔相」がアーチのボリュームを挟み連なる。「相似的顔相」の建築である

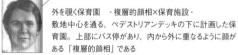

外を覗く保育園　－複層的顔相×保育施設－
敷地中心を通る、ペデストリアンデッキの下に計画した保育園。上部にバス停があり、内から外に重なるように顔がある「複層的顔相」である

顔動線集合住宅　－比例的顔相×集合住宅－
銭湯や福祉施設を含む集合住居である。31mの高さ基準に合わせ、避難用の外部階段があり、「比例的顔相」をそれで生む

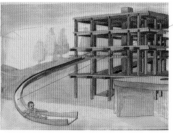

鼻滑り台つき駐車場　－部分的顔相×駐車場－
ペデストリアンデッキとつながる駐車場である。避難後にすぐに降下できる滑り台が、飛び出す。象の長い鼻のようで「部分的顔相」を持つ

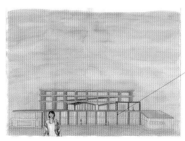

大きな口の庁舎　－相対的顔相×役場－
庁舎の一部機能を持つ建物。6.8mの大屋根は駐車場からのブリッジとつながる。大屋根下の列柱が大きな口に見えると、屋根上の食堂と倉庫が目のように見え、「相対的顔相」を持つ

滲み合うアンビエンス

中山 陽介
Yosuke Nakayama

千葉工業大学大学院
工学研究科
建築都市環境学専攻
遠藤政樹研究室

問題意識からでは大衆性を生みづらい現代社会の中で、エコロジーを声高らかに宣言しても誰も付いて来ないのではないかと思い、悩みながら学生生活を過ごしてきた。本修士設計はエコロジーの価値観をポジティブなものにするという私の建築家人生のマニフェストである。

近代は、「社会／自然」の二分法で成り立っていたとブルーノ・ラトゥールは言う。主体と客体を巧みに入れ替えながら、そのものの保障強度を高めることで近代は成長した。自然のモノたちは社会に客体として扱われ、機械論的な数字によって定量化され生産システムに乗るよう制御されてきた。その二元論の世界によって、人類の活動は地球環境とは無縁のものとして扱われてきたが、両者がナラティブに接続していることは、気候変動や人新世などから明らかである。

また、「アンビエンス」＝「とりまくものたち」からエコロジーについて考えるという理論がある。私たちをとりまくものたちを「よく観察」することでそれらの連環の中に自分を位置付けることが可能であるというものだ。とりまくものたちは、小さな循環を持ち、また別の循環とも滲み合うようにつながる。

敷地は長野県下諏訪町にある旧リハビリセンター。これをリノベーションする実施設計の中で、「アンビエンス」＝「とりまくものたち」からエコロジーを考え直し、エコロジーに対する価値観をポジティブにする設計を行う。とりまくものたちを二元論で分断された経験と実験の両方から収集、ネットワーク図化することで、下諏訪町をとりまくものたちの把握を試み、外部環境と断絶された既存建築を、アンビエンスを知覚可能な状態にゆっくりとリノベーションする。

1、敷地

長野県下諏訪町の山間にある、公共施設のリノベーションデザインの提案を依頼された。ここはもともとリハビリテーション施設として国が運営していたものを町が買い取り、移住促進の拠点として計画運営している。就労棟の旧館と寮棟の新館に分かれており、寮棟であった部分を移住希望者と共にDIY教室をしながら改修し、現在9名が住みながら移住に向けての準備をしている。本設計は移住促進と共に生業再生を図ることを目的とする施設全体を改修する計画で、長期的に実施設計を見込んだものとなる。

敷地面積は13,184㎡（約4,000坪）、既存建築は延床5,265㎡、新館は2階建て、他は平屋である。旧館と新館で築年数が異なり、旧耐震基準の旧館では改修の際耐震補強を要する。台地の上にあり、南に建物がないため湖がよく見える。敷地東には傾斜地の森林が広がり、その下には砥川が流れている。西の台地には下諏訪中学校があり、西の歩道は通学路にもなっている。敷地の脇の道は旧林道となっていて山の奥まで続いている。

2、計画概要

本計画は大きく5つのフェーズに分けてゆっくりと設計する。環境の変化の観察をしながら行うことで影響を最小限にし、費用調達とコスト管理の面から基本的に減築、もしくは既存RCに木造をハイブリッドし増築する。

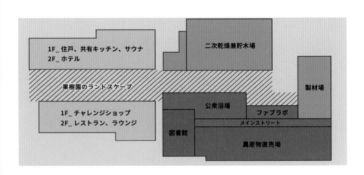

[Phase1　DIY改修による運用の開始]
現在にあたるフェーズ1では、寮棟の個室をDIY改修しながら月2万円の賃料で貸し出している。移住希望者を選抜し、2年限定で住まわせ、その間にしごと創生を行い、町内での出店準備のサポートをしている。

[Phase2　林業再生プログラム]
林業再生に向けたプログラムとして、旧館の執務室に当たる部分と体育館を改修し、それぞれ製材所と二次天然乾燥場兼貯木場を設計する。敷地の脇を旧林道が通り、山から3kmの所に伐採した丸太を天然乾燥させる広場（一次乾燥場）がある。含水率50％まではここで天然乾燥させ、製材後の二次乾燥（含水率20％までの乾燥）を行う場所としてコンバージョンする。川上、川中の役割を公共事業団体一体となり林業再生に向かわせる。約70％が森林原野の下諏訪町で、森林資源の管理活用を先行して行うことで全体改修の費用充填用に扱う。

3、実験と経験

下諏訪のアンビエンスを採集し、下諏訪町をとりまくものたちのネットワークへの理解を試みる。調査は二元論で分断された経験と実験を等価に扱いながら行う。これは過去回帰的でもなく科学論的でもないアンビエンスの調査を可能とする。

実験

● データ調査.......温度や風向き、生業状況などをデータベースから調査する
● 実測調査.........風速計、温湿度計、レーザー温度計で町中の風速、温湿度、表面温度を計測した
● 環境解析.........敷地や既存建築をCFDとDIVAの解析をかけ、そこの状態を広域的な理解の手がかりとする

実験1 - データから見る -

長い年月をかけて蓄積されたデータには、比較するという実験的な視点で風土を観察できる。ここではドライにデータから町の状況を分析する。パネルには5枚のグラフがある。それぞれ気温、風、生業人口、雨量、日照時間である。気候から見て分かるように年間の温度差が著しく最高気温と最低気温の差は46.2℃に及ぶ。そのため建材は傷みやすく、鉄平石等の材が好まれた。生業人口を調べると、この町の風土を生かした産業がなくなりつつあることが分かる。風土産業がなくなるほどにアンビエンスの存在は不気味なものとなる。

実験2 - 実測調査から見る -

フィールドワークの際、風速計とレーザー温度計で町の中を実測調査して回った。数字による解釈から見えるものは少ないが、直接体感と共に温度や風速を測定することは、経験的な実験方法であるといえる。ここで分かったことは、用水路、川、湖などの水辺と植物と人工物の関係性が多い。アスファルトや、タータンなどは50℃を超える温度を記録するほど熱されていたが、植物や土では、そこから約マイナス15℃程度は見込める。また、水辺は低い温度を伝えて部材を冷やしてくれる効果がある。さらに、付近に植物があると、冷気を連坦し、表面温度を大きく減少させることが分かった。

実験3 - 環境解析から見る -

敷地周辺は急峻で複雑な地形である。データから読みとれる偏西風や温熱環境は地形をなぞりながら変化する。敷地の3Dモデルから環境解析をかけ、そのデータをもう一度変換しながら観察することで、経験的手法など他の情報を補完できる。ここでは解析は答えではない。実測や経験調査からは、風向変化も大きければ、寒暖変化も大きいことが分かった。その状態における一般解は存在しないだろう。算出される数字で保障強度をもたせるように使うのではなく、とりまくものたちとの関係性を大きな視点で見ることを可能にしてくれる。

[Phase3 ファブラボ、公衆浴場]

フェーズ3では、ファブラボと公衆浴場を設計する。体を直接温める銭湯が市街地には多くあり、熱いもので湯温47℃の銭湯もある。後述する取材では、浴場にて行ったものがたくさんある。それだけ町のコミュニティが集約する場所になっている。移住希望者の多くは工作人が多いことや、買わずにつくるという施設のコンセプトからファブラボを設置する。製材所の端材は燃料もしくはファブラボで材料として利用される。

[Phase4 農産物直売場、図書館、展望台]

フェーズ4では農産物直売場、図書館、展望台を設計する。農産物直売場は農協化しない場所貸し型の直売場である。農協を通したくない農家が多いことと直売所が一つもないことからこのような方法で運営する。西に中学校があるため、学生たちの利用を促すように学習スペースと図書館を用意する。またイベント利用しやすい設計を心がける。展望台は施主の要望にはないものであるが、諏訪湖と星空を一望できるここのポテンシャルを生かす。

[Phase5 寮棟改修]

DIY改修をしていた寮棟部分の大規模改修を住居棟とレストラン等の棟に分けて計画する。レストランは利用食材などの条件付きで民間に委託する。ホテルの運営は町役場、住人、マスヤ（民間）の共同で行う。

経験

● フィールドワーク.....下諏訪町に2ヶ月半の間滞在し、農業や林業体験などを通してアンビエンスの調査を行った。また、虫や鳥の生態系など下諏訪町の資源を採集した
● 民族史調査...........民族史文献などから歴史を知り、その歴史に基づき町を見直す
● 取材.....................地元民から話を聞き、とりまくものたちを教えてもらう。温泉や酒場などを中心に行った

経験1 - 山と林業から見る -

下諏訪町の約70%は森林原野である。車山に連なり砥川に流れる水脈を豊富に持っている。かつては林業が盛んに行われ、宮内庁御用達の木材も扱っていた岡谷の製糸工場の発展と共に木炭の製造が行われてもいた。山の幸にも恵まれ、木の実や山菜などの副産物の収穫も盛んに行われた。山林の所有権が幾度と更新され、入会地化した際、桑畑にするための伐採が激しくなり、再度藩有林として管理されることになった。急峻な地形であることと、輸入材の台頭によって林業は衰退し、現在では行われていない。しかし、諏訪大社のお祭り「御柱祭」の御柱となる木を山から運ぶために林道は現存している。お祭りと林業の関係は根深く300年後の御柱祭のための植林事業は現在も行われている。

経験2 - 川と農業から見る -

川が山と湖をつないで多くの生態系を運び、また砥川の氾濫による地下水資源の豊富さにより、川沿いの平地に田園風景が広がった。時代と共に砂の質が鉄分を多く含む赤砂に変わり、果樹栽培が盛んになったが、地価の上昇と共に農地は切り売られ今ではほとんど専業農家はなくなった。そこで今回は、川をとりまく農と虫の関係、また風土を生かした農業技術について調査をし、ネットワーク図を作成。農業をとりまくものたちのつながりは天地を経由して川、山とも連続していることが分かる。産業的な連環図からは漏れて崩れてしまう環があり、近代農法は環を崩すことで逆にアンビエンスの存在を教えてくれた。専業農家である花岡精一氏の果樹園では、産業的には害として処分される生態系に対し、果樹と共に保護する方法を編み出している。

経験3 - 湖と漁業から見る -

諏訪の最も特徴的とされるのは広大な諏訪湖である。取り囲まれた山々からの水脈をもち、外周20kmに及ぶ諏訪湖は環境要因に大きな影響を与え、特徴的風土をつくり出している。諏訪湖ではレガッタレースや花火大会、お舟祭りなどさまざまな催しが行われ、賑わいの中心となっている。湖を中心とした盆地帯のため、台地形状の所からは諏訪湖の眺望を楽しめる。諏訪湖では多くの生き物が生態系をなし、鳥を介して山にまで影響を及ぼす。漁業は下諏訪町では現在行われていないが、かつては盛んであった。冬に氷結する湖の性質を逆手にとった「やつか漁」などは諏訪湖特有の漁法である。また、水資源が多いことは温泉の湧出からも分かる。

経験4 - 建築と材料から見る -

気候、資源、生業から建築にこの地ならではの伝統技術が見られる。建築を見ることで逆にこの地をとりまくものたちを知る手がかりとなる。フィールドワークと民族史調査から伝統技術を見直し、それから分かるアンビエンスのネットワークを図式化することで、人の生活と建築の連関を可視化する。下諏訪は寒暖差が激しく夏は気温30℃を越え、冬はマイナス5℃まで下がる。住居には高い断熱性能が求められるが、高性能な断熱材のない時代ではいかに「層をまたぐか」が重要と考えられ、内部の温熱環境にムラをつくっている。また囲炉裏や高温の温泉など直接体を温めることで冬場の寒さをしのぎ、開閉可能な建具の操作で通風を確保し夏場の暑さへの対策をとった。一方で、各所に寒暖差に耐えられる長持ちする地産材を使い、建て方で凍害の対策をとっている。

4、ネットワーク図

　4つの経験それぞれからネットワーク図を作成したが、どの図においても小さな環状のネットワークが滲みだすように他のアクターと接続しているのが分かった。循環構造間には確かに境界は存在するが、その境界はポーラスであり、互いに滲み合いながら巻き込まれていく。下の図（THE INVOLVED AMBIENCES in SHIMOSUWA）は違う視点の経験から描かれたネットワーク図を、下諏訪の大きな連環に取り込んだ図である。情報が多く複雑化したネットワークは、それ自体を俯瞰的に大きく捉えることはできないが、とりまくものたちから線を見ていくとその解像度が上がっていく。これらのアンビエンスとの関係性を再構築するリノベーションを施す。

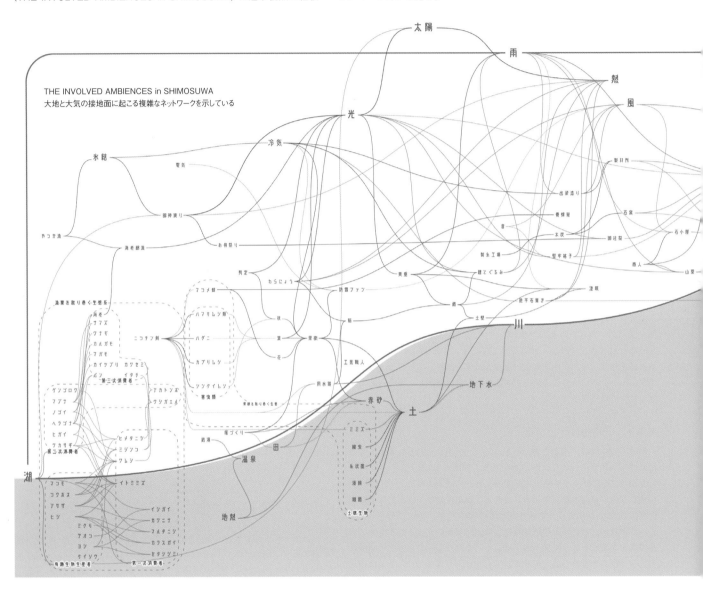

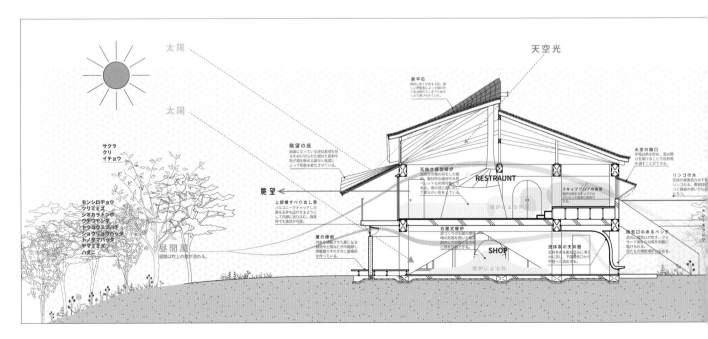

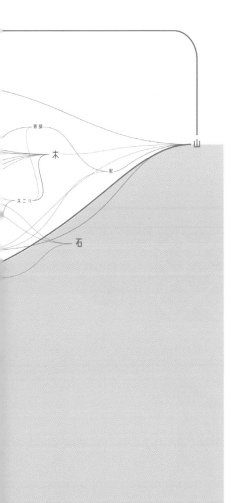

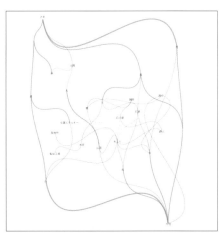

山と林業から見る連環図

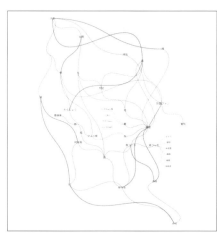

川と農業から見る連環図

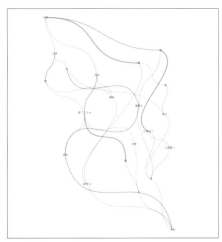

建築と材料から見る連環図

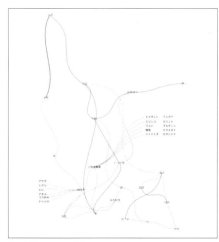

湖と漁業から見る連環図

1階平面図

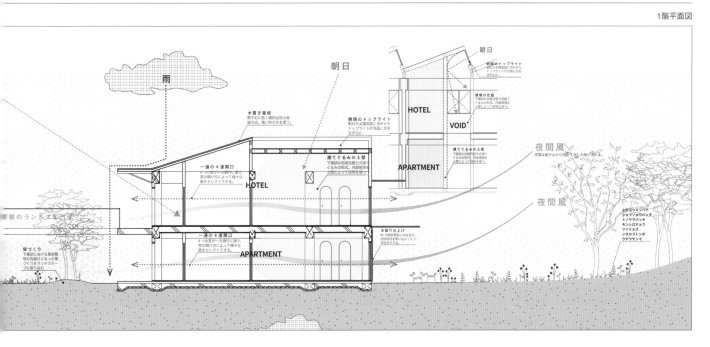

継ぐ、ということ。

安部 遥香
Haruka Abe

筑波大学大学院
人間総合科学研究科
芸術専攻
加藤研研究室

敷地は松崎町の中でも海鼠壁（なまこかべ）の件数の最も多い松崎地区（旧松崎村）とし、デュアルスクールという2拠点型の教育システムを計画の軸とした。

この事業は徳島県美波町で2016年より行われており、都心と地方の教育委員会同士が提携し、2校間での出席日数を認可している。現況では参加者同士の関係に限定されているが、本作品では地元住民・観光客・参加者の3つの交流軸が交わるために必要な機能を、子どもたちが通う松崎小学校から徒歩10分圏内、かつ目抜き通りに面する中瀬邸・近藤邸・伊豆文邸の3つの海鼠壁建築に挿入する。機能を分散させることで、人の移動により本来の中心地を再興する。いずれも海鼠壁を損なわないことを条件に、限られた敷地の中で必要諸室を満たすために各海鼠壁建築の空間特性から増築を検討し、設計を行った。中瀬邸は事業の総合受付及びオフィスと学習塾、近藤邸は工房と食堂、伊豆文邸は温泉と宿として利用する。これらの海鼠壁建築を常に活用することで、海鼠壁の風景と文化を次の世代へ継承することを目指した。

松崎町は交易によって海鼠壁建築が成立したが、時代の流れと共に衰退した。しかしその過程全てが、デュアルスクールによる新しい交易の町の姿を示す契機となったのである。本作品が類似した問題を抱えた地方を再興する一例となることを望む。

1、敷地

静岡県伊豆半島の南西に位置する、加茂郡松崎町松崎地区。ここには「海鼠壁」という伝統的なファサードを持つ建築群が数多く点在している歴史ある美しい町である。そのなかでも海鼠壁の連続面積の最も大きな民家である「近藤平三郎生家」は、私の祖父母の家である。

しかし、私の祖父を最後に、今後継ぐ予定の者はおらず、また、保存方法や利活用の提案すらされていない。同じように、そのほかの海鼠壁建築も同様の状況に置かれているのである。海沿いのこの街は、かつて漁業や木炭産業、廻船業で栄えた。しかし今は、波の音が寂しくも町中に反響しているのみである。松崎町松崎地区の衰退の進行を抑制し、これからの可能性を考えることで、この提案が変化への大きな起点となることを望む。そんな未来の松崎への設計である。

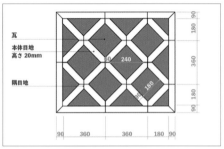

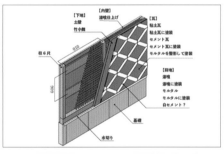

仕事と学習の、中瀬邸　　工房と食育の、近藤邸　　宿泊と温泉の、伊豆文邸

2、提案

　海鼠壁建築が新たな交流人口を創造する基点となり、活用されることによる保全への指針を提示する。長期滞在や移住者が利用できる施設であること、海鼠壁建築を利用する人が常にいること、若年層の交流人口を積極的に増やすことができる提案が必要になる。そこで、「デュアルスクール」という新しい教育方針を設計の軸とした。

　デュアルスクールとは、2拠点型の教育を展開する、新しい学校のかたちである。2拠点の双方の教育委員会が提携し、両校間での出席日数を認可するもので、2016年より東京〜徳島県美波町間で実施されている。参加者はサテライトオフィスでの勤務が可能な両親とその子どもたちであり、短期的に移住することで実施され、子どもたちはその土地ならではの経験による、多面的な能力を養う。歴史の過程で失われた松崎町と町外の交流を復活させ、町全体の賑わいを再興する。

動線計画

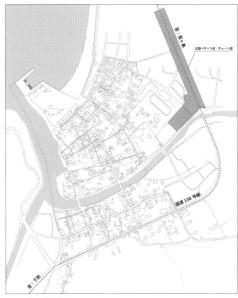

2020年現在の動線
国道136号線が完成し、町の中心地は東側へ移ってしまった。周辺には大型娯楽施設が立ち並び、そして次々と廃業している

町の記憶だった「海鼠壁」が子どもたちの思い出になるまで

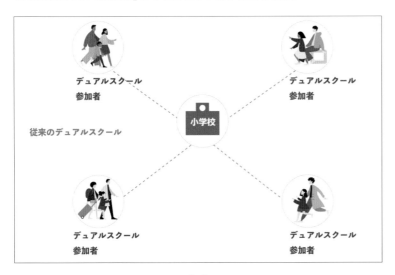

従来のデュアルスクール

松崎町のデュアルスクール

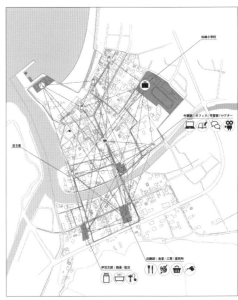

20XX年デュアルスクール開始後の動線
かつてのメインストリート沿いの海鼠壁建築を起点としてプログラムを分散配置することで、町中の動線が復活する

プログラムの分散配置によって回遊性を生む

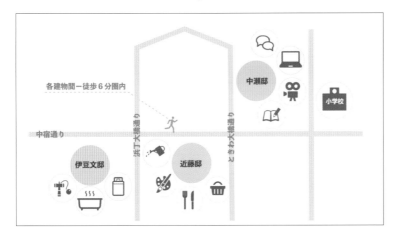

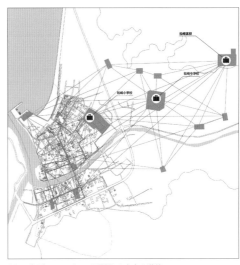

20XX年デュアルスクールを展開した未来の動線
小学校だけでなく松崎中学校や高校へもデュアルスクールを実施し、さらに広範囲の海鼠壁建築が活用されることで町内全体が再興する

3、設計

現状ではデュアルスクール参加者が、移住先とその小学校のみを行き来するという関係性に限定されているが、本作品では地域全体での再興と海鼠壁建築の保全のために地元住民・観光客・デュアルスクール参加者の3つの交流軸が交わる際に必要な機能を検討する。

かつての目抜き通りである、「中宿通り」「浜丁通り」「ときわ大橋通り」に面し、かつ授業等で活用することを考慮して、参加する小学生たちが通う松崎小学校から徒歩10分圏内の、中瀬邸・近藤邸・伊豆文邸の3つの海鼠壁建築を選択しプログラムを挿入することで、機能の分散が徒歩や自転車等の移動による町の中心地を再興することを期待する。中瀬邸にはオフィスと学習塾、近藤邸には工房と食堂、伊豆文邸には温泉と宿を当て込み、海鼠壁建築の風景を傷つけないことを条件に、設計を行う。

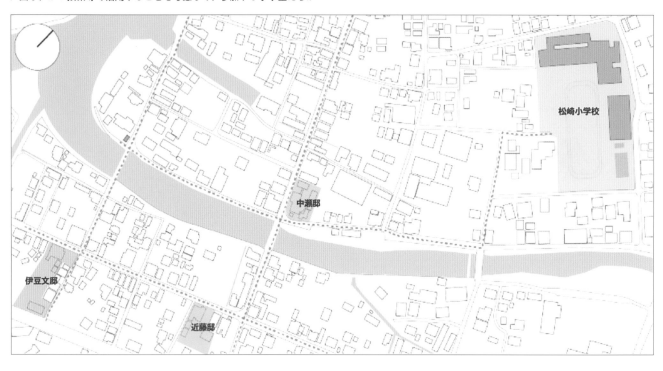

●中瀬邸

明治時代の商家である中瀬邸は、かつて呉服店と廻船業を営んでいた。東西の蔵が母屋を縦断するように横方向の空間が連続しているのが特徴である。増築部は、中瀬邸の母屋部分および蔵を一度基礎から外し地下1階を設け、上下階の空間も連続させることで、さまざまなボリュームが1つの空間で連続する。地上面から傾斜した芝生が地下1階へ接続し、囲まれた討議場のような広場をつくる。地下1階にはデュアルスクールの総合事務所を設置する。

仕事と学習の、中瀬邸

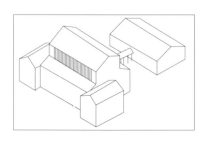

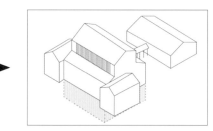

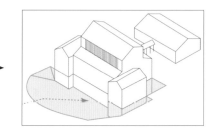

●近藤邸

　近藤邸は薬屋を営んでいた。南北の通りに沿って蔵が縦に連続し、なまこ壁通りを形成している。近藤邸の母屋1階を食堂にし、キッチンから土間を通じて席に配膳を行う。2階は、料理をつくるオーナーシェフ一家の家とする。蔵2棟には工房があり、小学校の特別授業で左官技術を学ぶ。また、ショップや職人のレジデンスなどの増築部分は近藤邸の特徴である切妻屋根を連続させ、庭を囲むようにつくられている。全ての建物が中庭を介して視線が交わり、振る舞いを身近に感じられる。

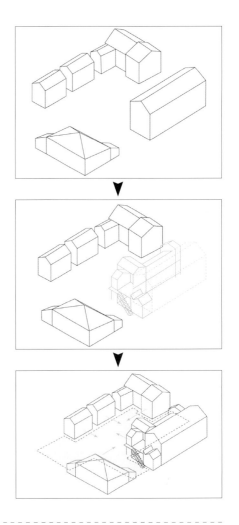

●伊豆文邸

　伊豆文邸は呉服店を営んでいた。庭の中心を囲むように蔵が配置され、温泉の配管が近隣にある。伊豆文邸の母屋は1階書庫スペースとし、各家々の本を持ち寄り、お風呂上がりの時間や寝る前に本を読む時間ができる。2階は子どもたちだけで宿泊できる寝室になっている。温泉の増築はかつてあった蔵を想起するように配置することで、それによってできた隙間や、木を避けるように配置されたデッキは子どもたちが思い思いの遊び方に合わせて活用する。

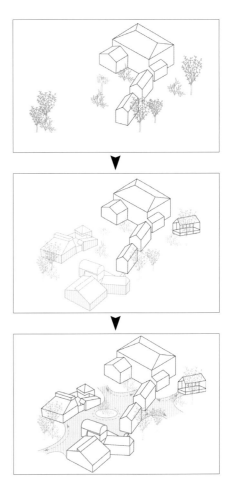

陰翳の綾を用いた建築

―日本美術のための小さな美術館―

杉江 隆成
Ryusei Sugie

東海大学大学院
工学研究科
建築土木工学専攻
野口直人研究室

私は京都にある詩仙堂を訪れた時、薄暗い室内において実際に存在している空間以上に計り知れない空間を感じた。その体験から空間に捕らえどころのない多様な印象を想像させるそのメカニズムに興味を覚えた。

谷崎潤一郎の随筆。『陰翳礼讃』の中に出てくる言葉「陰翳の綾」。綾とは物体の表面に現れた、その物体とは異なる様相のことを指す言葉であるが、陰翳によってさまざまな陰の濃淡を生み出す詩仙堂をはじめとした日本建築は、空間に「陰翳の綾」をつくっているのではないかと考えた。

これは京都詩仙堂での体験から導かれた日本建築における陰翳の綾を現代的な建築空間へ応用することを目的とするものである。

まず、日本建築の陰翳を生み出す要素を抽出し、「半透明」「細かな凹凸」「深さ」の3つのタイプを導き出した。そこから空間の構成へ応用が可能な「深さ」を主に用いて設計していく。屏風や掛け軸などの日本美術はもともと、日常の調度品としてほの暗い日本建築の中にあり、その中で最も美しく見えるようにつくられている。そこで陰翳の綾を用いた日本美術のための小さな美術館を提案した。

陰翳の綾を用いた建築は小さく単純な構成でありながら、一歩歩くと突然暗闇の中にいるという状況が生まれたり、ふと気づくといつの間にか空間に対する印象が変化していたりと、現代の「明るい建築」にはない繊細で豊かな空間を生み出す。

1、背景

京都の詩仙堂をはじめとする日本建築は季節や時間、その空間にいる人によって繊細に陰翳が変化し、空間に捕らえどころのない多様な印象を想像させる。谷崎潤一郎は文芸評論である『陰翳礼讃』において陰翳の綾という言葉を用いており、日本建築は空間に陰翳の綾をつくっていると考えた。本修士設計は、日本建築における陰翳の綾を現代的な建築空間へ応用することを目的とするものである。

2、要素の抽出

日本建築が生み出していると考えられる陰翳の綾を詳しく観察してみる。Adobe Photoshop を用い、5階調化すると天井や壁、床において、窓から離れていくにしたがって単純にグラデーション状に陰翳が起きるのではなく、複数の陰翳がさまざまな方向に重なっていることが分かった。そこで、詩仙堂で感じた陰翳の綾を解明するため、日本建築の陰翳を生み出していると思われる部分の要素を抽出し具体的にどのような構造、光の動き、陰翳が生まれているのかを検証する。

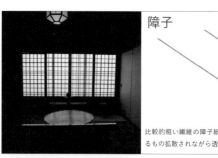 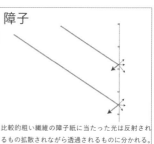

障子

比較的粗い繊維の障子紙に当たった光は反射されるもの拡散されながら透過されるものに分かれる。

 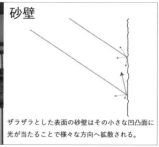

砂壁

ザラザラとした表面の砂壁はその小さな凹凸面に光が当たることで様々な方向へ拡散される。

 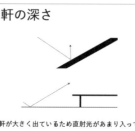

軒の深さ

軒が大きく出ているため直射光があまり入ってこず、庭などからの間接光が主な光源となる。

3、反射の検証

　日本建築の要素を抽出し分析してみると、その陰の生まれ方が３つのタイプに分類できるということが分かった。各タイプの反射の仕方を分析するために画像加工ソフトウェアである Photoshop を用いて５階調化する。これにより表面に現れる陰翳をよりはっきりと確認できるが、どれも僅かな差異はあるものの劇的な違いは見受けられなかった。これにより、日本建築の陰翳において、反射による陰翳というよりも、表面における光の拡散の仕方や陰の重なりが重要であると仮定できる。

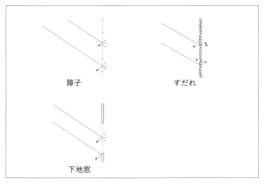

半透明タイプ

　全体に均等に光が反射される。また外部から光が入る場合、外側の影響を大きく受けるが、内部から光を当てた場合、外側の影響は少ない。

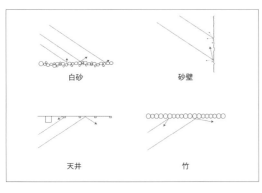

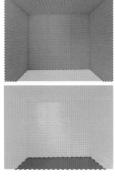

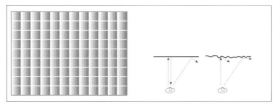

細かな凹凸タイプ

　凸部分が若干明るく凹部分が暗くなっている。また、視線からの角度の関係で均等に凹凸があっても正面と隅の部分では陰の見え方が異なる。

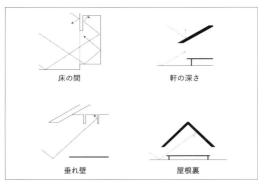

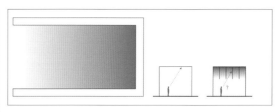

深さタイプ

　深さがあることで、特に隅の部分に濃い陰が生まれている。

4、空間構成

　日本建築の分析から立てた仮説からそれらを組み合わせた空間モデルのスタディを行う。下の画像の左から、細かな凹凸と半透明を組み合わせたもの、半透明と深さを組み合わせたもの、深さと細かな凹凸を組み合わせたものとなっている。

　深さタイプに関しては空間の構成へと有効活用できるものとして評価できた。また半透明タイプに関しては光を取り入れる部分へ、細かな凹凸については仕上げ材への応用が可能と考えた。

　これらを踏まえ、右の画像を本修士設計における空間のプロトタイプとする。

5、敷地

　自然光を生かした陰翳を用いた建築を建てるにあたって、23区内において港区の昼間の人口が最も多いことから、太陽の出ている昼間に人口が集中する港区が最も敷地に適していると考えた。

　表参道から続く南青山の一角にある敷地。ここはたくさんの人で行き交う表参道から一本入った場所にある。さらに奥には閑静な住宅地が広がり、その間にあたるこの場所は商業を軸にした表参道の賑わいと落ち着いた雰囲気の住宅地の二つの良さを兼ね備えた場所であり、住民とも来訪者とも距離の近いこの場所に公共施設である美術館を建てることにより理想的な美術館となる。

　また、敷地は南北に対して約45°傾いた軸をとっている。そこで、その向きに合わせた直角グリッドに加え、日の当たり方を考慮した角度の軸をとり、季節、時間、天気によって一日も同じような陰翳のできない空間を生み出す。

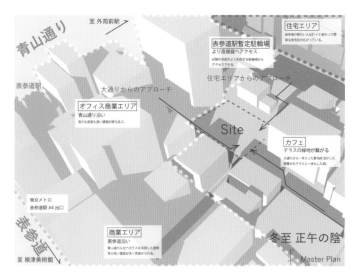

6、設計

2層を貫く深さの空間

高さ方向へ大きく抜けた空間に生まれる陰翳を、階段を上ることで断面的に体感できる。階段を上ると壁に展示された襖をやや離れた場所から見ることになるが、広い間で用いられていたことを考えると陰翳のある中でより自然な形で見ることができるといえる。

天井の陰翳の重なり

横からの光に対して、天井に曲面の勾配を与えながら深さをつくる。そこへ平面的にできる陰を重ねることで、天井面に複数の陰翳を生み出し、単一空間でありながらさまざまな空間体験が可能となる。

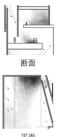

一寸先は闇の空間

2つの間接光源からの光に対し陰をつくっていくことによって、一歩歩くと突然暗くなるという状況を生み出す。そして、その闇の中の僅かな光をとらえ屏風が輝きを増す。

床と壁の陰翳の差異

壁と床の間に僅かな隙間を設け、床と壁に現れる陰翳に差が生まれることで壁に掛けられた掛け軸が浮かび上がる。暗闇の中で掛け軸に描かれた文字や画はその輪郭を曖昧にし、見る人にとってはぼんやりとしか認識できない。しかし、ぼんやりとしか認識できないからこそ、その空間が引き立つ。

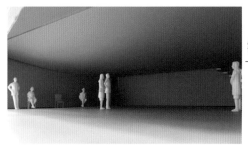

ほの暗い庭

これから始まる陰翳の空間へのエントランスとして1階では半外部空間でありながら限定的な採光とすることで庭だけれどもほの暗いという空間になっている。ここを通ることで人々はこれから始まる陰翳の空間体験への始まりを意識せざるを得ないのだ。

闇を纏うことで靴を脱ぐ

上からの光に対し、床と天井をゆるやかな曲線を描くように狭めていき、奥へ行けば行くほどいつの間にか闇の中にいるという状況を生み出す。闇を纏うことで靴を脱ぐことに対する抵抗をなくし、靴を脱ぐことによって空間への感覚を高めていく。

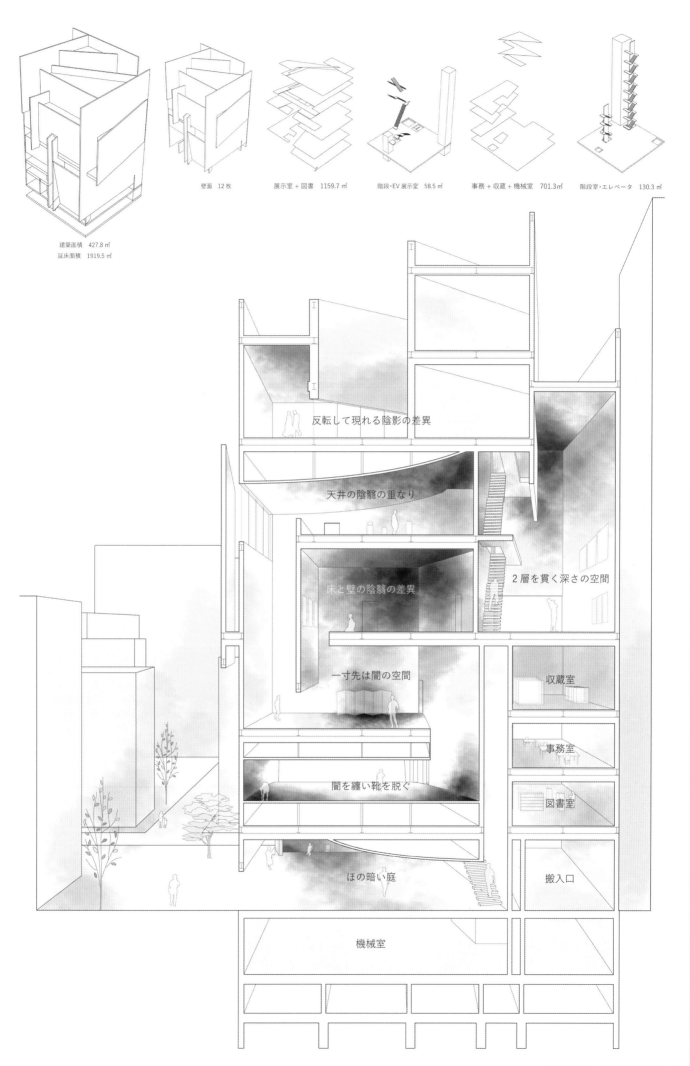

壁面 12枚

展示室 + 図書 1159.7㎡

階段・EV展示室 58.5㎡

事務 + 収蔵 + 機械室 701.3㎡

階段室・エレベータ 130.3㎡

建築面積 427.8㎡
延床面積 1919.5㎡

反転して現れる陰影の差異

天井の陰翳の重なり

床と壁の陰翳の差異

2層を貫く深さの空間

一寸先は闇の空間

収蔵室

事務室

闇を纏い靴を脱ぐ

図書室

ほの暗い庭

搬入口

機械室

陰翳の綾を用いた建築／杉江 隆成 **95**

成都の反閉鎖住区

莫 然
Baku Zen

東京藝術大学大学院
美術研究科
建築専攻
藤村龍至研究室

中国の成都では、閉鎖的な「小区」が都市の急速なスプロール化に伴い、オリジナルタイプとして大量建設されている。ただし、単一機能、巨大なブロックサイズ、土地の使用率が低いことなどから、このタイプの「小区」は、人間スケールの欠如、交通渋滞など一連の都市問題を引き起こすと行政に指摘されている。2016年には、国務院が住区建設について「都市計画と建設の管理意見」を発令し、原則的に、閉鎖的な小区が建てられないよう、塀により閉じている「小区」を徐々に開き、内部道路を社会道路資源として転用することを主張した。

都市計画として合理的である本発令は、社会で激しい反発を引き起こしており、この「管理意見」に対するネットの世論調査では、市民の70%以上が反対した。開放的な街区に住むよりも、市民たちは良好な治安を持つ、内部環境が美しい閉鎖的な「小区」を求めている。

この民間と行政の対立において、両者の要望に答えられるような「閉鎖かつ開放」「混沌かつ秩序」という、両極端な住居モデルが求められているのではないかと考えている。

1、敷地

実験の対象となる敷地は、成都の都心部にある取り壊しの決まった伝統集落エリアである。歴史建築として指定された建物の保存、既存の住居棟が持つ敷地属性の継承、周辺地域との連続を行う。そして、敷地全体で住居を主軸としつつ、商業・ビジネス・文化施設が混在する「小区」を「反閉鎖住区」として再定義する。

2、リサーチ

　成都の異なる時代にできた住区を調査した。最も意外な気づきは、完全に閉じられた住区が存在しなかったということである。古くにつくられた住区では、私的な領域へ到達したと思えば、近隣の人々の声が聞こえ、さらに進むと、部外者として監視されているような視線を感じ、そのまた奥には住人しか立ち入れない領域があった。

　このように、領域が分断されているように見えながら、公と私が緩やかに変化する「空間」が存在していることが分かった。この領域と空間の関係を抽出する。

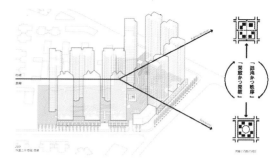

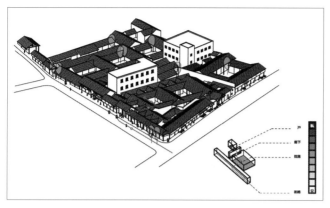

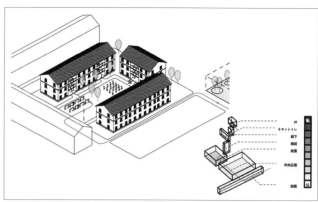

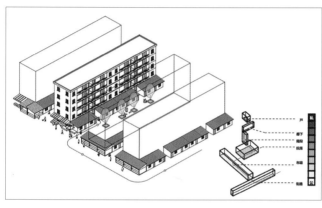

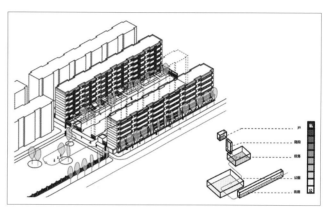

3、空間システム

　グラデーションの空間システムを生成ルールとし、中国の伝統的な住宅空間の原型である「中庭」を媒介（ミディアム）として200m×200mのブロック内で住区のボリュームを構築して、日照や密度、容積率などを参考要素として試行錯誤した。

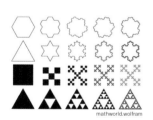

Fractal

Gradation system of space

Fractal+Courtyard

Fractal+Courtyard
+Private Layer

Fractal+Courtyard
+Private Layer+Open Community

Density:0.43
Far:2.3
大寒日日照満足率：0.429

Density:0.44
Far:2.2
大寒日日照満足率：0.438

Density:0.43
Far:2.2
大寒日日照満足率：0.452

Density:0.44
Far:2.0
大寒日日照満足率：0.465

Density:0.54
Far:2.8
大寒日日照満足率：0.491

Density:0.43
Far:2.4
大寒日日照満足率：0.466

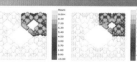

Density:0.43
Far:2.4
大寒日日照満足率：0.463

Density:0.44
Far:2.1
大寒日日照満足率：0.458

4、設計

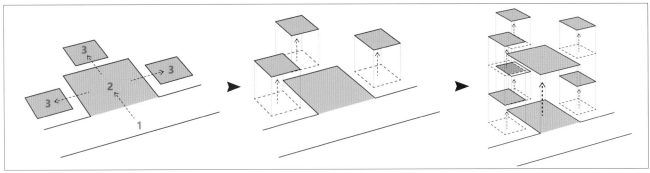

1. 開放レベルの違うもの同士が干渉し過ぎないようにするため、垂直方向にずらして切断する

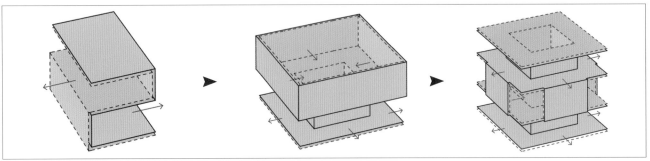

2. できたボイドに方向性を与え、機能を配置していく

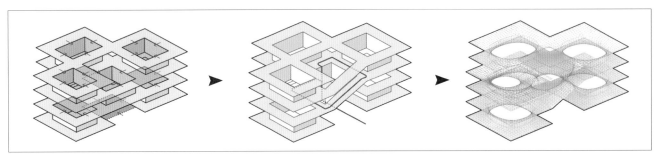

3. 4つのレベルにおいて1と2を反復し、広場に面する動線を斜めにつなぎ直し、各機能を連続させる。さらに水平や垂直にできた空間を3次曲面に変形していき、異なる開放レベルと機能が切断しながら連続する統一体を形成する

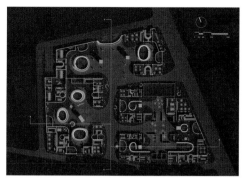

1F PLAN

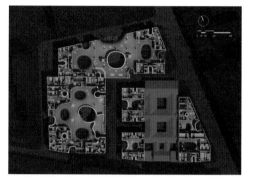

2F PLAN

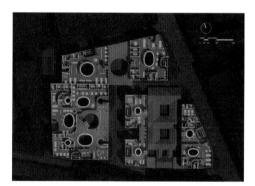

3F PLAN

1. 商業

2. 中央受付
3. スポーツステージ
4. 社区茶館
5. 仮設店舗

6. 民俗ギャラリー
7. 社区活動センター

8. 住民委員会事務所
9. 管理事務所
10. オフィス

11. ユースホステル

12. 住宅

階段&トイレ

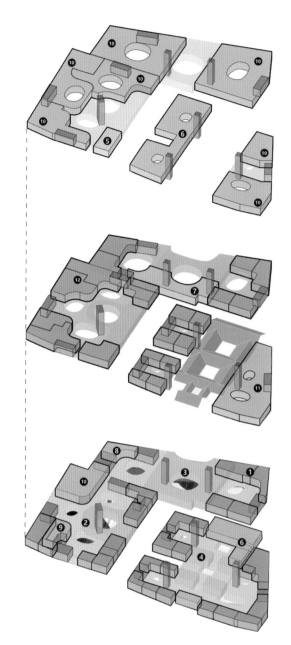

Artificial Bamboo Node

吉田 将一朗
Shoichiro Yoshida

東京藝術大学大学院
美術研究科
建築専攻
金田充弘研究室

竹を用いた仮設構造体の制作とその接合部である仕口・継手の役割を果たす『人工節』の開発を行なった。モノとモノとのつなぎ目、建築を支える小さな部分、そういった細部が建築全体を決定づける。自然と人工、デザインとエンジニアリング、デジタルとアナログ、設計と施工、様々な2点間を行き来し、その間でバランスをとる。

竹を建材として扱うとき、素材の特性を生かし「束ねて縛る・曲げる」といった方法が合理的である。しかし、本制作では「竹を切り出した円筒状のまま使用（乾式）・1本で材軸を取る」という非合理的な問いをたてた。

不定形な自然素材をいかに定量化して扱うか、1：1スケールで実際の素材と向き合い、試行錯誤を重ねた結果、ディテールを機構的に解くことで『人工節』の開発という思わぬ可能性を見出した。節の中に「仕掛け」を入れ、竹の2つの切り出し角度（45、90度）によって、仕口と継手が生まれる。改めてそれらを繋ぎ合わせる事で「しなる・束ねる」とは違った『人工節』でしかなり得ない、不思議な様相を見せる。

日常の生活の中にあるモノ、大量に市場に出回っているモノの組み合わせを考え、組み替えを行う、そんなちょっとしたことからでも非日常を生み出す、新たな建築を作る可能性はあるのでないか。そして何より、一見無駄かもしれないことに「こだわり」を持って、しつこく向き合い、つくり続けることに、美学や価値があることに気づかされた。

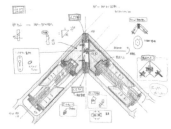

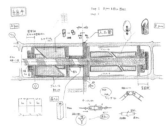

KAGUYAHIME JOINT
かぐや姫ジョイント

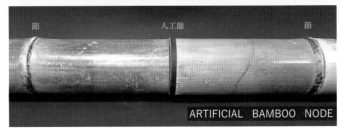

節　　　　人工節　　　　節

ARTIFICIAL BAMBOO NODE

竹活用と研究の方向性について

仮設構造体／放置竹林問題

「建築への仮設性」への興味と地元岸和田の放置竹林問題から、竹を仮設的にでも建材に活用することを考える。ホゾ・ヌキのような「ちょっとした仕組み」。

不定形な材／素材に触れて考える

材料の特性や加工について検討を行うため、20本の実際の竹を扱う。個体差がかなりあり、曲がりや肉厚にもばらつきがある。節の感覚もバラバラ。その中からいかに扱うかを検討。

竹をそのまま使う／1本で材軸を取る

竹の素材を生かすのであれば、束ねて縛る、曲げるなどが考えられる。既往研究としても多くある。しかし、本制作は異なる。竹をそのまま使い、材軸を取って構造体をつくることを目指す。

スタディプロセス

まずは、シンプルなアーチから全体を考える

全体
シンプルな構造体

iphone-3D スキャン

間
様々なスタディ

材の固定方法の検討

アーチを作るために必要な差込み式ジョイントを部分で検討する。

部分
仕口をとる接合部

シンプルな差込み式ジョイント

材軸を取るジョイント

自転車のシステムの原理を応用し、「材軸を取る」「不定形な竹径に合わせたジョイント」を成立させる。

組み立て前のパーツ

変形前　　　変形後

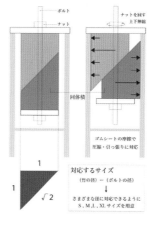

ゴムシートの摩擦で
圧縮・引っ張りに対応

対応するサイズ
（竹の径）−（ボルトの径）
↓
さまざまな径に対応できるように
S，M，L，XL サイズを用意

スーパーボールジョイント

材軸をとるジョイントから、体積が同じまま、形状変化によって摩擦力が担保可能な素材で置き換えることができると考えた。そこで、ゴム質である程度弾性のある球状のものを充填すれば、あらゆる径にも対応できると考え、スーパーボールの摩擦力と弾性力によって持たせるジョイントを開発。

かぐや姫ジョイント

斜め45°にカットした竹（圧縮材）と六角形相欠をしたあわさる MDF の中に、ステンレス糸（引張材）を通す。よって、90〜180°まで変形可能。

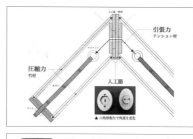

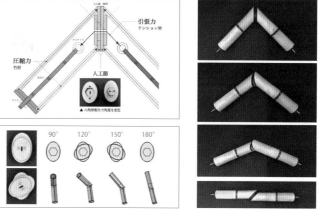

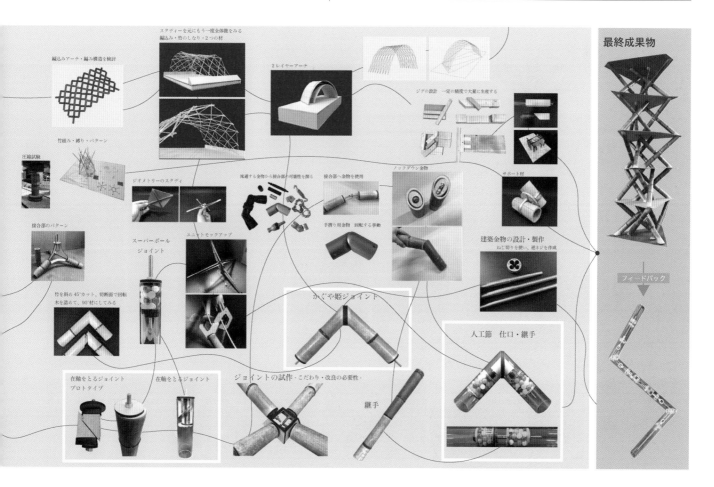

最終成果物

全体像（イメージ）を想定する

　材軸をとるジョイントや人工節などの部分のスタディを元にジオメトリーを展開させることで、どれぐらいの規模の建築が設計可能なのか、実際にどう使われるのかまでのイメージを想定してみる。

材料の流れ

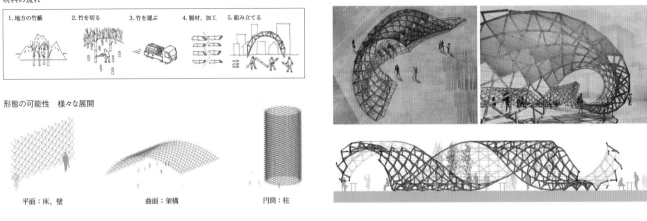

形態の可能性　様々な展開

平面：床、壁　　　　曲面：架構　　　　円筒：柱

モックアップについて

　全体像を踏まえ、調達できる材料の数や時間的制約から実際に施工可能な構造体の検討を行った。複数が集まることで、柱として使用可能になる。

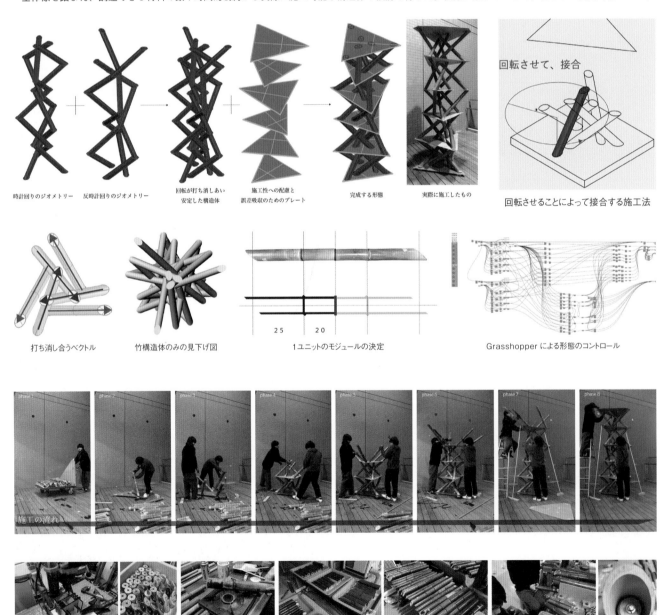

時計回りのジオメトリー　　反時計回りのジオメトリー　　回転が打ち消しあい　　施工性への配慮と　　　　完成する形態　　実際に施工したもの
　　　　　　　　　　　　　　　　　　　　　　　　　安定した構造体　　　　誤差吸収のためのプレート

回転させて、接合

回転させることによって接合する施工法

打ち消し合うベクトル　　竹構造体のみの見下げ図　　1ユニットのモジュールの決定　　Grasshopper による形態のコントロール

25　　20

施工の流れ

▲ジグを使ったファブリケーションによる部材の製作　　▲炙って、艶を出す　　　▲製材された竹と1ユニット　　▲スーパーボールジョイントの充填

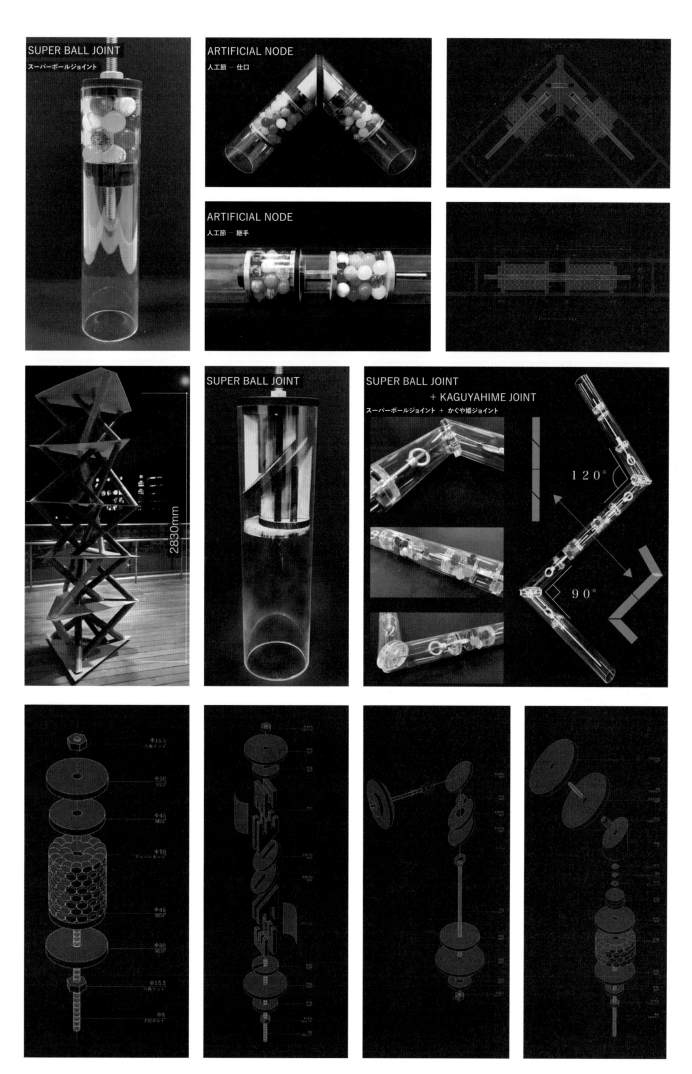

SUPER BALL JOINT
スーパーボールジョイント

ARTIFICIAL NODE
人工節 — 仕口

ARTIFICIAL NODE
人工節 — 継手

SUPER BALL JOINT

SUPER BALL JOINT
        + KAGUYAHIME JOINT
スーパーボールジョイント ＋ かぐや姫ジョイント

120°

90°

2830mm

Satellite Campus Proposal for University of Hong Kong

—Integrating with Redevelopment of Industrial Area at Sai Wan Pier—

譚 健嵐
Tam Kinlaam

東京工業大学大学院
環境・社会理工学院
建築学コース
安田幸一研究室

With the industrial readjustment, most of Hong Kong's city ports were abandoned and facing functional repositioning. The site is located at Sai Wan pier, an industrial area occupied by a wholesale market and cargo ports suffering from vacancy problem. Meanwhile, the University of Hong Kong, located on the hillside in this area, is short of development space. As both of them are separated from the city, there is potential of renovating the existing wholesale market into a new campus on the harbor front to establish close relationships between harbor, university, and city.

The project proposes a satellite campus that provides a collaborative base for students, companies, and citizens by combining education, research, commerce, and residence. Through the adaptive reuse of the existing buildings, its industrial context is continued and new learning, working and living spaces can be provided for the public.

1、Research on harbor revitalization cases

Located on the northwest coast of Hong Kong Island, the pier area involves a total area of 6 hectares. Research on the existing wholesale market. The Western Wholesale Food Market (built in 1991) consists of three main buildings connected by a whole platform. The spatial characteristics of the building are the open street texture and its circulation including ramps and roadways to the platform floor for vehicles. As most of the ports and stalls are vacant, only one port is still supplying the operation of the market.

Aerial view of Sai Wan Pier

No.	Project Name	Program Conversion					
		Commercial & Office	Residential	Cultural & Educational	Leisure & Recreation	Historic Preservation	Traffic Integration
1	Baltimore Inner Harbor	○	○	○	○		○
2	Tindeco Wharf	○	○		○	○	
3	Boston Rowes Wharf	○	○				
4	New York Gantry Park				○	○	
5	Butler's Wharf	○		○		○	
6	New Concordia Wharf	○				○	
7	Tobacco Dock	○				○	
8	Aker Brygge Wharf	○	○	○		○	
9	Barcelona Old Port	○	○		○		
10	Rotterdam Innovation Dock	○		○			○
11	Sydney Rocks Area	○		○	○	○	○
12	Sydney Darling Harbor	○		○	○	○	○
13	Hakotate Bay	○				○	
14	Singapore Clark Pier	○				○	
15	Granville Island	○		○		○	○

List of harbor renovation projects and program conversion

2、Research on the existing wholesale market

Through analyzing the program conversion and accessibility improvement from existing cases of harbor revitalization worldwide, we can find the importance of incorporating cultural and commercial program and the reuse of previous port-related facilities to continue the context.

Quality Evaluation	
Building-type	Industrial
Built Year	Phase I in 1991, Phase II in 1994
Structure	Reinforced concrete structure, 9/12 meters span, two-way grillage beam and slab structure
Material	Wall/ceiling/slab: concrete
Plan	Divided into 3 parts for 3 kinds of products, and connected by a whole podium on 2nd floor that allows trucks to drive on
Facades	Blue and white paint appearance; skylights on the roof; round windows for ventilation
Interior	Roadways throughout the building are totally open street texture without gates
Subsidiary features	Two roadway ramps to the podium

Wholesale floor area(m²)		Logistics floor area(m²)		Outdoor area(m²)	
Vegetable market	11,160	Lavatory, workshop	3,070	Cargo discharing	460
Fruit market	9,870	Market office	2,630	Car Parking	21,790
Freshwater fish market	4,980	Total	6,190	Total	22,250
Egg market	6,650				
Poultry market	5,430	Total Gross Floor Area	44,280	Total Land Area	620,000
Total	38,090				

Quality evaluation and area of existing building

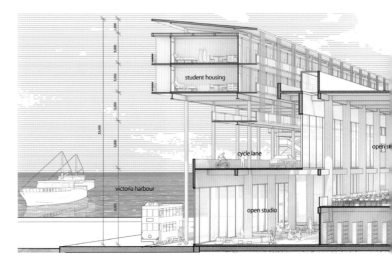

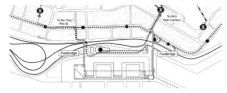

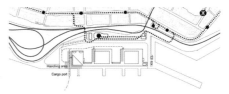

Pedestrain Circulation
New pedestrian footbridges are created across the highway and connecting to the university through the tunnel of the metro station. Also, the open street throughout the existing wholesale market is reused as a campus street linking learning, research, office and community areas.

Public Transportation
Based on the future water - bus plan of the Hong Kong government, the new water - bus route is introduced into the site by setting a water - bus terminal at the pier area.

Cargo Circulation
The old cargo circulation will be reorganized at the back side of all the building, keeping an entrance directly toward the cross - harbor tunnel for the rapid transit of product transportation.

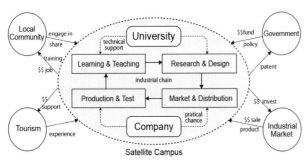

Campus Operation Mode

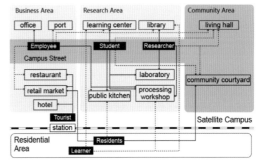

System of Cooperative Satellite Campus

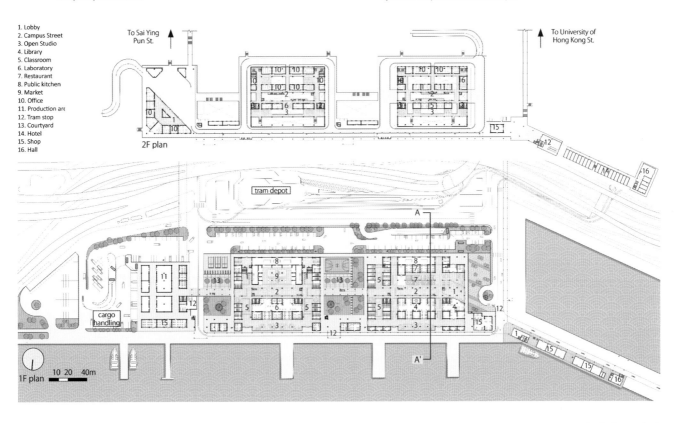

1. Lobby
2. Campus Street
3. Open Studio
4. Library
5. Classroom
6. Laboratory
7. Restaurant
8. Public kitchen
9. Market
10. Office
11. Production are
12. Tram stop
13. Courtyard
14. Hotel
15. Shop
16. Hall

Section Perspective A

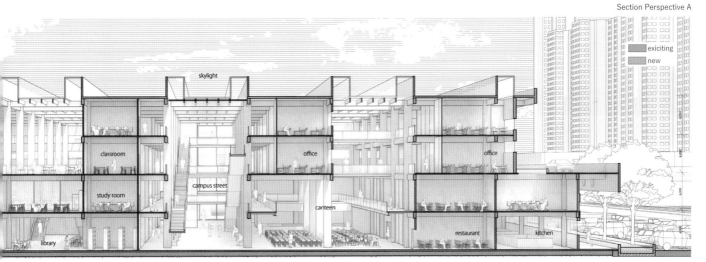

3、Satellite campus

The project proposed an approach connecting to the main campus: pedestrian footbridge to the metro station and further access to the university by an underground tunnel. Also, tramway and water-bus route are extended to improve the accessibility. A main street throughout the whole building is reused as a linkage of learning, research, office and community areas.

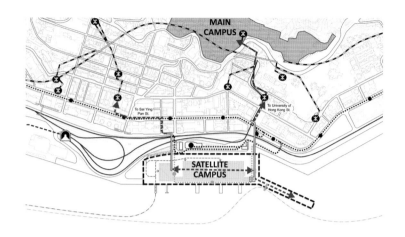

Site axonometric view

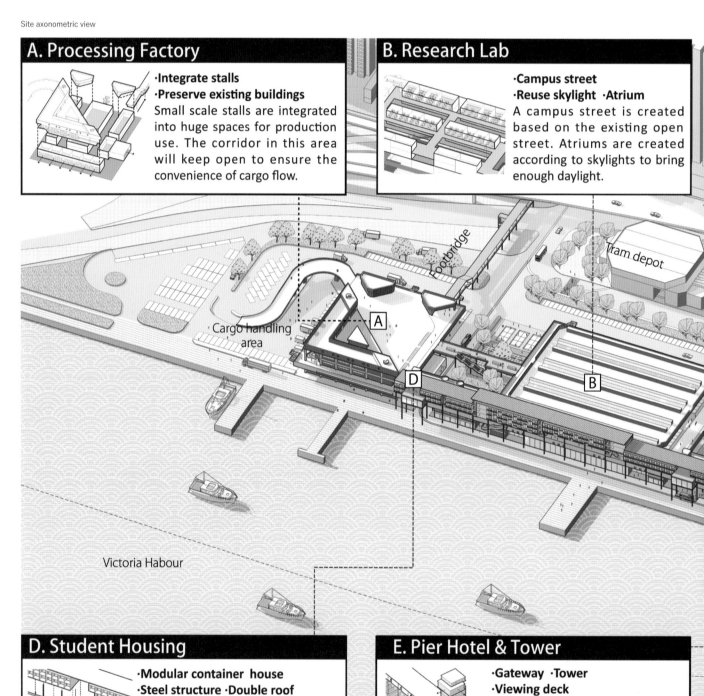

A. Processing Factory

·**Integrate stalls**
·**Preserve existing buildings**
Small scale stalls are integrated into huge spaces for production use. The corridor in this area will keep open to ensure the convenience of cargo flow.

B. Research Lab

·**Campus street**
·**Reuse skylight** ·**Atrium**
A campus street is created based on the existing open street. Atriums are created according to skylights to bring enough daylight.

D. Student Housing

·**Modular container house**
·**Steel structure** ·**Double roof**
The housing reuse the container for two types of modular room including single and double. A gap is left between the new and old building for ventilation.

E. Pier Hotel & Tower

·**Gateway** ·**Tower**
·**Viewing deck**
The 2nd floor is opened as a deck for a water-bus terminal. A viewing deck is set on the top of the tower while an event hall stretching over the pier.

4、Renovation Steps

Preserved maket

Strengthen the open street and turn to the pier

New structure and volume above the old

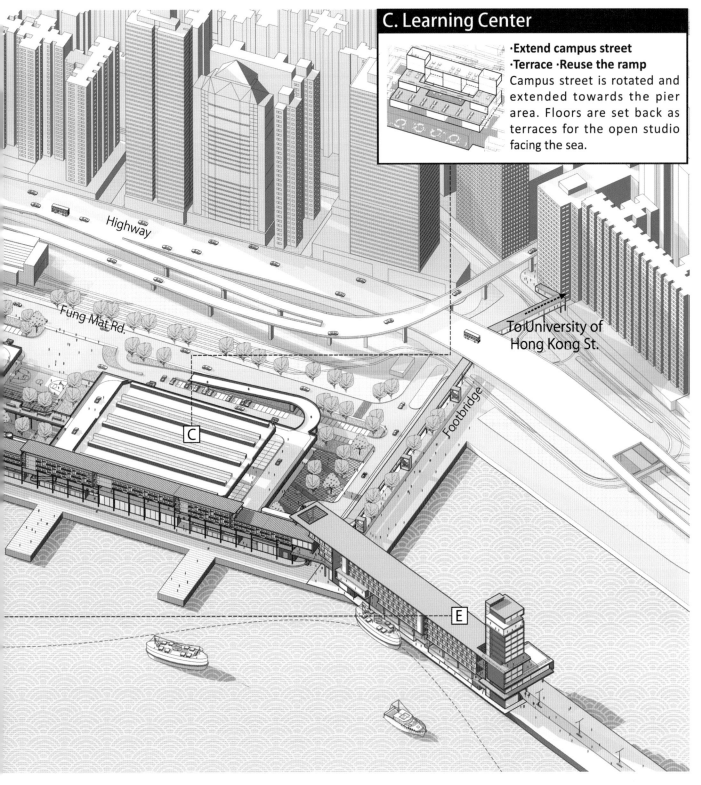

C. Learning Center

- **Extend campus street**
- **Terrace ·Reuse the ramp**

Campus street is rotated and extended towards the pier area. Floors are set back as terraces for the open studio facing the sea.

Highway

Fung Mat Rd.

To University of Hong Kong St.

Footbridge

C

E

生きられた家と生きられる家

─経験と記憶の設計実験─

庄井 早緑
Samidori Shoi

東京電機大学大学院
未来科学研究科
建築学専攻
日野雅司研究室

　建築が構築する身体的スケールに興味がある。多木浩二の著書『生きられた家-経験と象徴-』（多木浩二著、青土社、2019年）は、人が経験することで空間の質が変化することを述べている。家という建築は範型化されながらも、個人の日常生活が織りなす他愛もないストーリーの集積で構築されているのが現実だ。

　築40年の実家の取り壊しをきっかけに、我が家を『生きられた家』の一例とし、私自身と家族の普段意識されない家に纏わる経験や記憶を記述した。家の履歴から我が家の予定調和を超えた使いこなしの分析を行い、住まい手がより主体的に行為を空間化するための設えの設計手法を考案した。

　これは住まわれることでしか生きられない建築に『生きられる家』の設計実験をもって、家という建築の修辞的範型に肉薄する試みである。

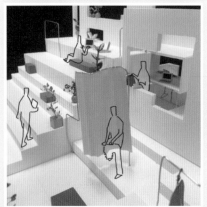

1、背景

　『生きられた家』では「家が住み手である私の経験に同化し、私がそれに合わせて変化し、この相互作用に家は息をつき始め、まるで存在の一部のようになり始めている」という記述がある。生きられた家とは、住まい手によって住みこなされた家。どんな空間も人に使われる前は、まだ息をしていない。

　築40年の私が家族と18年間過ごした家は既に使いこなされ、建築として過渡期にあり、生きられた家としての最終形態に直面していた。

我が家の年表

1979.4	新居完成 祖父母、母、叔母が暮らし始める。 祖父　他界 〔祖父母、母、叔母　家族〕
2000.8	駆体のみ残してリフォーム工事（約半年間）
2001.4	祖母、両親、妹、私で暮らし始める。 〔祖母、私たち家族〕
2019.12	引越し予定
2020.3	取り壊し予定

私が暮らした18年

2、経験としての我が家

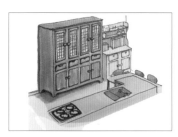

父と母が新婚時代に購入した大小2組のカップボードは、18年前リフォーム後に住み始めたときも使用されていた

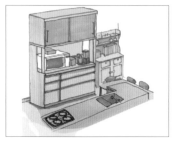

3.11の地震の日、大きいカップボードからお皿が飛び出し、壊れてしまった。すぐに機能的な新しいカップボードを買った。残った小さいカップボードは、しばらくの間、相変わらずキッチンに置かれていた

素材感が異なる、場違いとなった残されたカップボードは、めぐりめぐって空間的に余裕のあるトイレに置かれることとなった。トイレでは、トイレットペーパー入れや本棚として使われ続けた

3、分類

●ストーリー別による家の言語化

	①ストーリーの抽出 我が家の現在（生きられた結果）の観察	②設えの振舞い・ものの振舞い 住みこなしを両者の視点から分析		③テキストを抽出 設えとものの関係性から 空間の生かされ方を言語化	④生きられる手法 似たようなテキストを類型化

	ものの拠り所となる場所 玄関から手を伸ばせば届く位置にある階段の手摺りが、日傘や折り畳み傘、靴ベラの定位置になっている。住み始めた当初からこの位置に掛け始めていて、慣れてしまった今となっては傘の置き場を後から設えようとしたことは一度もない。	隙間に侵食する物 家具と壁の隙間、物と物とのちょっとした隙間に物を置きがちである。さも始めからものが並べられることを想定していたような箇所が多々見受けられる。	表と裏の顔をもつもの 長方形のリビングを二分するように760×380の棚が置かれている。棚の奥行きが広いために、リビング側には家族共有の本やインテリアの置物が置かれ、反対側には個人の趣味のカレンダーや置物が並べられていて、表裏で違った顔をしている。

②設えの振舞い・ものの振舞い：

	設え視点	もの視点
設えの拡張	プラスαの使い方「手摺りの拡張」 動線の延長上で生まれる連続性	設えの不足
設えの増殖	設計時のわずかな余白	ものの増殖
設えの齟齬	広い空間／用途変更 つなげつつ、仕切る／薄い壁	壁×棚 収納力のある壁

③テキストを抽出：
- 引っ掛けられるものとしての手摺りの拡張
- 設えの文節で発生する空間／溢れ出るもの
- 許容する居場所／見えない壁／面によって異なる性質

④生きられる手法：
- **設えの拡張**
- **設えの増殖**
- **設えの齟齬**

●タイプ別による家の記号化

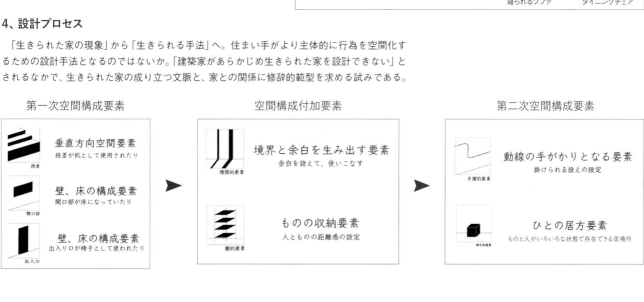

段差：垂直方向空間要素　（階段と壁の間／凸凹の柱と梁）

出入口：壁、床構成要素　（玄関ドア／憧れの秘密の部屋）

開口部：壁、床構成要素　（使われなくなったベランダ／リビングの出窓）

隙間的要素：境界と余白領域を生み出す要素　（隙間に侵食するもの／余白の壁）

棚的要素：人とものの距離を調整する要素　（後付けの食器棚／柱と棚）

手摺的要素：動線の手掛かりとなる要素／境界と余白領域を生み出す要素　（掛けられる場所／壁に張り付くものたち）

椅子的要素：人とものの多様な居方の要素　（寝られるソファ／ダイニングチェア）

4、設計プロセス

「生きられた家の現象」から「生きられる手法」へ。住まい手がより主体的に行為を空間化するための設計手法となるのではないか。「建築家があらかじめ生きられた家を設計できない」とされるなかで、生きられた家の成り立つ文脈と、家との関係に修辞的範型を求める試みである。

第一次空間構成要素
- 垂直方向空間要素　段差が机として使用されたり（段差）
- 壁、床の構成要素　開口部が床になっていたり（開口部）
- 壁、床の構成要素　出入り口が椅子として使われたり（出入口）

▶

空間構成付加要素
- 境界と余白を生み出す要素　余白を設えて、使いこなす（隙間的要素）
- ものの収納要素　人とものの距離感の設定（棚的要素）

▶

第二次空間構成要素
- 動線の手がかりとなる要素　掛けられる設えの設定（手摺的要素）
- ひとの居方要素　ものと人がいろいろな状態で存在できる居場所（椅子的要素）

5、生きられる家の設計実験

　虚構現象の設えモデルの組合せによって、設計実験と称し段階的に生きられる家を設計した。

●設計実験1　設えモデルの組合せによる空間検討

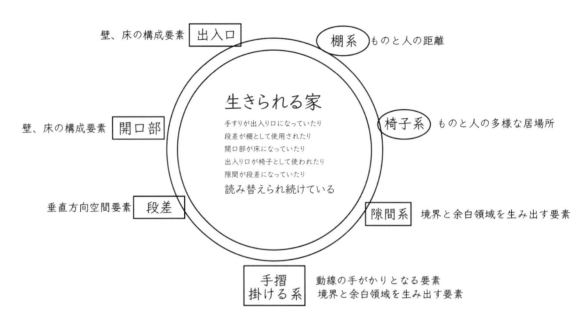

壁、床の構成要素　出入口

棚系　ものと人の距離

壁、床の構成要素　開口部

椅子系　ものと人の多様な居場所

生きられる家

手すりが出入り口になっていたり
段差が棚として使用されたり
開口部が床になっていたり
出入り口が椅子として使われたり
隙間が段差になっていたり

読み替えられ続けている

垂直方向空間要素　段差

隙間系　境界と余白領域を生み出す要素

手摺
掛ける系　動線の手がかりとなる要素
　　　　　境界と余白領域を生み出す要素

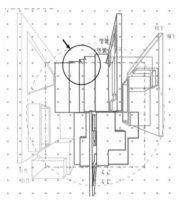
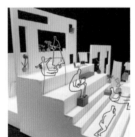

段差の増殖によって段々の設えが生まれ、新しい形のリビングとなる

Model A

　「リビング的・手法まとまりの Model A」。家族が集う空間が、4つの手法の空間によって緩やかにつながっている。手法ごとに異なる質の集える空間が展開するため、家族みんなが共にさまざまな過ごし方ができる。広い空間でも、手摺りや椅子を多く設けることによって柔軟な空間構成が可能となった。

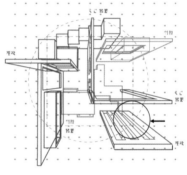
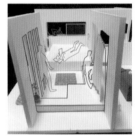

さまざまな設えの手法が入り混じることによって、つながりつつ区切られている家族ならではのリビングができる

Model B

　「リビング的・手法ミックスの Model B」。リビングとして家族全員が集える広さを確保しながら、10の手法の設えすべてが使われているため、多様な居場所が点在して手法の掛け合わせによる相乗効果が見られた。家族の気配を感じながら個々人がくつろぎ、時には一体感が生まれるような空間構成になっている。

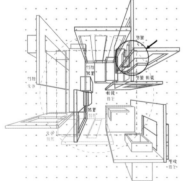

齟齬の手法を用いた一室は人が集まると視線の見え隠れが発生し、子どもにとってはより楽しい設えとなるかもしれない

Model C

　「寝室的・手法まとまりの Model C」。家族それぞれの個室に空間が区切られ、一個室は同じ手法の設えで構成されている。一見どの居室も似たように見えるが、使い方を考察すると一室一室はそれぞれの手法の設えによって居方を制限されていることが分かった。つまり、部屋の性格が生まれてくる。その分、部屋と部屋の接点は多様な居方が生じてくることも分かった。

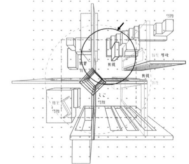

あらゆる手法の設えが点在する一室の中では、さまざまな過ごし方ができる

Model D

　「寝室的・手法ミックスの Model D」。家族それぞれの個室に空間が区切られ、一個室は2つ以上の手法の設えで構成されている。4つの個室は棚の開け閉めによってつながったり閉じられたりして、設えによって自然に家族の交流が生まれる仕組みになっている。一個室の中にさまざまな手法の設えがあることによって、一人が一室で多様な居場所を発見することができそうである。

●設計実験2　具体的な家の機能を持った空間の提案

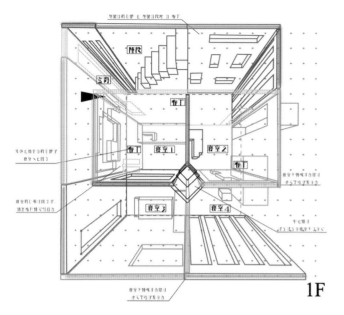

1F

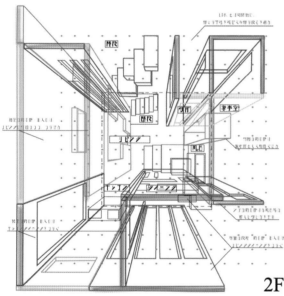

2F

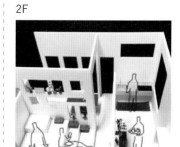

増殖の段差は階段が拡張し、廊下に設えが溢れ
出す

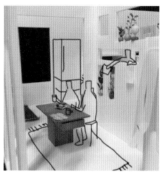

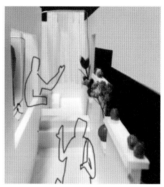

補填や受容の開口部は交流の場を設える

部屋の中心の棚が多様な部屋のつながりを生む

リビングダイニングは緩やかに仕切られ、団らんの
場となる

ダイニングとリビングの間の増殖の開口部で見え隠
れが生じる

齟齬の出入口は部屋の接続部でありながら溜り場
となる

6、総括

　生きられる家とは、「設えてそこにある空間」と「使い手の経験の記憶」のギャップを少し埋めるような家。生きら
れる家の設えは、住まい手の日常の些細な欲動を体現し、常に積極的に読み替えられるようしなやかに順応していく。

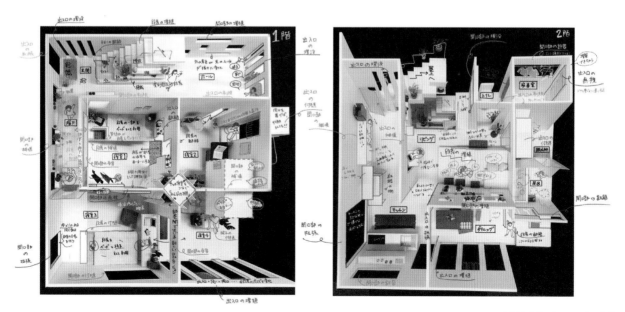

谷戸多拠点居住論

―縮減する横須賀谷戸地域における拠点建築の提案―

原 寛貴
Kanki Hara

東京電機大学大学院
未来科学研究科
建築学専攻
日野雅司研究室

近年、シェアリングエコノミーの普及によって「多拠点居住」という流動的なライフスタイルへの関心が高まっている。そこで私は、地形的な要因によって買い物難民などを多く抱える横須賀逸見地域に、多拠点居住の拠点となるささやかな3つの「借りぐらし拠点」を提案する。都心で日常生活を送る多拠点居住者と、さまざまな問題を抱えた地方生活者の生活が重なる接点をデザインすることで、互いの不足を補い合うこれからのライフスタイルについて考える。

逸見地域は、買い物難民・住人の集い場の不足・魅力発信の不足という大きく3つの問題を抱えている。そこで、都心で日常生活を送る創作家・傷心した若者・子育てファミリーという郊外地域に関心の高い3者のターゲットを暫定的に設定し、歴史的な多拠点居住とその拠点プログラムを顧みることで、地域住人と多拠点居住者の双方にメリットを生む、現代に相応しい新たな拠点プログラムを導き出した。

また、逸見の地形を3つに分類し特徴を整理することで、3つの拠点建築の計画敷地および縦動線の構成を計画した。これにより、近隣住人の足を支え、皆が使えるインフラ建築として土地に根付く建築を目指した。

多拠点居住者の訪れにより、多中心的に町に展開される新たな拠点コミュニティは、谷戸地域特有のレイシズム的なあり方に一石を投じると同時に、町に散在する空き家の価値を高め、逸見の賑わいを回復する大きな契機となることを目指す。

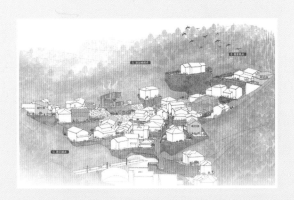

1、背景

近年日本では地方都市の人口流出が深刻な問題となっており、2018年の国土交通省の調査によれば、5万人未満の市町村の25.2%が地方移住を推進している。一方で、都心においてはシェアリングエコノミーの普及や民泊新法の制定によって流動的な生活に興味を持つ人が増えている。こうした両者の共存による相互扶助としてのライフスタイルについて考える。

本計画では、縮減地域である横須賀市逸見に宿泊機能に付加機能を加えた3つの「借りぐらし拠点建築」を提案する。3つの拠点が町に展開していくことで現在散在している空き家は徐々にその地形と、拠点との位置関係から個性を持ち始め、都心から人々が訪れやすい環境となる。そして多拠点居住という新たなライフスタイルが逸見の賑わいを取り戻す。

2、敷地調査

逸見のヒアリング調査によって、逸見の抱える問題の多くは地形的な要因によるものであることが分かった。そこで、逸見地域をグリッド分割し、モデリングと周辺スケッチによりそれぞれの特徴を整理することで逸見の地形を大きく3つに分類した。3つの拠点にそれぞれふさわしいタイプの地形を選択し、計画敷地とした。

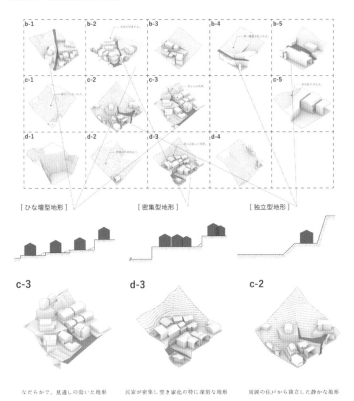

[ひな壇型地形]　　　　[密集型地形]　　　　[独立型地形]

c-3　　　　　　d-3　　　　　　c-2

なだらかで、見通しの効いた地形　　民家が密集し空き家化の特に深刻な地形　　周囲の住戸から独立した静かな地形

3、提案内容

借りぐらし拠点とは、平安時代以降に多拠点居住生活者のためにつくられた「宿泊＋α」からなる拠点のことである。近代以降、欧州の別荘文化が日本に入るまで、こうした借りぐらし拠点は、地域と来街者の接点として密な関係性をつくり出してきた。本提案では、これらの歴史的な拠点建築を現代に代置することによって、持続的に相互の関係性を築く現代にふさわしい借りぐらし拠点を提案する。

4、設計

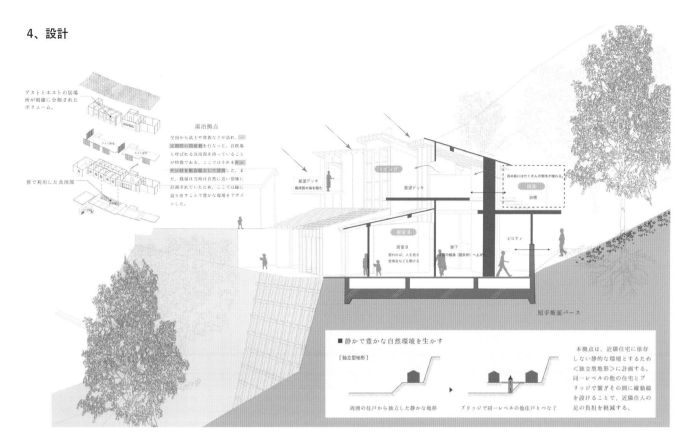

ゲストとホストの居場所が明瞭に分割されたボリューム。

持で利用した共用部

湯治拠点

全国から武士や貴族などが訪れ、一定期間の間療養を行った。自炊場と呼ばれる共用部を持っていることが特徴である。ここではそれを集会村＋居室部として計画した。また、銭湯は当時は自然に近い場所に計画されていたため、ここでは緑に迫り出すことで豊かな環境をデザインした。

■ 静かで豊かな自然環境を生かす

[独立型地形]

周囲の住戸から独立した静かな地形　ブリッジで同一レベルの他住戸とつなぐ

本拠点は、近隣住宅に依存しない静的な環境とするため〈独立型地形〉に計画する。同一レベルの他の住宅とブリッジで繋ぎその間に動線を設けることで、近隣住人の足の負担を軽減する。

●湯治拠点

「銭湯、集会所＋居室」からなり、居室・集会所が「リビング」と呼ばれる共用部（キッチン付き集会場）を挟むように構成されている。また、山の方向に露天風呂が張り出し、自然を最大限に体感できる構成としている。ここでは、都心での息詰まる生活から離れ、自然の中でひと時を送りたい都心生活者が、療養・休息を目的として一定期間滞在する。また、かつて数多くあった銭湯がなくなり、コミュニティの核を失っていた地元住人たちの集いの場としても利用されることで、都心生活者と地元住人の接点となる。相談や土産話など世代を超えた交流は、互いの理解を深め日常生活に活力を与える。

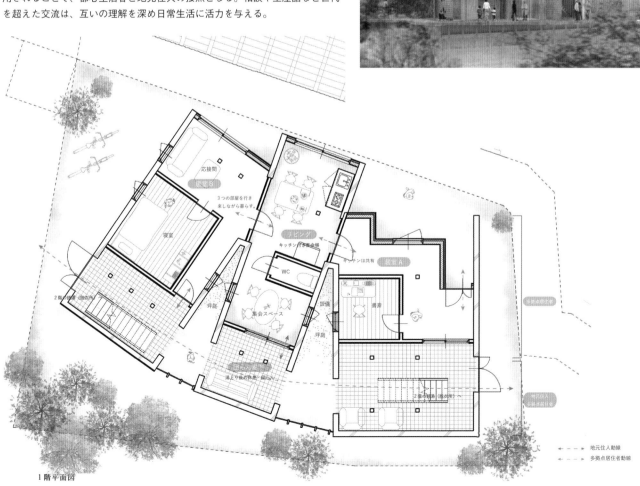

1階平面図

←--→ 地元住人動線
←--→ 多拠点居住者動線

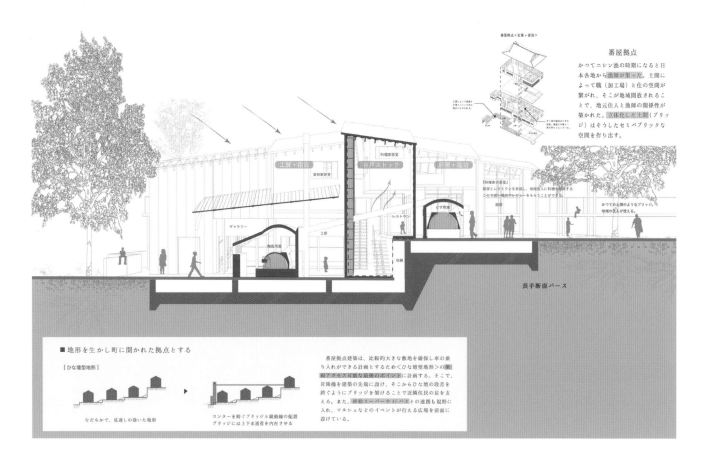

番屋拠点＜主室・寝泊＞

番屋拠点

かつてニシン漁の時期になると日本各地から漁師が集った。土間によって職（加工場）と住の空間が繋がれ、そこが地域開放されることで、地元住人と漁師の関係性が築かれた。立体化した土間（ブリッジ）はそうしたセミパブリックな空間を作り出す。

土間によって漁場を通り抜け店舗への出入りが可能になる。

『料理家の寝室』
厨房とレストランを併設し、地域住人に料理を教えることで使い勝手やレビューをもらうことができる。

かつての土間のようなブリッジ。地域の住人が使える。

工房＋福泊　料理家居室　谷戸ストック　厨房＋福泊

ギャラリー　工房　レストラン　回廊

陶芸用窯室　ビア用窯

陶芸用窯　収納

長手断面パース

■ 地形を生かし町に開かれた拠点とする

［ひな壇型地形］

なだらかで、見通しの効いた地形

コンターを跨ぐブリッジと縦動線の配置
ブリッジには上下水道管を内在させる

番屋拠点建築は、比較的大きな敷地を確保し車の乗り入れができる計画とするため＜ひな壇型地形＞の周回アクセス可能な最後のポイントに計画する。そこで、昇降機を建築の先端に設け、そこからひな壇の段差を跨ぐようにブリッジを架けることで近隣住民の足を支える。また、移動スーパーやAIバスとの連携も視野に入れ、マルシェなどのイベントが行える広場を前面に設けている。

●番屋拠点

「食堂、工房＋ストックルーム＋居室」からなり、工房・ギャラリーと厨房・食堂に地形を生かした連続案を設けた構成となっている。ここでは、豊かな作業環境を求めている都心の創作家が一定期間滞在し活動する。また、逸見地域の抱える多くの買い物難民がこの拠点を利用することで、食の買い物を最小限に抑えることができる。また、建築中央部には「谷戸ストック」を設け、居住者が仕入れの余剰分である食材や日用雑貨を収納するスペースを設けた。これにより、地域住人が購入、あるいは新たに納品することで地域の物資供給および交流の起点となることを目指した。

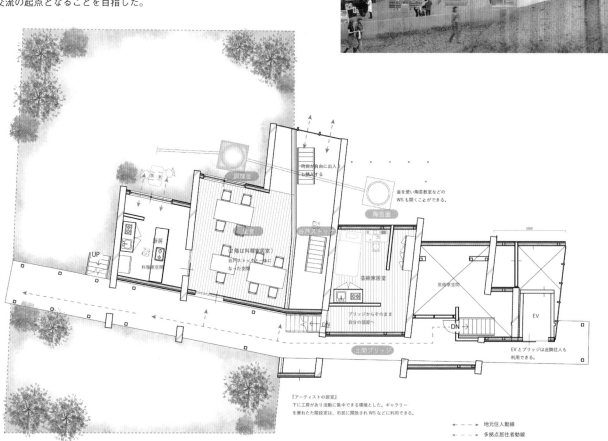

誰もが自由に出入し購入する

窯を使い陶芸教室などのWSも開くことができる。

調理室

厨房

料理家居室　料理家空間

居室　谷戸ストック

（2階は料理家居室。谷戸ストックと一体になった空間）

陶芸窯

UP

芸術家居室

若御家室部

ブリッジからそのまま自分の部屋へ

EV

DN

DN

土間ブリッジ

EVとブリッジは近隣住人も利用できる。

『アーティストの居室』
下に工房があり活動に集中できる環境とした。ギャラリーを兼ねた階段室は、市民に開放されWSなどに利用できる。

←→ 地元住人動線
←- - → 多拠点居住者動線

M2階平面図

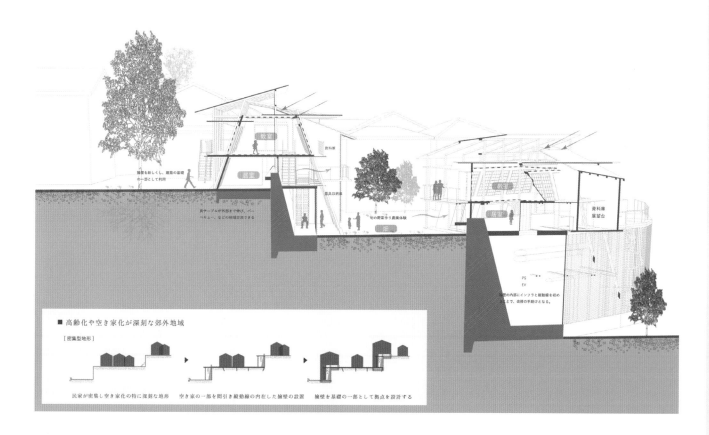

■ 高齢化や空き家化が深刻な郊外地域

[密集型地形]

民家が密集し空き家化の特に深刻な地形　空き家の一部を間引き縦動線の内在した擁壁の設置　擁壁を基礎の一部として拠点を設計する

●宿坊拠点

　「教室、畑＋居室」からなる拠点である。既存の空き家を間引きながら教室を計画し、前面に地形を生かした畑を計画する。ここには、都心で暮らす子育て夫婦が訪れ、日常では味わえない自然・文化体験を得る場となる。また、地元の情報発信を行っている近くの浄土寺に加え、地域の住人が参加しながら畑作ノウハウや文化・歴史に関する知識を教授することで、横須賀逸見の魅力発信の拠点としても機能する。

　宿坊拠点の建設は、空き家化の特に深刻なエリアである「密集型地形」に、擁壁の改修と並行して行う。これにより、既存空き家を有効に利用しつつ、今後必要となる一連の空き家改修をサポートする土台づくりとなる。

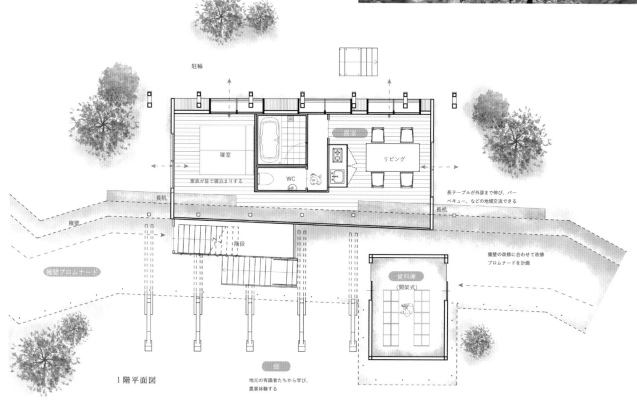

1 階平面図

准胝塔

―密教における塔建築の再考―

高木 駿輔
Shunsuke Takagi

東京都市大学大学院
総合理工学研究科
建築・都市専攻
手塚貴晴研究室

落雷によって焼失した真言密教寺院、上醍醐寺准胝堂を再建する。再建といっても昔の形のまま再建するわけではない。密教の教えや歴史から、現代における密教の五重塔を設計する。

敷地は醍醐寺である。醍醐寺は西側の山の麓にある下醍醐寺と東側の山の上に建つ上醍醐寺の2つがある。両寺院は2kmほど離れており山を介して徒歩1時間ほどの距離がある。上醍醐寺が聖宝によって建立され、のちに下醍醐寺の堂塔伽藍が確立されて以降、上醍醐寺に修行へ行く僧侶は激減した。今ではこの両寺院の関係性は非常に希薄である。

そこで、上醍醐寺准胝堂跡地に下醍醐寺五重塔との関係性を深く結びつける新たな五重塔を設計した。構造的には数々の地震を耐え抜いてきた歴史の深い五重塔と原理は同じである。無数の相持ち部材によって地震エネルギーを急速に減衰させる。これまでの五重塔とは異なり、大日如来の似姿とする心柱、相輪、仏像、壁画などは一切排除した。これは醍醐山に対しての敬意の表れでもあり、塔内部の中心の虚空こそが、姿形の無い大日如来の表しである。

上醍醐寺に建つこの新たな五重塔「准胝塔（じゅんていとう）」は、下醍醐寺五重塔との関係性を深く結びつけ、密教と醍醐寺に新たな威光を与える。

1、密教と五重塔について

a. 密教について

密教とは、弘法大師「空海」が開祖した宗教である。文字によって教えが開かれている他の宗教に対し、真言密教は瞑想を重んじ曼荼羅や灌頂などの象徴的な教えを旨としている。

b. 大日如来と五重塔

密教では寺院の境内に必ず「塔」が存在する。例えば東寺であれば五重塔、高野山であれば多宝塔がある。この塔は、密教において宇宙の真理そのものを指す「大日如来」の姿似とされており、密教において非常に重要なものである。

c. 金剛界曼荼羅と胎蔵界曼荼羅

密教には、大日如来の説く真理や悟りの境地を、視覚的に表現した両界曼荼羅がある。金剛界曼荼羅と胎蔵界曼荼羅の二つがあり、密教寺院境内の堂塔伽藍にさまざまな形で表現される。

2、醍醐寺について

醍醐寺は、空海の孫弟子「聖宝」が開山した、京都に位置する真言密教寺院である。西側の山の麓に建つ「下醍醐寺」と山の上に建つ「上醍醐寺」がある。上醍醐寺の後に建立した下醍醐寺の堂塔伽藍が確立されるにつれ、上醍醐寺へ修行へ行く修行僧は激減し、現代では両寺院の関係性が非常に希薄になっている。

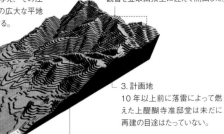

1. 下醍醐寺
醍醐寺は山深い醍醐山頂上一帯（上醍醐）を中心に、多くの修験者の霊場として発展した。後に醍醐天皇が醍醐寺を自らの祈願寺とすると共に手厚い庇護を与え、その圧倒的な財力によって醍醐山麓の広大な平地に大伽藍「下醍醐」が発展する。

2. 上醍醐寺
平安時代初期の創建。貞観16年（874年）、空海の孫弟子にあたる理源大師聖宝が准胝観音並びに如意輪観音を笠取山頂上に迎えて開山した。

3. 計画地
10年以上前に落雷によって燃えた上醍醐寺准邸堂は未だに再建の目途はたっていない。

4. 醍醐山
下醍醐寺から上醍醐寺までは2キロほど離れており、徒歩1時間以上かかる。

そこで私は上醍醐寺准邸堂の跡地に、両寺院の関係性を深く結びつける新たな密教寺院を提案する。

3、密教寺院の塔について

密教寺院における塔について塔内の安置仏、内部荘厳のリサーチを行い表を作成した。それぞれの塔によって安置物、壁画、相輪、心柱など信仰する対象物に違いがあり、何を大日如来としてとらえているかが非常に曖昧である。しかし全ての塔建築に共通し、塔そのものを大日如来として信仰していることがわかる。

4、上醍醐寺薬師堂について

　上醍醐寺の寺院を再建するにあたり、上醍醐寺薬師堂の構造模型（1:30）を作成した。山に建つ寺院のため巨木を扱うのが困難であったことから、平安時代の寺院としては部材一つの大きさが小さく、非常に簡素な構造になっている。また、山の自然への敬意の表れか、梁の力強い表現がなく、繊細で質素な構成となっている。

上醍醐寺薬師堂模型 S=1:30

5、山の上に建つ密教の塔における20の要素

　密教の教えや歴史から、密教の塔において必要な要素を20抽出した。胎蔵界曼荼羅、金剛界曼荼羅、自然への敬意、中心の神聖さ、象徴的儀式空間が必要である。再建する准胝塔ではこれら20の要素を落とし込み、設計の手掛かりとした。

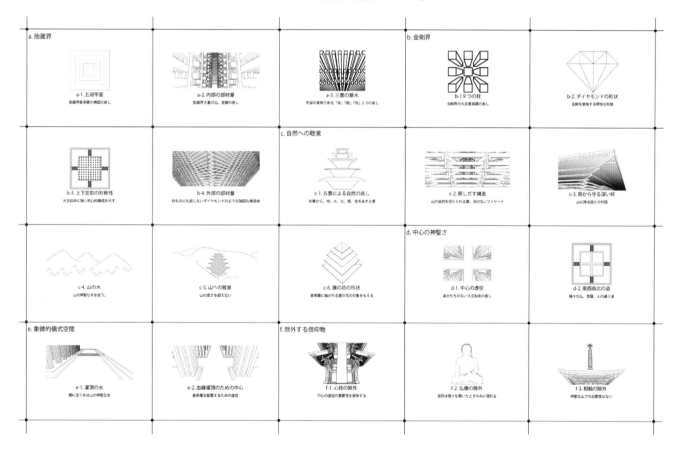

6、ダイアグラム

1

神聖な醍醐山からヒノキを伐採する。昔から醍醐山に建つ神聖な巨木を伐採することは密教の教えに反するためできるだけ小さなヒノキを伐採し、材料とする

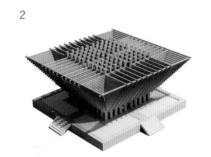

2

この神聖な木材を用いて准胝塔を構築する。塔の中で最も神聖な空間とされる中心を守るよう外部へ梁が迫り出す構成となる。中心は心柱や仏像などを排除し、虚空とする

3

神聖な醍醐山の高さを超えないよう、小さな木を一つひとつ丁寧に30mほどの高さまで組み上げていく。繊細な上醍醐寺にあるべき姿の五重塔、大日如来そのものの姿となる

7、新たな構造様式「大日様」

　今までの巨木を利用した伝統寺院とは異なり、准胝塔はできる限り小断面の木材を用いて設計する。山の上に巨木を運べないのも理由の一つだが、昔から醍醐山に建つ神聖な巨木を切り倒すことは密教の教えに反する。そこで神聖な塔の中心を守るための構造が必要となるが、鎌倉時代に確立された大仏様の構造様式を参考にした。しかし大仏様は巨木を使っており、かつ複雑で繊細とは言い難い意匠である。そこで繊細な意匠を実現するため、大仏様の構造を小さな部材で変換し、新たな構造を生み出す。この構造を大日様と呼ぶ。

a. 垂木の変換

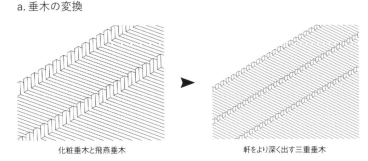
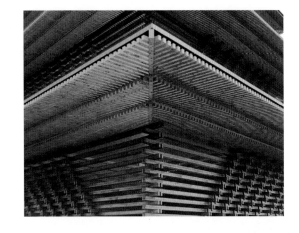

化粧垂木と飛燕垂木　　　　軒をより深く出す三重垂木

b. 斗供の変換

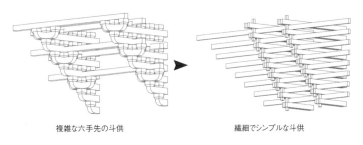

複雑な六手先の斗供　　　　繊細でシンプルな斗供

c. 梁の変換

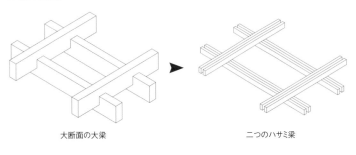

大断面の大梁　　　　二つのハサミ梁

d. 柱の変換

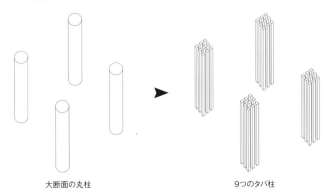

大断面の丸柱　　　　9つのタバ柱

8、提案内容

准胝塔全体像。山の上に建つ密教の塔の要素を設計の手掛かりとし、新たな構造様式である大日様を用いた現代における五重塔である。醍醐山のヒノキを30mの高さまで繊細かつ緻密に組み上げ、醍醐寺にふさわしい大日如来の姿を表現した

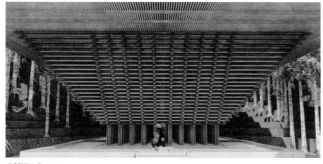

准胝塔の入り口。
はじめは、水で心を清らかにするため醍醐寺の水が浮かぶ道を通る。大日如来に敬意を示すため、低い入口を頭を下げて通過する

准胝塔内部。
胎蔵界と金剛界における無数の仏や菩薩が出迎えるよう、塔を構成する多くの部材が迎え入れる

准胝塔を見下ろす。
大日如来を表す中心の虚空。中心への神聖さを強調した東西南北の道。灌頂の儀式もここで行う

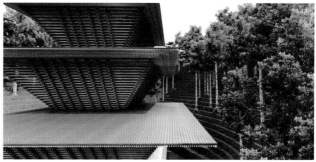

准胝塔は仕上げの外装や窓、扉は一つもなく、構造体が晒し出される。大日如来が地、水、火、風、空、山の自然すべてを受け入れる表しである。しかし神聖な塔の中心を守るため、軒は深く、大きく迫り出している

陰翳堂書店

―陰の中の翳―

橋元 一成
Issei Hashimoto

東京都市大学大学院
総合理工学研究科
建築・都市専攻
堀場弘研究室

近年、日本の都市は明るすぎると言われる。文明開化により、西洋の照明技術が流入し明るさは豊かさの象徴となった。過剰なほどに明るくなった現代の日本の都市を見て、もう一度本来の日本らしさに立ち返って考えてみたいと思った。照明技術が日本に伝わる以前、日本人は、ろうそくや灯油の灯を頼りに夜を過ごしていた。豆電球ほどの光を包み込むように闇に覆われた環境を、暮らしやすいようにさらに明るくする技術をつくるのではなく、その灯に照らされた闇の中に日本人は美を感じ、慈しみ、「影の文化」をつくりだした。

東京神田神保町。本の街として発展してきたこの街は都市の高層化・高密度化の流れを経て、今日では当たり前となったペンシルビルの林立する大都市、東京の一部となっている。この都市も例外なく高層建築が都市に大きな影を落としている。都市の中に生まれた日の当たらない場所はマイナスの要素として扱われることも多い。しかし、神保町では本が日に焼けないよう古書店はすべて北側を向き、影の中で店を開いている。ここでは日の当たらない場所に価値が存在する。

この神保町の古書店と影の関係を利用し、神保町の都市（陰）の中に古書店（翳）をつくり、現在は忘れられた「影の文化」を現代の東京の都市に再現する。

1、計画

本計画では、影の空間体験ができる古書店を提案する。日本に照明技術が流入する以前、豆電球ほどの光を包み込むように闇に覆われた環境で、日本人はその灯に照らされた闇の中に美を感じ、「影の文化」をつくり出した。

敷地は東京神田神保町。ここでは影に価値がある。本が日に焼けないように古書店はすべて北側を向き、影の中で店を開いている。ここでは日の当たらない場所に使い道があるのだ。この神保町の古書店と影の関係を利用し、神保町の都市（陰）の中に古書店（翳）をつくり、「日本の影の文化」を継承する「古書店」を計画する。

2、敷地選定

神田神保町三丁目の靖国通り沿いにある敷地面積約60㎡の敷地である。靖国通りに面した北側以外の3面はビルに囲まれている。周囲のオフィスビルの高さも30m以上で日当たりの悪い場所になっている。そのため、夏以外は直射日光がほぼ入らず、夏の時期についても数時間ずつビルの隙間から日が入るほどである。

敷地写真

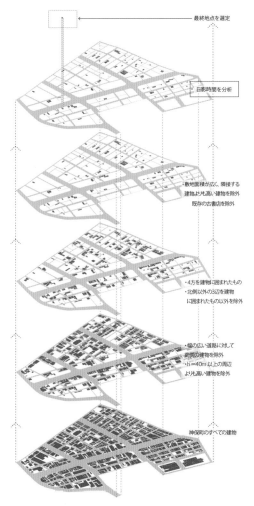

敷地選定

3、分析

日本の生活様式や風俗の独自性を、さまざまな事例に基づいて書かれた『陰翳礼讃』（谷崎潤一郎著、創元社、1939 年）。本書に記載の光取り、陰影の要素を抽出し、本計画である古書店の右記の３つの項目に分類する。

壱）建物全体の空間構成
弐）ヴォイドを囲む間口と本棚
参）光を演出する空間のマテリアル

深い陰を落とす屋根
『われ／の国の伽藍では建物の上にまず大きな甍を伏せて、その庇が作り出す深い廣い蔭の中へ全体の構造を取り込んでしまう。…時とすると、白昼ともいえども軒から下には洞穴のような闇が續いていて戸口も扉も壁も柱もほとんど見えないことすらある。左様にわれ／が住居を営むには、何よりも屋根と云う傘を広げて大地に一廓の日陰を落し、その薄暗い陰翳の中に家造りをする。』

灯に照らされた闇
『中居が、大きな立衝の前に燭台を据えて畏まっていたが、畳二畳ばかりの明るい世界を限っているその立衝の後方には、天井から落ちかかりそうな、高い、濃い、唯一と色の闇が垂れていて、壁に行き当ったようにはね返されているのであった。』

金色の照り返し
『諸君はまたそう云う大きな建物の、奥の奥の部屋へ行くと、もう全く外の光が届かなくなった暗がりの中にある金襖や金屏風が、幾間を隔てた遠い／庭の明りの穂先を捉えて、ぽうっと夢のように照り返しているのを見たことはないか。あの金襴の地質とが、いかによく調和し、いかに荘厳味を増しているかが分かるのであって、それと云うのも、蒔絵の場合と同じように派手な織り模様の大部分を闇が隠してしまい、たゞ金銀の糸がとき／少しずつ光るようになるからである。』

柔軟な光の軌跡
『われわれは、この力のない、わびしい、果てしない光線が、しんみり落ち着いて座敷の壁へ沁み込むように、わざと調子の弱い色の壁を塗る。われらは何処までも、見るからにおぼつかない外光が、黄昏色の壁の面に取り着いて辛くも余命を保っている、あの繊細な明るさを楽しむ。』

鈍い光
『太陽の光線の入りにくい座敷の外側へ、土庇を出したり、縁側を附けたりして一層日光を遠のける。そして、屋内へは、庭からの反射が障子を透してほの明るく忍び込むようにする。われわれの座敷の美の要素は、この間接の鈍い光線に他ならない。』

朧朧たる隈
『唯清楚な木材と清楚な壁とを以て一つの凹んだ空間を仕切り、そこへ引き入れられた光線が凹みの此処彼処へ朧朧たる隈を生むようにする。落懸のうしろや、花活の周囲や、違い棚には永劫不変の閑寂がその暗がりを領しているような感銘を受ける。我らの祖先の天才は、虚無の空間を任意に遮蔽して自ら生ずる陰翳の世界に、いかなる壁画や装飾にも勝る幽玄味を持たせる。』

柔らかい光
『奉書や唐紙の肌は、柔らかい初雪のように、ふっくらと光線を中へ吸い取る。そうして、手ざわりがしなやかであり、折っても畳んでも音を立てない。それは木の葉に触れているのと同じように物静かで、しっとりとしている。』

わびしい光
『明り取りというよりも、むしろ側面から射して来る外光を一旦障子で濾過して、適当に弱める働きをしている。まことにあの障子の裏に照り映えている逆光線の明りはなんという寒々とした、わびしい色をしていることか。縦繁の障子の桟の一とコマごとにできている隈が、あたかも塵に溜まったように、永久に紙に沁み着いて動かないのかとあやしまれる。ほのじろい紙の反射が、床の間の濃い闇を追い払うには力が足りず、かえって闇に跳ね返されながら、明暗の区別のつかぬ昏迷の世界を現じつつあるからである。』

陰の中のゆらめき
『あのピカピカ光る肌のつやも、暗い場所に置いてみると、それがともし火の穂のゆらめきを映し、静かな部屋にもおりおり風の訪れのあることを教えて、そぞろに人を瞑想に誘い込む。』

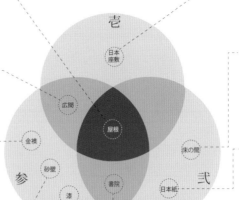

●零　屋根

屋根「深い陰」
われわれの国の伽藍では建物の上に大きな甍を伏せてその庇がつくり出す深い廣い陰の中へ全体の構造を取り込んでしまう。

屋根「傘のような影」
北側以外の三面を高層ビルに囲まれた計画地には、大きな影が落ちている。それは、先人たちが建物の上に大きな傘を被せ、中につくり出したような深い闇の空間が広がっている。

●壱　陰の中に光を差し込むヴォイド

日本座敷「鋭い光」
太陽の光線の入りにくい座敷の外側へ、土庇を出したり、縁側を附けたりして一層日光を遠のける。そして、屋内へは、庭からの反射が障子を透してほの明るく忍び込むようにする。われわれの座敷の美の要素は、この間接の鋭い光線に他ならない。

日本座敷「光を届けるヴォイド」
空間の中央にある地上階から屋上まで伸びるヴォイドは光の届かない地上階へ間接光を届け、地上階の床面にあった光は十字グリットの構造体の隙間から屋外に溢れ、周囲に柔らかな光を広げる。

広間「灯に照らされた闇」
中居が、大きな立衝の前に燭台を据えて畏まっていたが、畳二畳ばかりの明るい世界を限っている。その立衝の後方には、天井から落ちかかりそうな、高い、濃い、唯一と色の闇が垂れていて、壁に行き当ったようにはね返されているのであった。

広間「闇を照らす間接光」
光ダクトの中に入り込んだ光は、本棚につけられた障子や建具を介して柔らかな光を光ダクトを囲む空間に入れる。それは、真っ暗な闇の中に柔い光がじわりと広がり、空間を照らしながらも、翳もあるような光と翳の調和した空間をつくりだす。

●弐　ヴォイドを囲む本棚

床の間「朧朧たる隈」
唯清楚な木材と清楚な壁とを以て一つの凹んだ空間を仕切り、そこへ引き入れられた光線が凹みの此処彼処へ朧朧たる隈を生むようにする。

床の間「本棚の朧朧たる隈」
沿道側から入る光を受け、空間の中心を囲む無数の凹んだ空間の中に隈が生まれる。そこに並べられた本は空間の隅を埋める為の陰の引き立て役にもなり得る。

日本紙「柔らかい光」
奉書や唐紙の肌は、柔らかい初雪のように、ふっくらと光線を中へ吸い取る。そうして、手ざわりがしなやかであり、折っても畳んでも音を立てない。それは木の葉に触れているのと同じように物静かで、しっとりとしている。

日本紙「光と闇の境界」
空間は、明るいヴォイド空間と、暗い本棚のある空間に隔絶されている。本棚のところどころに日本紙のような境界線をつくり、光と闇の空間を調和させ、優しく照らす。

書院「わびしい光」
明り取りというよりも、むしろ側面から射して来る外光を一旦障子で濾過して、適当に弱める働きをしている。まことにあの障子の裏に照り映えている逆光線の明りはなんという寒々とした、わびしい色をしていることか。縦繁の障子の桟の一とコマごとにできている隈が、あたかも塵に溜まったように、永久に紙に沁み着いて動かないのかとあやしまれる。

書院「わびしい光」
ヴォイドの外周は本棚で囲まれ、彼方此方に建具がはめ込まれ、ヴォイド空間側が開くようになっている。古書店を訪れ、本を手に取った人は自分の好きな空間の、暗さの中で読書を求めることができる。灯が欲しければ建具を開き手元に光を引き込むことができる。

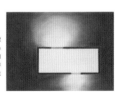

●参　ヴォイドと翳の空間をつなぐ光線

漆「陰の中のゆらめき」
あのピカピカ光る肌のつやも、暗い場所に置いてみると、それがともし火の穂のゆらめきを映し、静かな部屋にもおりおり風の訪れのあることを教えて、そぞろに人を瞑想に誘い込む。

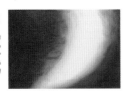

金襖「黄金の照り返し」
諸君はまたそう云う大きな建物の、奥の奥の部屋へ行くと、もう全く外の光が届かなくなった暗がりの中にある金襖や金屏風が、幾間を隔てた遠い庭の明りの穂先を捉えて、ぽうっと夢のように照り返しているのを見たことはないか。

砂壁「柔軟な光の軌跡」
われわれは、この力のない、わびしい、果てしない光線が、しんみり落ち着いて座敷の壁へ沁み込むように、わざと調子の弱い色の壁を塗る。われらは何処までも、見るからにおぼつかない外光が、黄昏色の壁の面に取り着いて辛くも余命を保っている、あの繊細な明るさを楽しむ。

4、設計

●零 都市がつくる大屋根

建物の高さを隣接する建物に合わせ、周囲の建物の影の影響を受けることなく、屋上の光ダクトに光が当たるようにする。また、隣接する建物と高さを合わせることで、靖国通りから見た時、水平方向の統一感を感じることができるようにする。

建物の内部には屋上から地上階を経て地下階まで、光ダクトが通っている。空間中央の光ダクトによりヴォイド空間が明るく、それを囲む商品を陳列する空間が暗いという、日本建築を反転させた空間をつくる。

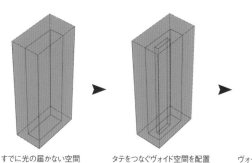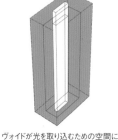

すでに光の届かない空間 → タテをつなぐヴォイド空間を配置 → ヴォイドが光を取り込むための空間になり内外の光と闇の関係が反転する

●壱 陰の中に光を差し込むヴォイド

光ダクト

訪れた人の滞在する空間を壁と本棚で囲むことで闇の空間をつくり、中央に光ダクトを配置した、光と闇の空間が反転した関係をつくる。本棚の中に紛れた開口から闇の空間に向かって差し込む光によって、闇の空間を柔らかく照らし、光と闇の調和した陰影の伝統美を再現した空間を創出する。

光取りとなる開口

赤い開口 → 常に光が差し込む開口　　グレーの開口 → 開閉可能な開口

訪れた人は開閉可能な建具を操作し、自分が本を探しやすい、ゆっくりと本を読める明るさ暗さに調整することができる。

障害物なし　　　　　　和紙（暖色）　　　　　　和紙（白色）

内倒し窓（上）　　　　　引き戸　　　　　　内倒し窓（下）

開口（上部）　　　　　　開口（下部）

開口の高さ→縁側から一番奥の部屋までの視線の変化

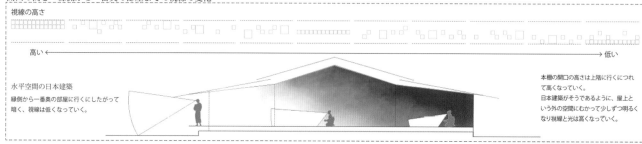

視線の高さ

高い ← → 低い

水平空間の日本建築
縁側から一番奥の部屋に行くにしたがって暗く、視線は低くなっていく。

本棚の開口の高さは上階に行くにつれて高くなっていく。
日本建築がそうであるように、屋上という外の空間にむかって少しずつ明るくなり視線と光は高くなっていく。

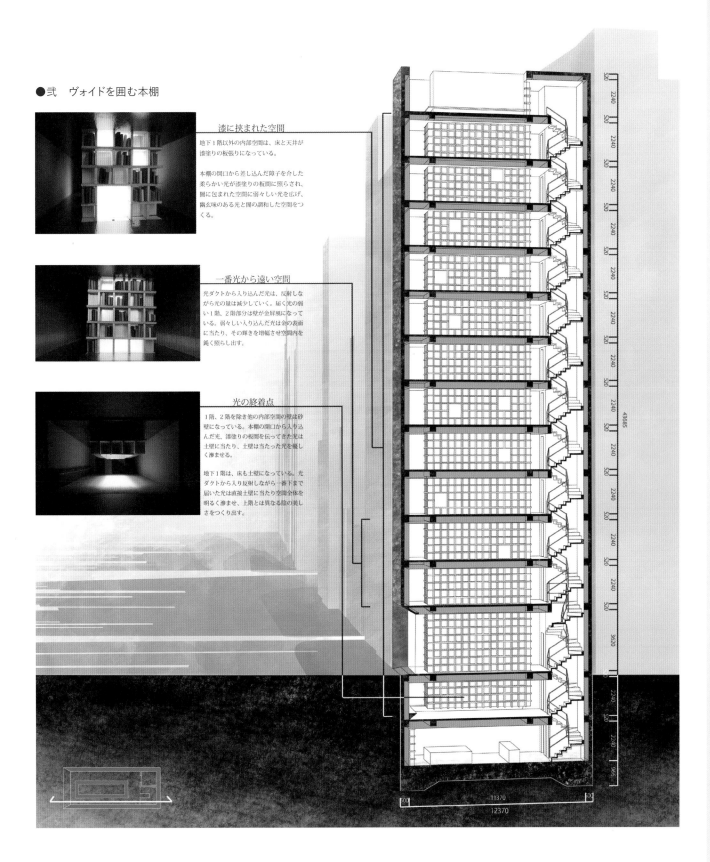

●弐　ヴォイドを囲む本棚

漆に挟まれた空間

地下1階以外の内部空間は、床と天井が漆塗りの板張りになっている。

本棚の開口から差し込んだ障子を介した柔らかい光が漆塗りの板間に照らされ、闇に包まれた空間に弱々しい光を広げ、幽玄味のある光と闇の調和した空間をつくる。

一番光から遠い空間

光ダクトから入り込んだ光は、反射しながら光の量は減少していく。届く光の弱い1階、2階部分は壁が金屏風になっている。弱々しい入り込んだ光は金の表面に当たり、その輝きを増幅させ空間内を鈍く照らし出す。

光の終着点

1階、2階を除き他の内部空間の壁は砂壁になっている。本棚の開口から入り込んだ光、漆塗りの板間を伝ってきた光は土壁に当たり、土壁は当たった光を優しく滲ませる。

地下1階は、床も土壁になっている。光ダクトから入り反射しながら一番下まで届いた光は直接土壁に当たり空間全体を明るく滲ませ、上階とは異なる陰の美しさをつくり出す。

●参　ヴォイドと翳の空間をつなぐ光線

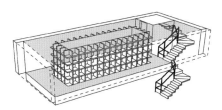

漆
床と天井に張られた漆塗りの板間は空間内に入ってきた光を照らし、大きく広げる

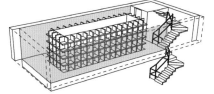

金襖
1番奥のフロアは金屏風に囲まれている。入ってくる光の量が少ないからこそ、そのわずかな光を増幅させ、空間内を鈍く照らす。明るい場所ではケバケバしい金色も、闇の中ではわずかな光に照らされ、非日常的な空間をつくり出す静かで神聖な空間となる

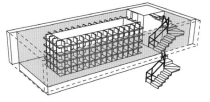

砂壁
光ダクトを通して1番下まで落ちてきた光は、垂直に土間に当たり、取り囲む砂壁に反射し、鈍く広がる。ほとんどのフロアは砂壁に囲まれている。本棚から入ってくる光を鈍く照らし、明るすぎない柔らかな空間をつくり出す

水の現象を享受する棚田の建築

―遷移する空間の設計手法―

勝山 滉太
Kota Katsuyama

東京理科大学大学院
工学研究科
建築学専攻
郷田桃代研究室

水とは、本来周期的な自然の産物であり、絶えず変化している。一方で意匠的な要素として建築に取り入れられる水は恒常的で、変化する水の性質は失われ、道具のような存在となってしまっている。本修士設計では水を変化する建築の構成要素として捉え、水の変化に合わせて遷移する建築を設計する手法を提案する。

1年の間にサイクリックな水の現象を示す棚田地域を対象敷地とし、敷地である岡山県美作市上山地域において変化する水の状態（水の反射角度・棚田の水量・霧の高度変化・雨の流れ方）に対し、建築の断面構成・屋根・内外の関係・レベル差・素材などを操作することで、時期や時間によって遷移する空間及びその設計手法を提案した。

また本提案では、棚田が放棄されているという社会的な問題を解決するために新たな水路と農道のシステムを考案し、棚田と共に遷移する建築とランドスケープを、棚田再生の新たなモデルとして提示している。

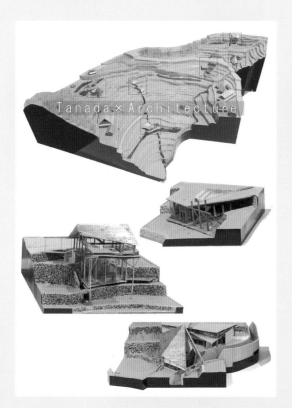

1、敷地とプログラム

棚田の放棄率が90％と高く、岡山駅から車で1時間程度の山間地域に立地する岡山県美作市上山の耕作放棄地の一角を対象とする。

耕作放棄地を再生させつつ、水の現象を体験できる棚田のランドスケープと一体的な体験型の宿泊施設とする。実際に棚田の面積や水量・コメの栽培量を踏まえ、既存の組織や団体・公共を巻き込みながら棚田の再生を可能とさせる。

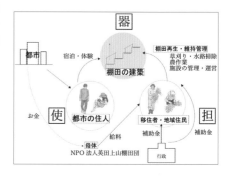

2、調査および分析

遷移する空間を構築するために、主に2つの分析を行った。まず、事例調査によって水の現象に対する建築の呼応の仕方を体系化し、次に1週間の棚田体験によって敷地における水の現象を調査し、水が張られる時期、降水量、雲海などの風景を年間の周期表として記述した。

水の現象と建築

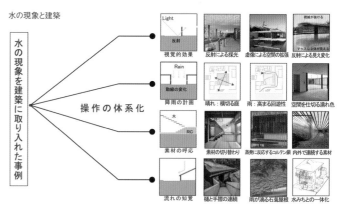

棚田における水の現象調査

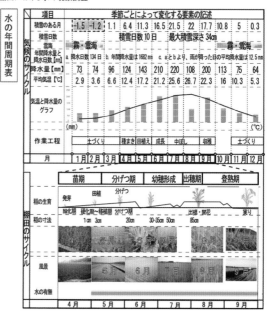

3、配置及びランドスケープ計画

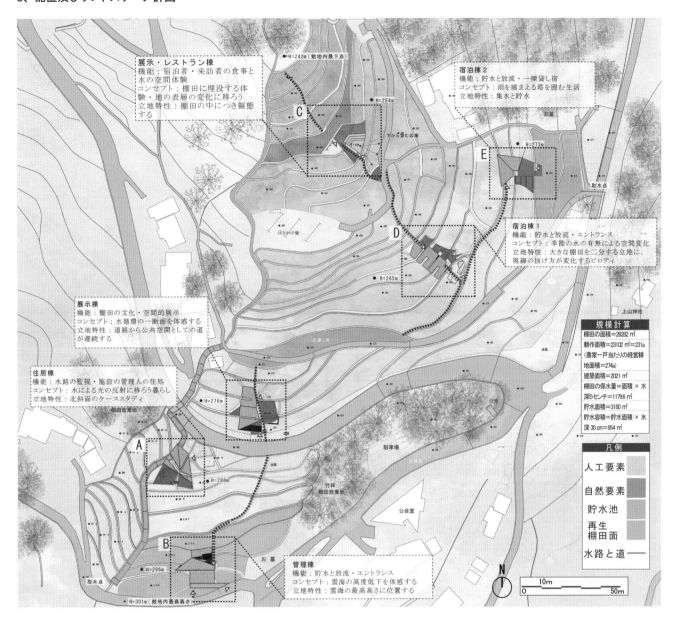

展示・レストラン棟
機能：宿泊者・来訪者の食事と水の空間体験
コンセプト：棚田に埋没する体験・地の表層の変化に移ろう
立地特性：棚田の中につき擬態する

宿泊棟2
機能：貯水と放流・一棟貸し宿
コンセプト：雨を捕まえる塔を囲む生活
立地特性：集水と貯水

宿泊棟1
機能：貯水と放流・エントランス
コンセプト：季節の水の有無による空間変化
立地特性：大きな棚田を二分する立地に、視線の抜け方が変化するピロティ

展示棟
機能：棚田の文化・空間的展示
コンセプト：水循環の一断面を体感する
立地特性：道路から公共空間としての道が連続する

住居棟
機能：水路の監視・施設の管理人の住処
コンセプト：水による光の反射に移ろう暮らし
立地特性：北斜面のケーススタディ

管理棟
機能：貯水と放流・エントランス
コンセプト：雲海の高度低下を体感する
立地特性：雲海の最高高さに位置する

規模計算
棚田の面積＝26282 ㎡
耕作面積＝23102 ㎡＝231a
(農家一戸当たりの経営耕地面積＝274a)
建築面積＝2021 ㎡
棚田の保水量＝面積 × 水深5センチ＝11796 ㎡
貯水面積＝3180 ㎡
貯水容積＝貯水面積 × 水深 30 ㎝＝954 ㎡

凡例
人工要素
自然要素
貯水池
再生棚田面
水路と道

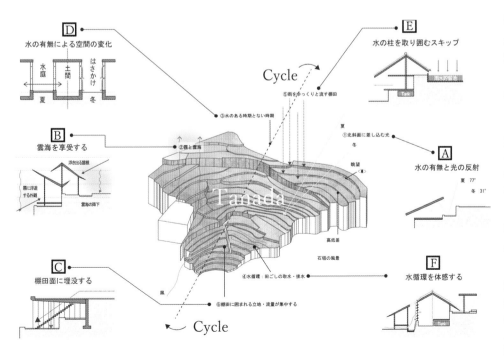

D 水の有無による空間の変化

B 雲海を享受する

C 棚田面に埋没する

E 水の柱を取り囲むスキップ

A 水の有無と光の反射

F 水循環を体感する

Cycle

Cycle

Tanada

①北斜面に差し込む光
②霧と雲海
③水のある時期とない時期
④水循環：田ごしの取水・排水
⑤雨をゆっくりと流す棚田
⑥棚田に囲まれる立地・流量が集中する

●設計手法1

水に役割を与え、建築を構成する一要素とする

建築および現象の調査をもとに、水によって遷移する空間の設計手法を提案する。水を建築の構成要素として、「反射による採光装置・透明度を持つ空間の際としての霧・流れる水量を可視化する地の表層・水の有無により変化する空間の仕切り」など、6つの要素としてまとめる。

●設計手法2

棚田の水の現象と環境を転用する

棚田のサイクリックな水の現象を転用し、建築の形態を決定する。雨・光・風・時期による水の有無・霧・高低差・循環の在り方など、農業のために最適化された灌漑システムの遺構を建築的に読み替え、転用する。

4、設計

●住居棟　反射による採光装置としての水

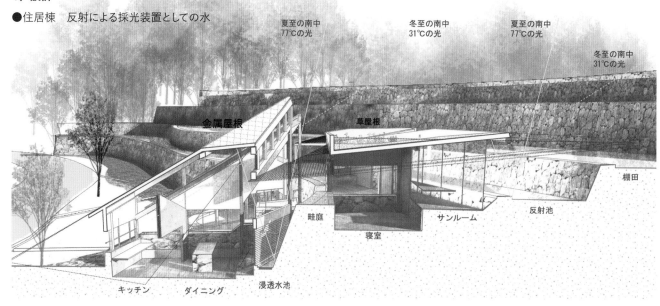

夏至の南中
77℃の光

冬至の南中
31℃の光

夏至の南中
77℃の光

冬至の南中
31℃の光

金属屋根　　草屋根

棚田

反射池

サンルーム

畦庭

寝室

キッチン　ダイニング　浸透水池

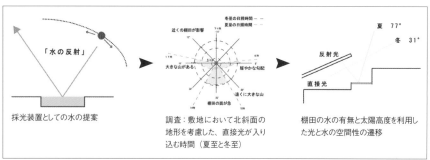

「水の反射」

採光装置としての水の提案

調査：敷地において北斜面の
地形を考慮した、直接光が入り
込む時間（夏至と冬至）

反射光

直接光

夏　77°

冬　31°

棚田の水の有無と太陽高度を利用し
た光と水の空間性の遷移

現象：光の反射→採光装置

棚田における水の変化：季節による棚田面の水の
有無と時間・季節的な太陽高度の変化

コンセプト：水による光の反射に移ろう暮らし

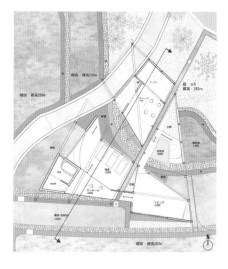

　住居棟では、水は反射による採光装置として機能し、季節により光の入り方が遷移する。夏至と冬至の太陽の立体的な動きを捉え、太陽高度が高く、棚田に水が張られている時期は棚田や土間に設置された水盤から反射による採光が採られ、太陽高度が低い冬は直接に光が差し込むような断面の構成となる。

　時間帯による太陽高度の変化にも呼応し、朝の東面、昼の南面、夕方の西面からそれぞれ反射光を取り入れるために棚田の曲線の法線をプランに取り入れ、北側にすぼまっていくコーン型の平面形態となる。西面と東面は太陽高度が比較的低いため、低く垂れ壁が被さるようなファサードとし、立体的に反射光が取り入れられていく。光の条件が不利となる北斜面において、棚田のサイクルを生かした暮らしとなる。この棚田と施設一体の管理を行うキーパーソンが暮らし、棚田のサイクルと一体化した生活となる。

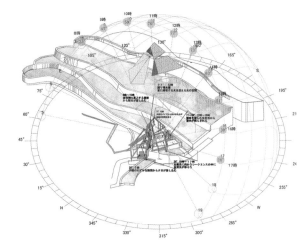

光の入り方（夏至の太陽高度より）
反射池と、周辺の棚田から反射光により採
光をとる。映ろう反射光が日常のシークエン
スに入り込む

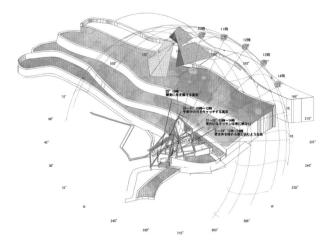

光の入り方（冬至の太陽高度より）
南面の高い開口から直接光が差し込む。直接
光が差し込み、抜けていく

●管理棟　透明度を持つ風景の際としての霧

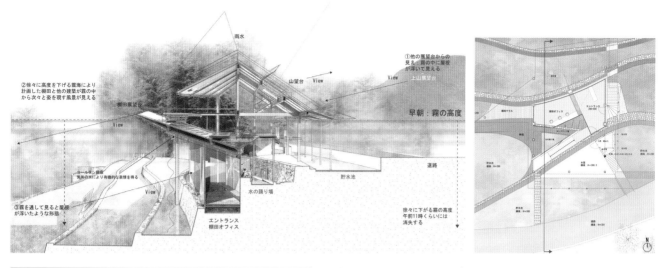

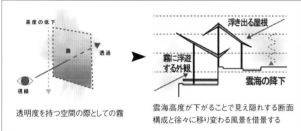

透明度を持つ空間の際としての霧

雲海高度が下がることで見え隠れする断面構成と徐々に移り変わる風景を借景する

現象：霧による視界の遮蔽→透明度を持つ空間・風景の際
棚田における水の変化：秋～冬にかけて発生する霧、時間により高度を降下させる
コンセプト：雲海の高度降下を体感する

　管理棟では徐々に高度を下げる雲海が透明度を持つ風景の際として建築の見え方や眺望を変化させる。施設全体のエントランス機能と水の取水管理施設で、他の建築や棚田が見渡せる立地。おおよそ雲海が認識される最高高さ付近に位置し、雲海が早朝から昼にかけて高度を下げる現象に対し、折れた屋根と屋根が重なり噛み合うような断面構成とすることで、多様な外観の見え方と全体への眺望を獲得する。

　段階的に示すと、1）敷地外500m付近に存在する他のView point（展望台）から見ると、屋根だけが浮いたような形状が霧の中に浮き出る。2）下から見ると、細い鉄骨造の躯体に乗る、棚田に大きく開けた屋根面が霧を通して浮遊するような外観。この屋根面の素材はコールテン鋼板で、近景では気体の水に反応し、湿ったような表情を見せる。3）この管理棟の展望台からは雲海が下がっていくことで全体像が露わとなっていくのを目の当たりにできる。低層部は管理およびエントランス施設、上層部は展望台がゾーニングされている。

●展示・レストラン棟　流量を可視化する地の表層としての水

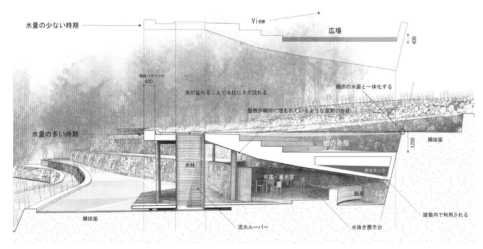

水のある時期

水のない時期

地の表層

地面と一体化し、水の流れを受け入れる

流量により、棚田面と一体化または浮き出る屋根

現象：自然または人工的な周期による水量の変化→地の表層
棚田における水の現象：季節によって異なる流量
コンセプト：棚田に埋もれ擬態する建築

　展示・レストラン棟では、水を地の表層を変化させる素材として利用し、風景の中での見え方と場の性質が遷移する。一帯のランドスケープと建築の中で最も下流に位置し、水が多く集まる現象を利用し、棚田面と一体的な水盤型の屋根に流量を可視化する。階段状の屋根で水量の多い夏の時期には、棚田面に擬態した建築となり、流量が少ない冬の時期には水がなくなることで階段状の広場が露出し、棚田の下流にRCの素材が浮き出ることで棚田の下流に人を誘導する装置となる。

　露出した時期は、石垣が積層する地形を棚田の下から眺められる広場、棚田と一体化した時期は、棚田の中に埋没するような空間体験を生み出す。さらに、オーバーフローする水は流水ルーバーの水柱から溢れて下の展示空間に展示される。展示施設では主にこのような水の体験や石垣の空間を展示内容とし、施設や宿泊施設の利用者が食事をできるレストランとなっている。

時のマヌカン

近藤 弘起
Hiroki Kondo

東京理科大学大学院
工学研究科
建築学専攻
宇野求研究室

建築のマネキンを設計した。
歴史のあるエリアではあらゆる時代の断層がうみだした構築物が数多く堆積しているが、通常は解体され廃棄物となる。本研究ではそれらを建築因子と名付け、解体後敷地から解放された建築因子を装うマネキンのような建築（マヌカン）を提案する。

マヌカンは建築因子を都市の中で着脱し続ける。着脱される建築因子はマヌカンをハブとして都市の中で遷移し続けることで半永久的に存在する。対象エリアは豊富な過去の遺構を持つ旧日本橋地区の3km四方とする。フィールドワークと文献調査により建築因子を含む構築物を採集し、建築のエレメントレベルで建築因子を抽出する。例えば震災復復興期からは装飾や橋の欄干など59点を採集した。建築のマネキンを設計するにあたり5つのルールを定め計画からディティールまで決定する。

この建築の一番の特徴は立面からできていくことである。立面に建築因子を解体前のオリジナルの高さでマッピングする。人がアプローチ、接触できるよう立面を引き出していく。柱のスパンも立面のマッピングから検討し、直径はオリジナルの装飾の寸法から逆算して決定していく。これらのように幾つかの操作を立面から考えていく。

解体と保存と再構築

歴史のあるエリアでは、あらゆる時代の断層が生み出した構築物が至るところに堆積している。多くは解体され廃棄物になるが、都市の財産として停滞に向かう風景を動かす因子でもある。解体により敷地から解放された遺構エレメントを装う建築を都市の中に設計することで都市の形態の維持と更新の可能性を提唱する。

マヌカンのようにつくる

一般的にマヌカン（マネキン）とは、衣服の展示に使われる等身大の人形のことである。本研究では衣服が建築因子でありマヌカンが建築である。マヌカンの、衣服を美しく見せる展覧性・衣服を取り換えることのできる着脱性・衣服のサイズに合わせた形態である固有性を、設計する建築に取り入れる。

コンセプトモデル

建築因子の定義

市は建築からできており建築は部材からできている。ロッシが都市的創成物を建築レベルで唱えているのに対し、本研究ではさらに分解し建築のエレメントレベルの都市的創成物として建築因子を定義する。以下、都市創成物と比較した建築因子の図表である。また例外として、重要文化財など半永久的に建築から離れないモノは建築因子の定義から外す。

建築因子を含む構造物

フィールドワークと文献調査により、現存する旧日本橋地区の時間因子を含む構築物を収集し、各時代に位置付けする。本調査により旧日本橋地区においては震災復興期のボリュームが膨大であるとわかった。

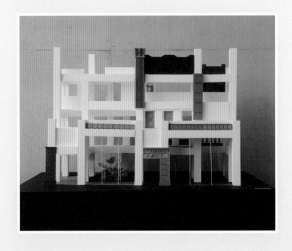

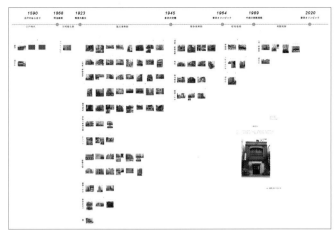

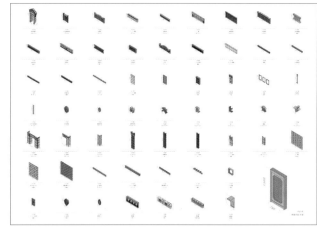

設計手法 - 立面から建築へ -

第5章の調査結果をみると、各年代で現存する
モノにばらつきが出た。そこで旧日本橋エリアに
おいてはその個数と形態を検討し、文明開化期か
らオブジェを、震災復興期の看板建築・銀行建築・
震災復興橋から建築を、経済成長期からはファ
サードを設計する。

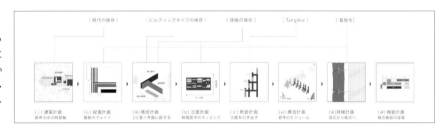

マスタープラン - 都市の時間軸 -

対象敷地を旧日本橋内にある堀留児童公園の北側とする。堀留児童公園は江
戸形成時に河川が流れていた場所であり、物流の拠点として栄えていた。現在
は埋め立てられ、リニアな形状がそのまま公園となっている。リニアな形状を
最も古い時代区分である江戸形成期のモノとして読み替え、北側に時代が進む
ようにオブジェ・建築・ファサードを計画し都市の中に時間軸を形成する。

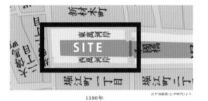

1590年

提案

現況

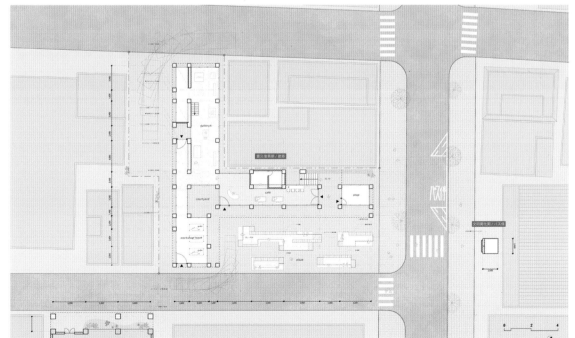

Master Plan

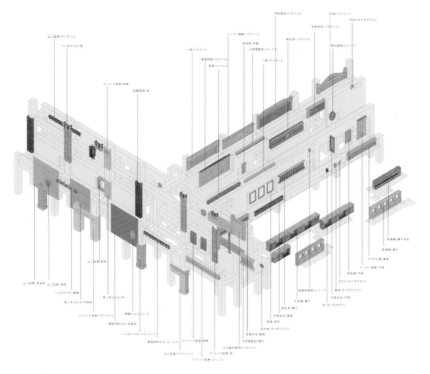

2立面1平面に配する

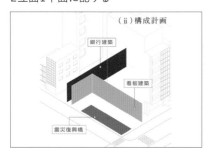

（ⅱ）構成計画

銀行建築

看板建築

震災復興橋

〔ビルディングタイプの保存〕より、震災復興期の看板建築、銀行建築、震災復興橋の建築因子を周辺の環境などから、図のように2つの立面と1つの平面にゾーニングする。

建築因子のマッピング

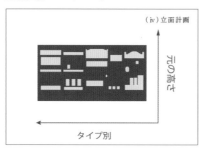

（ⅳ）立面計画

元の高さ

タイプ別

この建築は立面から決まる。建築因子を〔視線の保存〕に従い垂直座標はオリジナルのポジションに、水平座標は同じ種類の建築因子をまとめてマッピングする。

複合施設の提案

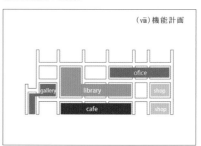

（ⅷ）機能計画

ofice

gallery

library

shop

cafe

shop

周辺環境や現在都市の中で不足している機能をリサーチし、店舗・ギャラリー・オフィス・カフェなどのプログラムを挿入する。

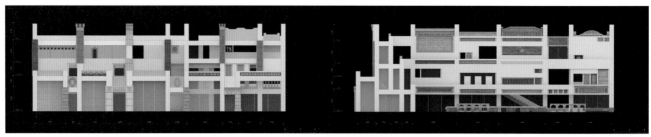

震災復興期／銀行建築面立面図

震災復興期／看板建築面立面図

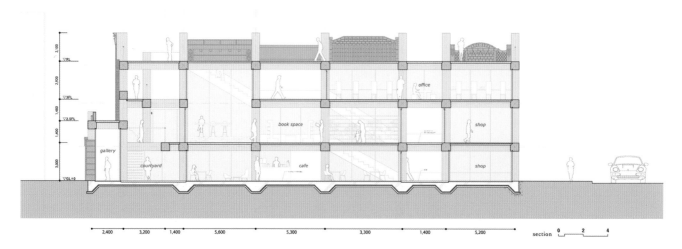

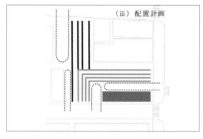

(iii) 配置計画

着脱のヴォイド

建築因子の搬入搬出は2tクレーン車（外寸：長さ×幅×高さ＝5990×1900×2790）で広場から着脱することを想定し、車両が入るようにボリュームを変形させる。

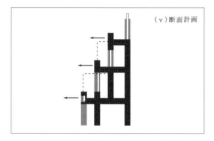

(v) 断面計画

立面を引き出す

立面から断面を考える。〔Tangible〕より、人がアプローチできるよう立面を引き出す。その時にできた外部空間と、元々ある内部空間を建築因子のケースが繋いでいく。

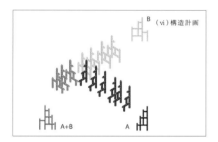

B (vi) 構造計画

A+B　　　A

都市のモジュール

構造は立面から決定された３つの断面フレームを連続させる。フレームのスパンは立面のマッピングから決定し、柱の直径も現存する建築因子を纏う柱の寸法から抽出する。

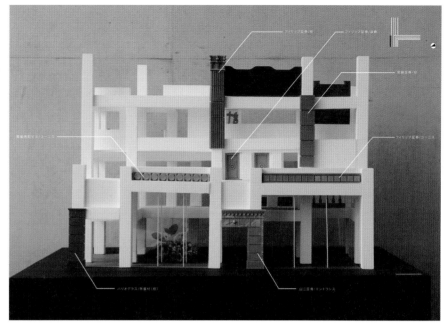

銀行建築面 model

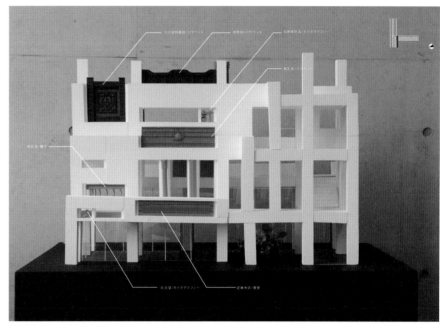

看板建築面 model

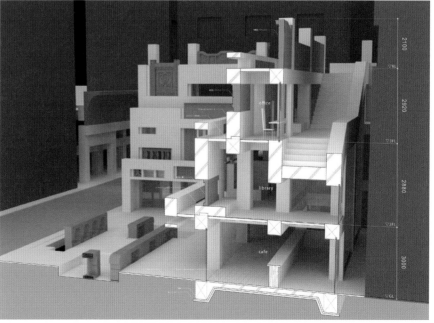

景態系設計モデル

─街の生態系に組み込まれる建築景観設計の提案─

今埜 歩
Ayumi Konno

東京理科大学大学院
理工学研究科
建築学専攻
西田司研究室

街という今起きている現象から建築をつくること
はできないか。街は私たちの暮らしのアイデン
ティティであるにも関わらず、建築の外にある体験で
ある。現代の建築を街の経験に参加させるためには建
築を見直さなければならない。

　私が行ったのは、都市構造レイヤーを横断した相互
作用に着目して街の体験としての特徴を浮き彫りにす
ること。また、その特徴から建築を構築することで、
建築づくりを街づくりに繋げるというものだ。

　本計画はちぐはぐでバラバラな景観をもつ地方での
図書館と集会所の建て替え計画である。ちぐはぐでバ
ラバラな街こそ、建築づくりという建て替えを街づく
りに繋げていかねばならない。導き出された手法は、
1）一つの建物を部分に分解し、街の部分に結びつけ
る「分島形式」と、2）異なるスケールの同居を可能
にする水平・垂直方向の考え方だ。

　これらによって得られる建築の可能性は、街にある
対象物に依存するため、一つの建築になった時ズレを
生み出しながらさまざまなスケールが展開し同居する
ものとなる。身体的な感覚と離れないスケールで展開
する空間から、新たな発見を生む異質な高さのズレの
空間を生み出す。街の景観という視点から建築をつく
ることを通して、街はそもそも異なるスケールが同居
する空間であることに気づく。そのズレを許容し、む
しろポジティブに受け入れる建築は、街を構築してい
るとはいえ、建築が景観に参加しているといえるので
はないだろうか。

1、背景

　景観は日々、変化し動いている。建築もその大きな変化の一部分であり、
街の蓄積として新たな形を捉えたい。街というのは私たちの暮らしのうえで
アイデンティティの一つであり、コミュニティ形成に欠かせない単位だ。し
かし、いざ建築をつくろうとした時、それは街（つまり私たちの暮らしに関
わるアイデンティティ）は建物の外にある体験である。建築から街を考える
のではなく、今ある街のルールから建築をつくることで、建築が景観に参加
し、建築づくりは街づくりに繋がるのではないかだろうか。

●建築を現象として考える

　私たちの身の回りにある景観は、自立しているように見えても、周りとの
関係によって定義づけられている。例えば、一つの木が、周囲の低い木やそ
びえる森があってはじめて、その木は何か判断できるように、私たちの認識
はいつも、一つのものを捉えているのではなく、周囲との関係によってはじ
めて成り立つものである。建築も景観をつくっている一要素であるが、その
場所と建ち上がる物質との間がどのように結びついているかは考えられてい
ない。景観を考えるうえではその結びつきを考えねばならない。

●近年の景観への取り組みについて

　景観についての概念は、建築外では現象学、地理学、景観工学と多くの研
究がなされている。また、近年では、地域の個性や生活環境と密接に関わる
景観を残すという機運が高まり活動が活発化してきている。しかし、今規定
されている多くの景観条例は色や素材の指定だけがされている例が多く、人
のための場に結び付いていない。

　近年の景観工学や文化的景観の分野では、景観は「人とその周囲の環境の
相互作用の現れ」であり、常に変化し続ける『生きた資料』と考えられている。
それは個人の風景という恣意的な認識だけではない。

　今回は、この相互作用に着目して、街の景観の研究の延長にある建築にお
いても、街の人の場としての景観形成を提案することを目的とする。

2、敷地

　敷地は千葉県勝浦市。景観形成の取り組みが大きく行われていないが、今
後も持続していくだろう街を選定した。漁業を生業としてきた暮らしから、
産業構造が変わりつつある。一見ちぐはぐでバラバラな風景にも、都市構造
レイヤーを横断した相互作用に着目し、この街ならではの体験を特徴として
浮き彫りにする。街の部分に着目し収集することで、街のキャラクターを再
認識し、設計に取り込むことで内在的だった街のキャラクターを表出させる。

3、敷地調査

街の部分の読み取りをするだけでなく、グループ化を行うことで、この場所として持続する可能性の高い景観を導き出す。

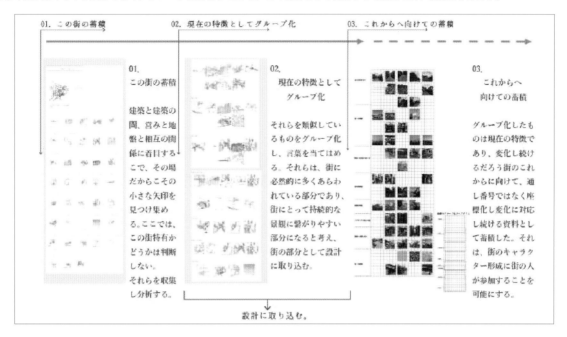

4、プログラム

街の心臓部ともいえる図書館と集会所が老朽化により建て替わろうとしている。街に必要な機能だが、小さな集落には大きすぎる建物であり、そのままでは街で見つけた街のインタラクションと繋がるには違和感がある。

5、調査事例

街の在り方とともに景観の在り方を模索する事例として、景観を活用するためにいち早く「景観行政団体」になった、神奈川県真鶴市にて街の人に聞き取り調査等を行った。1987年リゾート法の制定により、真鶴市でもマンション開発が行われる。その際にまちづくり条例が制定され、施行されてから25年経つ街である。現在もこの条例が守られ続けているなかで、街全体を規定している条例の視点から、実際の街と比べどのような在り方がありうるかを観察した。

実際の景観への取り組みを分析
1）相互の連関の関係について定義されている
2）都市を構成する大から小スケールのオブジェクトを等価に扱っている
3）表れる景観をエリアとして考えている
4）人にまで結果が結論付けられている

以上の4点が挙げられる。これらの特徴は景観の本来の特性であり、真鶴以外でも適用できると考える。

6、調査分析

調査した事例は、もともとそこに景観としての価値を持った場であり、人のコミュニティから建築、建築から地盤へと大きな矢印をもって、過去から繋がり、全体としてその地域特有の生活や景観をもっていた。しかし今、私たちの暮らしの身の回りの景観は、生活が土地から自由になり、建築はどこでも同じ技術をもってつくれるようになる。結果、大きな矢印が失われ、個々がバラバラの三重となっていっている状態である。

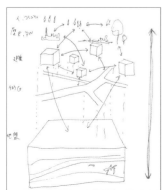
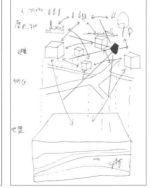

※図はノルベルグ＝シュルツの実存空間の分析による垂直構造を参考にした

7、計画
景観研究と建築を結びつける新たな図式

一般的な大きな建築や、小さな街の特徴を集める建築では、街の景観とは結び付かない。大きな建築をつくるでもなく、小さな街の特徴を集めるだけでもなく、大きな建築を分解し、街のアイデンティティを再構築する存在になるのではと考えた。

一般的な大きな建築や、小さな街の特徴を
集める建築では街の景観とは結び付かない

8、手法

●一つの建築を「分島形式」ととらえる（構成要素の生成）

　得られた街の部分と建築を結びつけるために、ひとつの建築内の構成要素をバラバラに考えることを「分島形式」と捉え直し、設計を行う。建築の構成要素だけで考えるのではなく、街の部分を参加させることを前提に考えることで、構成要素はより複雑に分岐し個性を持つ。

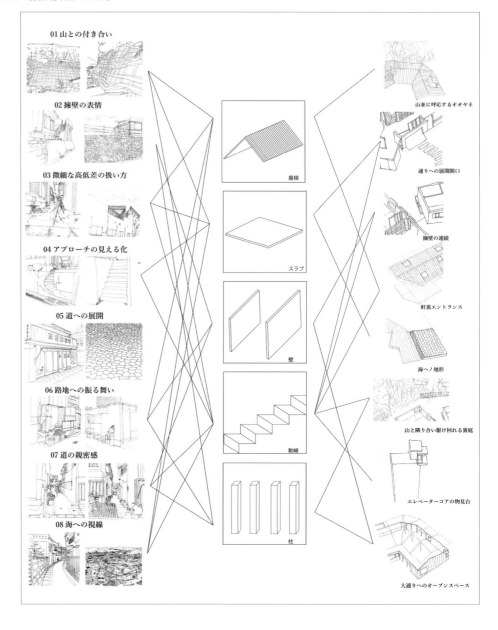

●水平方向でスケールを横断する（街と建築の部分の複合）

　水平構造は構成要素のスケールをそのまま反映するので、街を扱う設計に有用である。街の部分と建築の部分を水平方向で結びつけることで、街の異なるスケールがそのまま一つの建築にも表れてくる。山や路地、住宅とさまざまなスケールが同居することが街であるように、この建築の部分も異なるスケールが同居する（複合）。

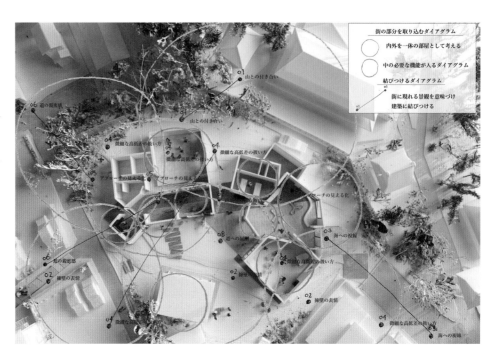

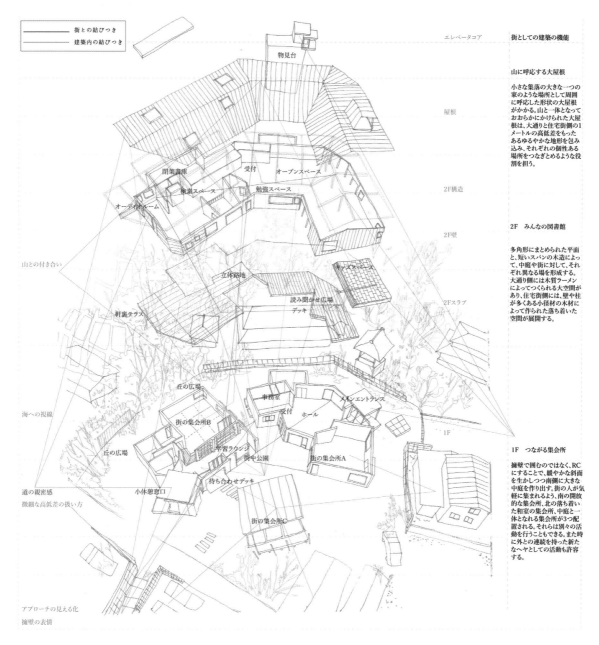

街との結びつき
建築内の結びつき

街としての建築の機能

エレベータコア

物見台

山に呼応する大屋根

小さな集落の大きな一つの家のような場所として周囲に呼応した形状の大屋根がかかる。山と一体となっておおらかにかけられた大屋根は、大通りと住宅街側の1メートルの高低差をもったあるゆるやかな地形を包み込み、それぞれの個性ある場所をつなぎとめるような役割を担う。

屋根

閉架書庫　受付　オープンスペース

模型スペース　2F構造　勉強スペース

オーディオルーム

2F壁

2F　みんなの図書館

多角形にまとめられた平面と、短いスパンの木造によって、中庭や街に対して、それぞれ異なる場を形成する。大通り側には木質ラーメンによってつくられる大空間があり、住宅街側には、壁や柱が多くある小径材の木材によって作られた落ち着いた空間が展開する。

キッズスペース

2Fスラブ

山との付き合い

立体路地

読み聞かせ広場

軒裏テラス　デッキ

海への視線

丘の広場

事務室　メインエントランス
受付　ホール

1F

丘の広場　学習ラウンジ　街の集会所A
街中公園
待ち合わせデッキ

1F　つながる集会所

擁壁で囲むのではなく、RCにすることで、緩やかな斜面を生かしつつ南側に大きな中庭を作り出す。街の人が気軽に集まれるよう、南の開放的な集会所、北の落ち着いた和室の集会所、中庭と一体となれる集会所が3つ配置される。それらは別々の活動を行うこともできる。また時に外との連続を持った新たなヘヤとしての活動も許容する。

道の親密感
微細な高低差の扱い方

小休憩窓口

街の集会所C

アプローチの見える化
擁壁の表情

● 垂直方向で多様なレベルを横断する（建築内での連続）

　研究によって街での体験は、家庭というコミュニティから建築、街路と多様なレベルを横断しているものだと気づいた。街での体験がそうであるように、建築の中でも「分島形式」で考えられた構成要素をさまざまなレベルで横断させる。それらはシークエンスとなり、街の図式により近いものになると同時に、この場所のこの建築だからこその体験となる。

9、結論

　街の部分と大きな建築の部分がそれぞれ結び付けられていることで、大小さまざまなオブジェクトを生み出し空間を規定していく。それらのオブジェクトは、異なる場のスケールに起因しているため、それぞれにズレが生まれ、一つの建築にさらなる場を生み出し、建築をより身体スケールに変えていく。

　材料や素材の指定や部分の集積だけでは、そこに新たな場の発見や気づきはない。街を含めることで生まれる、異なるスケールが同居した手法によって建築内のズレを許容することは、初めて街を建築化するといえるのではないか。

　敷地面積から得られるこの空間は、周りの小さな住居とは対照的だが、操作やズレによって身体的スケールを獲得する。景観に参加する新たな図式によって、街の顔としての大きな建築だが、この街の人に愛される新たな街の一部となるだろう。

背景におおらかな山がそびえるなかで、この建築によって異なる場が長い立面によってつながれていく

（左）ズレが身体スケールを生み出す
（右）多角形の平面に多角的に窓が開けられる

風の構築

―自然環境と建築の距離を測る暮らし方の提案―

盛田 瑠依
Rui Morita

東京理科大学大学院
理工学研究科
建築学専攻
伊藤香織研究室

千葉県安房郡鋸南町を対象に、風の気候帯を設計する。温度や湿度が一定の範囲に保たれる場、豪雨や強風が微気候帯へと変換される場もあれば、時間帯や四季に応じて直接的に海や地形と対峙する場もある。風の環境に変数をもたせることによって、防風林のように風を通す時と通さない時がある、この地ならではの空気の密度を空間として捉えた。

密度を不均質にする狭小路地、目線の高さの軒、生垣に挟まれ周辺が見えない場所などの街路空間の集積からランドスケープ的に造形するため、気候や地形が類似している安房郡岩井集落を調査した。これらの調査を踏まえ、長期的に風を体感することで防災意識に直結する地域コミュニティを形成する、その「土地」に住まうための集合住宅と児童館を提案する。

集落周辺の地形の成り立ちを読み解き断面・平面構成を検討し、風環境のCFD解析をその都度行うことで建築形態へ落とし込み、風速に伴った人の行動と調査・分析から得た要点を基準に風を構築する変数を捉える。

異常気象が頻繁に発生する近現代において、空調設備などエンジニアリングに特化したものや多額の税金を投資してつくられる土木構築物でもない、人と自然の距離を介在させる複数の因子が絡み合った結果、その間には見えない環境が構築されている。

1_ 背景／目的

山、川、虫、植物、動物、生物が存在し、そこから風、匂い、柔らかい土など自然環境との共生が生まれる。私が子どもの頃はより自然に近い環境で育ち、体感的に自然と近い生活があった。しかし、年を重ねるにつれ建物というボリュームに入れられた機能的な場所に行動が限られ、自然環境から乖離した生活に慣れてしまった。これには住宅の内外の居住地の都市化や高密化、また敷地形状や住宅の位置、地域近隣の居住者との近接した交流等の、さまざまな外的要因により多く規制されたことが要因として考えられる。

自然環境と建築の相互の関係性を捉えながら、居住者の意向が反映されやすい境界について、光、熱、風、陰影、匂いなどの自然環境の面から分析することで、現代において最小の建築で最大限の自然環境を得られ、かつ敷地外との関係性を統合的にとらえる生活環境領域、つまり自然環境だけでいいギリギリの状態と建築との距離を見つけることを目的とする。

2_ 自然の定義

自然について、2つに分類し定義をする。1つ目は「正の自然」とし、森林、海、風、採光など気持ちのいい環境、身の回りに存在しうる要素など快適な環境を取り込む自然を示す。2つ目は、「負の自然」で、津波や地震、台風や土砂災害など日本に多く見られる災害から、身を守る自然である。この正と負の自然を建築に落とし込む時に調整することで、自然と人との距離感が新しく変わってくるのではないのだろうか。

3_ 敷地

千葉県安房郡鋸南町を対象とする。この地は古くからある陸域の旧い集落と、明治以降にできた新しい集落のふたつが共存している。内房を南下し鋸山を過ぎると、鋸南町の保田と勝山の海岸が続き、さらに富山町の岩井海岸へと続く。これらの海岸は砂浜であり、明治中期頃から東京の人々の避暑地として発展した。自然豊かな地で、海水浴場など多くの有名な場所もあったが、今年台風15号で被災し、新しくできた集落の多くが被害にあった。

沿海域は、日常生活の場や建築物の耐久性という視点から見たとき、気象条件に作用されづらい内陸部と比べ台風や高潮の影響を受けやすく、さらに潮風、湿気などの多くの特異性があるため自然環境的に過酷な面をもつ。こうした沿海域の生活空間における風環境において、強風・潮風を防ぐ防風対策が要される一方、湿気を防ぎ快適性を得るための通風を図るなど、風に対する配慮や工夫が重要とされている。これらの問題に対して建物の材質などの保守管理に関する技術は進められているが、生活面における快適性や利便性にかかわる空間の形態の在り方について考える。

4_ 提案

_ 風の構築

常習的に台風被害がある沖縄や三陸沿岸部とは異なり、長期的に見た規模の対策はなされておらず、このような突発的な自然災害にも対応するための近隣コミュニティや生活を建築・街区スケールから培う必要がある。

本提案ではそのような自然の中でも主に「風」に着目し、見えない環境と人との関係性を捉える。建築が従来もつ空間性や配置構成と地域特有の気候・風習などから得られる自然の循環に目を向ける。集落のように長い間残されてきた暮らしや空間に技術を過信した土木構築物ではない、防災をも考慮した日常性と非日常性を担う新たな循環を見つける。

_ 一つの気候帯をつくる

集合住宅と集会所・児童館を設計する。集合住宅は既存住宅の建て替えとし、住人がそのまま移り住むものとする。

また、建物全体に均質に風や熱を行きわたらせるのではなく、人々が快適だと感じる快適域を定義し、それを人間の活動領域に合わせることを中心に設計を行っていくことで1つの気候帯をつくる。温度や湿度が一定の範囲に保たれ、豪雨や強風が微風雨へと変換され穏やかな微気候帯となる場もあれば、気候や四季に応じて直接的に海や地形と対峙する場もある。これらと人間の生活行為がさまざまな風の状態があるところに移動するような住まい方である。被災時における自然現象（負の自然）から身を守るだけではなく、自然と近い距離で暮らす豊かさを問う。

5_ 調査 / 分析

安房郡岩井集落を対象に風と共生する空間構成の調査・分析を行った。人が1人通れるほどの小さな路地、目線の高さの軒、生垣に挟まれ周辺が見えない場所、これらの街路空間の集積が風の密度を不均質にしており、オブジェクトや寸法の読み替えを行った。

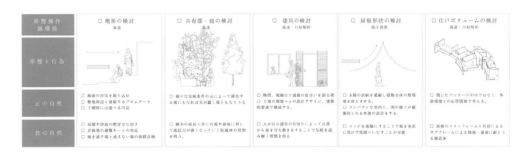

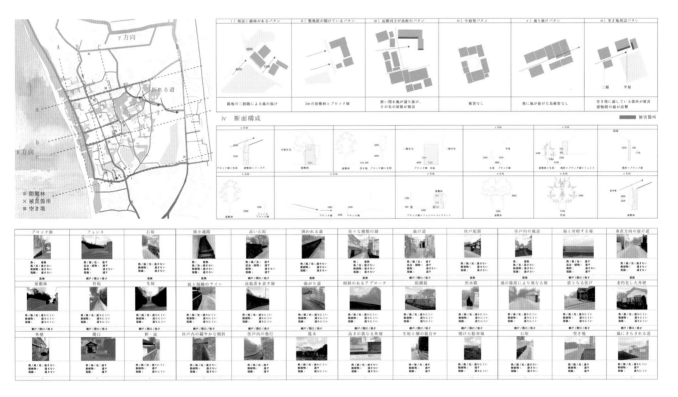

6_ 計画

基本的に吹く卓越風を溜める・流す・吹き込むなど普段の風の状態や強風時、無風時などさまざまな状態を考慮し計画を行った。主にⅠの風が常時強く吹いており、このⅠの風に対し完全に遮断することなくある程度建築によって干渉され、ゆるく奥の既存建物につながればよいと考えた。Ⅱはそのまま海岸線沿いに沿わせるだけでなく、計画対象地では防風林を配置することで木々ならではの微気候帯をつくりだした。

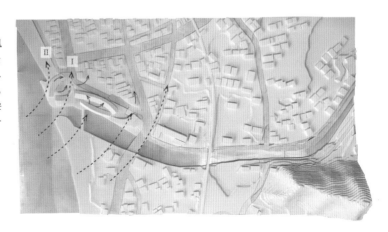

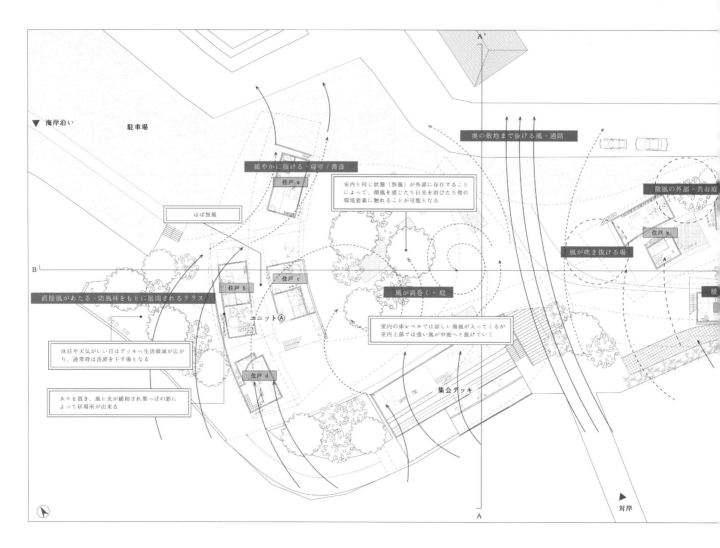

▼ 海岸沿い　　駐車場

緩やかに抜ける - 寝室 / 書斎

住戸 a

ほぼ無風

室内と同じ状態（無風）が外部に存在すること
によって、潮風を感じたり日光を浴びたり他の
環境要素に触れることが可能となる

奥の敷地まで抜ける風 - 通路

微風の外部 - 共有庭

住戸 e

風が吹き抜ける場

住戸 b　住戸 c

直接風があたる - 防風林をもとに展開されるテラス

ユニットⒶ

風が渦巻く - 庭

緩

休日や天気がいい日はデッキへ生活領域が広が
り、通常時は洗濯を干す場となる

室内の床レベルでは涼しい海風が入ってくるが
室内上部では強い風が中庭へと抜けていく

木々を置き、風と光が緩和され葉っぱの影に
よって居場所が出来る

住戸 d

集会デッキ

対岸

A'

B

A

B

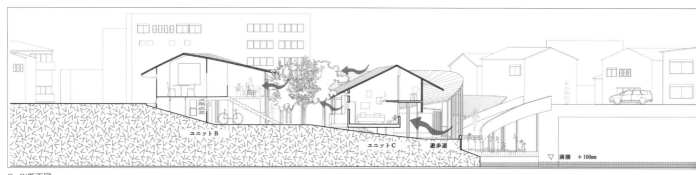

ユニットB　　ユニットC　遊歩道　　▽ 満潮 ＋100mm

C - C' 断面図

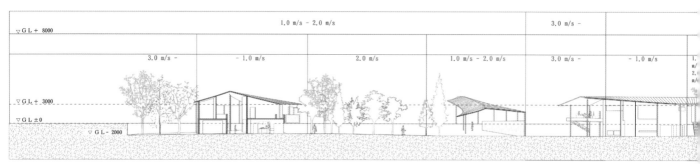

▽ G L ＋ 8000

1.0 m/s - 2.0 m/s　　3.0 m/s -

3.0 m/s -　　- 1.0 m/s　　2.0 m/s　　1.0 m/s - 2.0 m/s　　3.0 m/s -　　- 1.0 m/s

▽ G L ＋ 3000

▽ G L ±0

▽ G L - 2000

B - B' 断面図

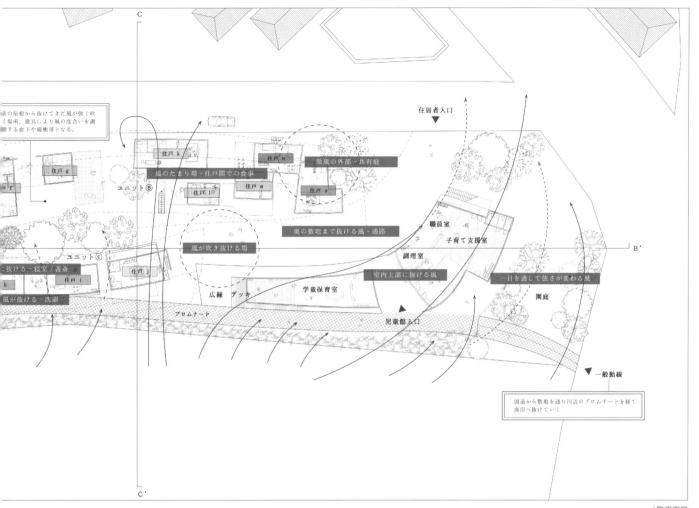

前の屋根から抜けてきた風が強く吹く場所。建具により風の度合いを調節する廊下や緩衝帯となる。

住居者入口 ▽

住戸 k

住戸 g

ユニット B

風のたまり場 - 住戸間での食事

住戸 n

微風の外部 - 共有庭

住戸 l

住戸 m

住戸 o

職員室

子育て支援室

奥の敷地まで抜ける風 - 通路

調理室

ユニット C

風が吹き抜ける場

住戸 j

室内上部に抜ける風

- 抜ける - 寝室 / 書斎

児童館入口 ▽

一日を通して強さが変わる風

h

広縁 デッキ

学童保育室

園庭

風が抜ける - 洗濯

プロムナード

一般動線 ▽

国道から敷地を通り川辺のプロムナードを経て海岸へ抜けていく

1階平面図

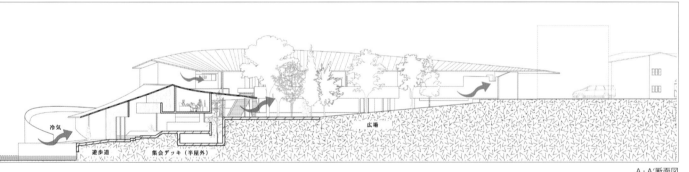

冷気

遊歩道　集会デッキ（半屋外）

広場

A - A'断面図

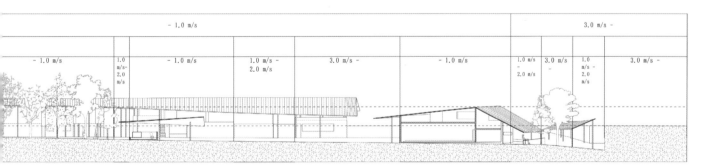

- 1.0 m/s

3.0 m/s -

- 1.0 m/s

1.0 m/s - 2.0 m/s

- 1.0 m/s

1.0 m/s - 2.0 m/s

3.0 m/s -

- 1.0 m/s

1.0 m/s - 2.0 m/s

3.0 m/s -

1.0 m/s - 2.0 m/s

3.0 m/s -

建築設計手法としての脱構築

―ジャック・デリダの再考―

益子 直也
Naoya Mashiko

東洋大学大学院
理工学研究科
建築・都市デザイン専攻
伊藤暁研究室

1995年、阪神・淡路大震災で倒壊した建物を目にした磯崎新が「デコンストラクションというファッションは終わったと言わざるを得ない」と発言して以降、建築領域での脱構築主義は収束に向かった。

しかし、2004年のジャック・デリダの死去などをきっかけに哲学領域では再び脱構築主義の見直しが起こっている。特に、1998年『存在論的、郵便的 - ジャック・デリダについて -』(東浩紀著、新潮社、1998年)は脱構築をメカニカル（方法論的）に問い直すという作業が行われている。

そこで建築領域においても脱構築主義を方法論として見直すことが必要であると考えた。その際に1990年代的脱構築主義の建築が表層の問題だったことに注視し、本設計はそれとは違う形の脱構築主義の建築を目指した。磯崎氏の「デコンストラクションは"ファッション" - 」という言葉から [流行] と [着るもの、服]という2つの意味に解体し、「①スケール抽出」と「②ボルドーの家の構造形式を参照する」という2つの手法を取り出し、設計に応用した。

本設計は「高輪ゲートウェイ駅計画地」に新駅舎を計画する。駅舎は「ボルドーの家」の構造形式を参照し、最上階の商業施設エリアはスキップフロアで構成した。プランは手法に従い、機能的要件とは別の根拠で決定されている。

1、計画

磯崎新によって戦略的に切断された脱構築主義。過去のものとなったと思われた遺産について哲学的に問い直す動きがみられる。特に東浩紀による郵便的脱構築の可能性については建築的に検証されていない。そこで本研究では「高輪ゲートウェイ駅」計画地を敷地とし、現代的脱構築の可能性を探る。そして、退散した1990年代的脱構築がカタチの問題に終始していた歴史を背景とし、別の方法での脱構築を目指した。

敷地は、上記の赤部分の「高輪ゲートウェイ駅」計画地である。この場所は図中のオレンジ部分の品川駅再開発計画の一部として計画されている。

JRによると、再開発計画では高さ160m強のビル群が計画されており、足元のペデストリアンデッキは駅（対象敷地）に接続する計画となっている。

2、建築の構成

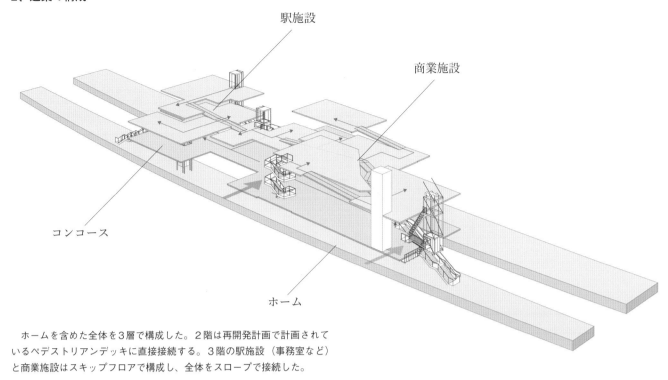

駅施設

商業施設

コンコース

ホーム

　ホームを含めた全体を3層で構成した。2階は再開発計画で計画されているペデストリアンデッキに直接接続する。3階の駅施設（事務室など）と商業施設はスキップフロアで構成し、全体をスロープで接続した。

3、脱構築の歴史

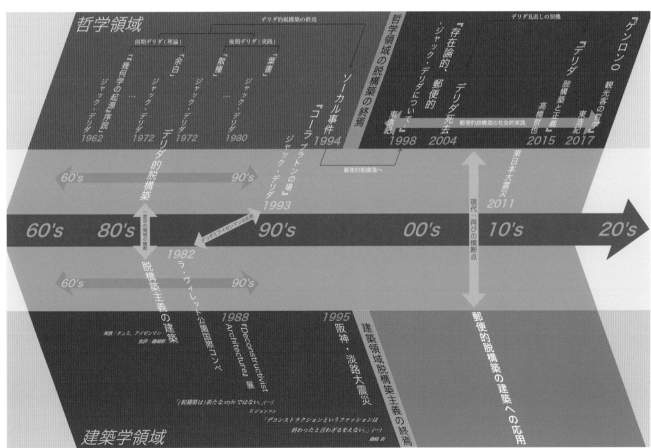

　1996年のヴェネチア・ビエンナーレ展での磯崎新の「デコンストラクションというファッションは終わったと言わざるを得ない」という発言により、脱構築主義の建築は戦略的に切断された。これは当時の脱構築主義がカタチの問題に終止していたことやバブル経済などの社会的状況との乖離、そして阪神・淡路大震災で倒壊した建物の光景がこの発言を生んだのだろう。

　しかし、哲学領域では数多くの見直しが行われているなかで、建築的にも見直しが必要なのではないだろうか。本研究では、特に東浩紀による郵便的脱構築の実践を参照し、見直しを行った。

4、検証の手法

　磯崎氏の切断点である「デコンストラクションはファッションである」という一文からスタートした。ファッションを、「流行」「服」という2つの意味に分解し、それぞれから「スケール抽出」「構造検討」という2つの手法を導いた。平面図とともに手法がどの部分に適用されたのかを示す。

●スケール抽出

　どの街でも成立する再開発によって起こる抽象化の暴力に一手打つこと、郵便的脱構築を検証することなどから、高輪の街のスケールを抽出し、設計に応用する作業を行った。

　フィールドワークで採集したスケール群から、無作為に20のスケールを抽出し、それをもとに設計を進めた。

採集したスケール群

抽出されたスケール

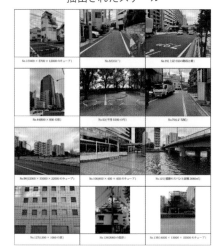

無作為抽出 →

●構造検討

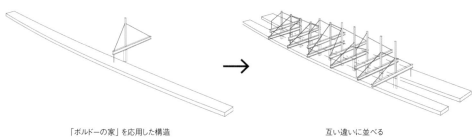

「ボルドーの家」を応用した構造 　　　　　互い違いに並べる

構造形式は「ボルドーの家」(OMA設計)を参照した。この構造は荷重を重力の方向とは別の方向に流す。このことが荷重負担に偏りを持たせ、それがプランの根拠となる。機能的要件とは別の方法でプランを決定した。

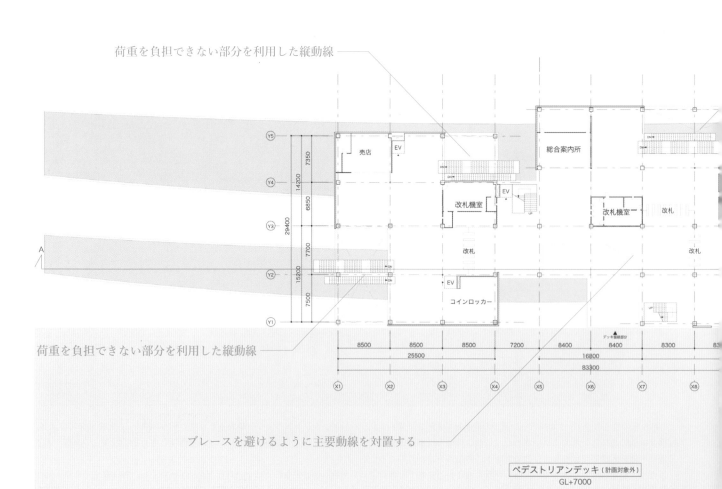

荷重を負担できない部分を利用した縦動線

荷重を負担できない部分を利用した縦動線

ブレースを避けるように主要動線を対置する

ペデストリアンデッキ（計画対象外）
GL+7000

デッキ側からエントランス部分を見る

構造的に弱い部分は吹き抜けにする。機能的要件とは別の方法でプランを決定していく

荷重を負担できない部分を利用した縦動線

トイレは3Fの店舗プランに対応して配置

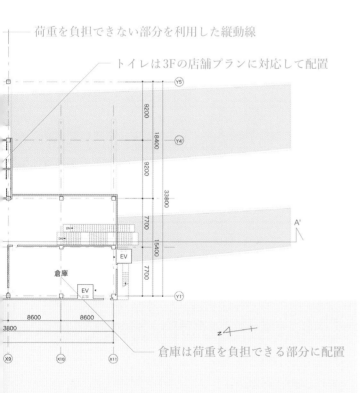

抽出したスケールをもとにしたスロープ。勾配を1/12とし、最低限の機能は担保した

倉庫

倉庫は荷重を負担できる部分に配置

2階平面図

抽出したスケールと構造形式がズレを起こしている部分

道具的建築

―「プライマリー・ストラクチャー」の特性に着目した地域交流拠点の設計―

柳沼 明日香
Asuka Yaginuma

日本大学大学院
理工学研究科
建築学専攻
佐藤光彦研究室

農村や漁村という、生産地域のイメージである風景の中に、食物を干すための架構や陶器を生成する釜など、生産のための構造物が出現している。これらの構造物たちは、生産者たちが効率よく作業を行えるように改良を重ねてきた装置である。そのため、構造物たちがもつディティールには、環境や需要の変化など、出会う問題に対して一つひとつ解答しているような明快さがあり、生産者たちはそれを自分の手先や道具の延長であるかのように操作し、使いこなしているようにも見える。

本研究では、こうした構造物を「Primary Structure（プライマリー・ストラクチャー）」（以下、PS）と呼ぶことにし、これらが持つ特徴が環境に対してどう応えているかを把握し、建築を設計するエレメントとして扱う。自然環境に呼応しながらも、人間が能動的に使うことのできる建築を設計する指針を示した。

PSは人の手と密接に関わる道具であり、自然要素・モノ・人のふるまいの結節点である。修士設計を通してPSを取り扱う中で、人間離れした近現代の建築を、人の所作、手先の延長にあるような身近なものに戻していくための可能性を探った。

1、敷地

本計画は、三重県志摩市大王町の波切地区の中の2箇所を計画敷地とする。この地域は、石工や漁業の産業によって、石段や漁港、灯台など美しい街並みを残しており、絵描きの街として親しまれている。大王町は高齢化率が40％を超える超高齢化地域であり、今後縮退は免れない土地といえるだろう。

●地形と継ぎ接ぎ建築

人口の増加に伴って矮小な高台の土地へも家が建てられ、傾斜地集落となり、現在も昔の住宅が空き家となりそのまま残されている。また、石垣やコンクリート壁に防風対策としてシートをかぶせるなど、継ぎ接ぎしたような建築が多く目立っている。

●丘端

かつて高台の端部に存在した、老人たちの集まり場であり、それぞれの高台で港の見える丘に数カ所ずつ点在していた。なお、丘端（オカバナ）という呼び名は、この土地の造語である。コミュニケーションのきっかけを生む要として働いていた。

2、PSに関する先行研究

これまでのPSに関する研究では、PSそれぞれに対して素材・構法・地域性などの観点からなされてきたが、PSの環境条件に対する効果や形状の観点から考察しているものは少ない。そこで本研究では、PSの持つ形態と環境要素の関係性についての調査・分析を行い、得られたエレメントを設計提案に取り入れる。

生産者は、既存のPSの架構に新たに梁を乗せるなどして本来の機能を拡張し、能動的に使いこなしていることから、PSは生産者にとって道具として認識されていると捉えることができる。ウィリアム・モリスや柳宗悦は、アーツ・アンド・クラフツ運動や民藝運動において、「用（生活）と美（意匠）の融合」にこそ芸術の本質を見出しており、PSもこれに当てはまると感じた。PSの構成を設計に取り入れることで、人間が能動的に使うことができ、愛着のもてる道具的建築の可能性を示す。

バラバラの形態、素材で構築されるヴァナキュラーなPSの中に潜む普遍性をあぶり出す作業として、似ているように感じるものを集め、どの視点で見た時に似ているのかを考察し、また、他の視点で見た時に変わる効果を確かめるという作業を繰り返し行った。

3、分類

調査シートから自然環境との関係や効果を分析し、収集した33のPSを、環境に対する付加的価値があるものとないものに分類した。なお、ここでの環境に対する付加的価値とは、風や光、熱などの自然環境要素と架構などの構造物が組み合わさり、空間の質を変化させている状態のことである。

例えば、茹で干し大根の大根やぐらは、海からの風を効率よく受けるための工夫が施されており、これは環境に対する付加的価値があると解釈する。

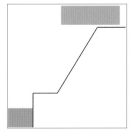

4、抽出

分類した16のPSの中から、空間構成要素（写真やスケッチから読み取れる視覚的事実）を抽出した。

串柿のかきや

・屋根は着脱可能になっている
・湾曲している
・屋根部材は透明性がある
・藁葺きの屋根のものは水分蒸発の
　効果がある
・明るい
・物を上部に干している
・斜面にせり出している
・風が強い
・擁壁についている

登り窯

・開口部の石・レンガを崩す
・床が階段状になっている
・暗い
・ドーム型である
・アーチの開口がある
・直線屋根と曲面屋根が重複
　している

5、形態モデルの創作

抽出した空間構成要素から導かれる、抽象化した形態モデルをつくり出し、どのような環境に対する付加
的価値（効果）があるかを考え、建築を設計する要素として転換する。

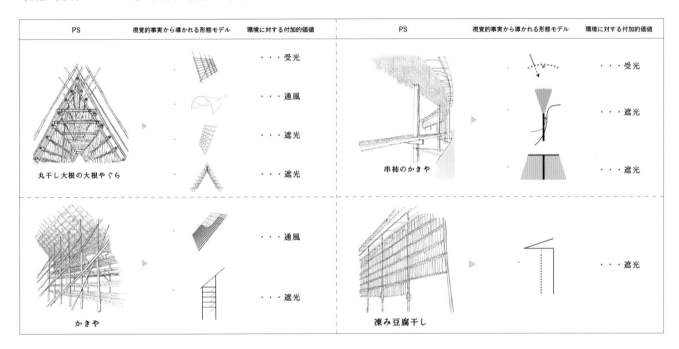

PS	視覚的事実から導かれる形態モデル	環境に対する付加的価値	PS	視覚的事実から導かれる形態モデル	環境に対する付加的価値
丸干し大根の大根やぐら		・・・受光 / ・・・通風 / ・・・遮光 / ・・・遮光	串柿のかきや		・・・受光 / ・・・遮光 / ・・・遮光
かきや		・・・通風 / ・・・遮光	凍み豆腐干し		・・・遮光

6、適用の手順　モノのための建築からヒューマンスケールへ

プログラムの求める環境性能を風向きな
ど方角や用途から割り出し、それらに合わ
せて、形態モデルの形を少しずつ変えなが
ら適用させていくことで、モノのためのス
ケールからヒューマンスケールへ変化させ
ていく。

なお、仮設部分の設計においては調査
シートに記した素材や接合部分を設計の手
がかりとする。

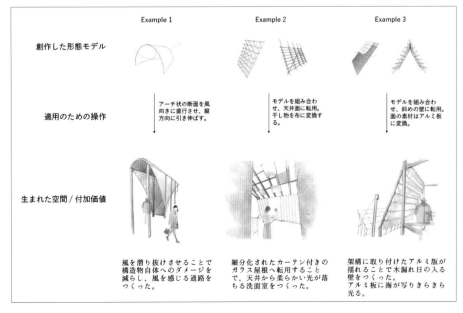

	Example 1	Example 2	Example 3
創作した形態モデル			
適用のための操作	アーチ状の断面を風向きに直行させ、縦方向に引き伸ばす。	モデルを組み合わせ、天井面に転用。干し物を布に変換する。	モデルを組み合わせ、斜めの壁に転用。面の素材はアルミ板に変換。
生まれた空間／付加価値	風を潜り抜けさせることで構造物自体へのダメージを減らし、風を感じる通路をつくった。	細分化されたカーテン付きのガラス屋根へ転用することで、天井から柔らかい光が落ちる洗面室をつくった。	架構に取り付けたアルミ版が揺れることで木漏れ日の入る壁をつくった。アルミ板に海が写りきらきら光る。

7、プログラム

● Site A　ギャラリー・ゲストハウス・レストラン

　既存の「絵描きの町大王 美術ギャラリー」は、志摩市役所大王支所に併設されており、立地上観光客などの来訪者が訪れづらい。そこで今回は、アーティスト・イン・レジデンスの一環として、ギャラリーを新しく設けると同時に絵描きが一時的に滞在しながら絵を描き、展示していくことのできる建築を新しい土地に提案したい。波切の風景が更新されていく様子を、絵描きの手によってアーカイブしていく計画である。また、大王町には宿泊施設が少ないため、画家以外の来訪者でも泊まれるものとする。

● Site B　鰹節の燻小屋・老人ハウス・ショップ

　老朽化に伴い建て替えが必要な燻小屋の設計。燻小屋は見学に訪れる観光客が多く、波切にとって重要な観光資源である。同時に、かつて山先丘端にあった老人ハウスを再建する。現在は各々の住宅の玄関口にその役割はうつってしまったが、数年前まで井戸端会議を行っていた集落の核と言える丘端を再構築することで、地域交流の場に繋げる。このふたつは、鰹を燻す匂いや港の風景が、この土地を想起させる要素にもなれば良いと考え、コンプレックスとする。

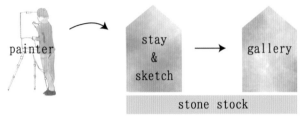

Site A プログラムダイアグラム

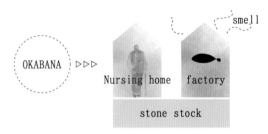

Site B プログラムダイアグラム

　創作した形態モデルには、風や日光など気候の要素を取り入れ、空間に微気候をつくり出すことが得意なものや、地形に応えるようつくられたものがある。このことから、対象敷地内に形成されている微地形と、方角から読み取ることのできる情報を敷地モデルに示し、適用の手がかりとする。

8、提案

　作成した形態モデルを用途と地形に合わせて変形(スケールの適合・素材の変更など）を行い、適用させていく。

● SiteA　形態モデルの転用

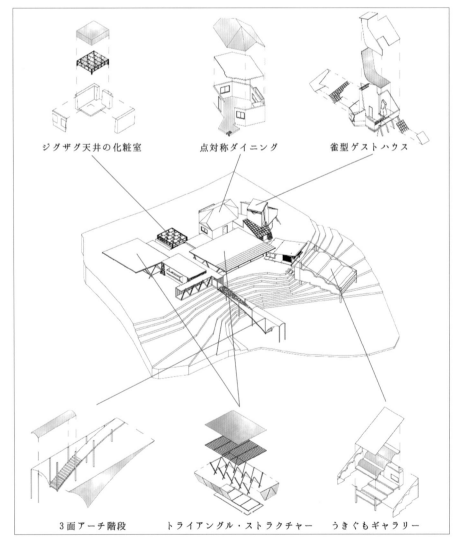

ジグザグ天井の化粧室　　　点対称ダイニング　　　雀型ゲストハウス

３面アーチ階段　　　トライアングル・ストラクチャー　　　うきぐもギャラリー

雀型ゲストハウス
曲面天井によって誘導される浴室の湯気は、くちばしの窓から排出され、逆に窓から入射した光は、間接的に浴室まで届く

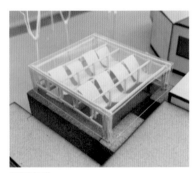

ジグザグ天井
施工の段階で石積み壁に十字柱を挿入して固定し、架構の4本の木柱は取り替えることができるようになっており、雨水をダイレクトに受けても数年で更新可能な仕様

トライアングル・ストラクチャー
斜めの壁がついていて、めくると軒がさらに伸び、傾斜地に溜まり場をつくる。このような可変的な仕掛けを設計に組み込むことで、PSの道具性の導入を試みる

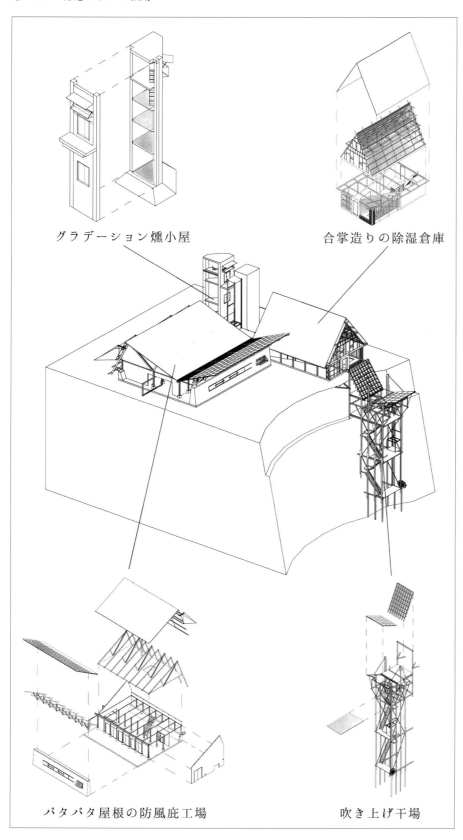

グラデーション燻小屋

合掌造りの除湿倉庫

パタパタ屋根の防風庇工場

吹き上げ干場

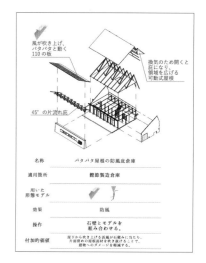

風が吹き上げ、
パタパタと動く
110の板

換気のため開くと
庇になり、
領域を広げる
可動式屋根

45°の片流れ庇

名称	パタパタ屋根の防風庇倉庫
適用箇所	鰹節製造倉庫
用いた形態モデル	
効果	防風
操作	石壁とモデルを組み合わせる。
付加的価値	屋下から吹き上げる強風が網みに当たり、片面前の斜め屋根面前後を傾ける ことで、建物へのダメージを軽減する。

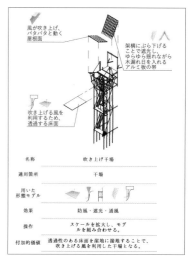

風が吹き上げ、
パタパタと動く
屋根面

架構にぶら下げる
ことで遮光し、
ゆらゆら揺れながら
木漏れ日を入れる
アルミ板の帯

吹き上げる風を
利用するため、
透過する床面

名称	吹き上げ干場
適用箇所	干場
用いた形態モデル	
効果	防風・遮光・通風
操作	スケールを拡大し、モデルを組み合わせる。
付加的価値	透過性のある床面を産地に接地することで、吹き上げる風を利用した干場となる。

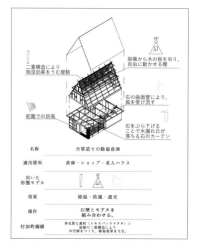

二重構造により
除湿効果をうむ屋根

架構から木の板を吊り、
自由に動かせる棚

蛇籠での防風

石の曲面壁により、
風を受け流す

石をぶら下げる
ことで木漏れ日が
落ちる石のカーテン

名称	合掌造りの除湿倉庫
適用箇所	倉庫・ショップ・老人ハウス
用いた形態モデル	
効果	除湿・防風・遮光
操作	石壁とモデルを組み合わせる。
付加的価値	多孔質な素材（エキスパンドメタル）と屋壁の二重構造により中空層をつくり、除湿効果を生む。

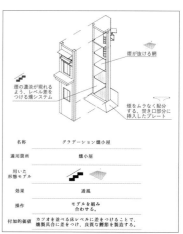

煙が抜ける網

煙の濃淡が現れる
よう、レベル差を
つける燻システム

煙をムラなく配分
する、焚き口部分に
挿入したプレート

名称	グラデーション燻小屋
適用箇所	燻小屋
用いた形態モデル	
効果	通風
操作	モデルを組み合わせる。
付加的価値	カツオを並べる床レベルに差をつけることで、燻製具合に差をつけ、良質な鰹節を製造する。

パタパタ屋根
動く屋根によって風を吹き抜けさせる。また、開閉式
屋根を引き上げることで、生まれた軒下は道を歩く人々
が立ち寄れる休憩スペースとなる

吹き上げ干場・合掌造りの防湿庫
干場は吹き上げる風が通るよう、透
過性のある床が連続する

大規模浸水地域における地域防災避難施設の設計

―墨田区京島地区の地域特性に着目した木造住宅密集地域モデルの提案―

本田 偉大
Takehiro Honda

日本大学大学院
理工学研究科
建築学専攻
今村雅樹研究室

「**つ**ながりも生きがいも同時に失った」
　これは 2015 年 9 月の関東・東北豪雨により鬼怒川の堤防が決壊し、甚大な浸水被害を受けた常総市民の言葉である。

　この状況は東京においても無視できる話ではなく、近年、台風の大型化や気候変動の影響を受け、大雨による河川氾濫や浸水、地すべりや土石流が増加傾向にある中、東京低地に位置する江東 5 区は荒川の堤防が決壊した際、大規模浸水が予想されている。

　大規模浸水は頻繁に起きるものでもないが、いざ発災するとまちに甚大な被害をもたらす。そのため、本計画では津波避難地域に見られる「逃げられればいい」といった画一的な構築物ではなく、地域特性に着目し地域住民が日常的に利用する地域施設が大規模浸水時には防災避難施設となることを目指した「地域防災避難施設」を設計した。

　また江東 5 区に位置し、木造住宅密集地域である墨田区京島地区を調査対象敷地として選定した。この地域は戦前からの木造長屋が残り、それをリノベーションしてカフェやクラフトショップを運営する若者たち、また地域コミュニティの核となっているキラキラ橘商店街の存在など、下町の風景が色濃く残る地域である。

　この地を舞台として地域特性に着目した地域防災避難施設を提案することで、水害を乗り越える京島の未来像を提示した。

大規模浸水のリスクを抱える江東5区

　洪水、高潮で荒川と利根川水系の江戸川があふれ最大規模に浸水した場合、墨田区と江東区の一部が 5 メートル以上浸水し、3 メートル以上 5 メートル未満の浸水地域がその周辺に広がる。この高水位では 2 階建て家屋は 2 階まで浸水する。またハザードマップによれば、大規模浸水時には最大 5m の浸水が 2 週間以上続く地域も多く、住民は区外へ避難するようにと示されているが、避難する際に交通渋滞や主要な橋が崩落すれば避難が不可能になる。

本修士製作の目的①

『地域防災避難施設』＝『地域施設』＋『避難装置』

　本計画では津波避難地域に見られる『逃げられればいい』といった画一的な避難タワーではなく、平時／大規模浸水時／復興時と常にまちの中心となる施設として『地域特性に着目し、地域住民の日常的な居場所が災害時に命を守ることができる地域防災避難施設となるプロトタイプ』として提案することを目的とする。 本提案におけるプログラム設定に限らず、公民館や図書館、コミュニティセンター、病院、児童館、体育施設など様々な地域施設に対して応用可能な構成であり、大規模浸水地域において、こうした建築が増えることにより、より多くの人命を守ることができると考える。

本修士製作の目的②

『地域防災避難施設の設計及び二段階広域避難の提案』

　本来であれば『江東 5 区大規模水害対策協議会』で提示された、非浸水地域への『広域避難』が最も有効な対策ではあるが、必ずしも全員に対してそれが叶わないという状況の中で、本計画では『二段階広域避難』を提案する。

　『江東 5 区大規模水害避難等対応方針』によると、大規模水害後、警察・消防・自衛隊の保有するボートを全て使っても救助活動には 9 日間を要すると示されている。そのため、本計画では区外への広域避難に失敗した住民たちを『地域防災避難施設』へと一次避難させ、ボートやヘリコプターによる『二次広域避難』を行うことで、大規模浸水地域に取り残された住民の人命を守ることを目的とする。

調査対象敷地　墨田区京島地区

　海抜ゼロメートル地帯に位置する京島は荒川と隅田川の 2 つの大きな川に挟まれているため、川が氾濫した際には大規模浸水に陥るリスクを抱えている。ハザードマップによれば、大規模浸水時には最大 5m の浸水が 2 週間以上続く地域である。

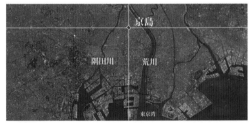

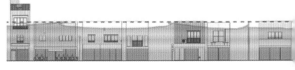

墨田区の水害時指定避難所の現状

墨田区の震災時の防災マップには避難所として小中学校が指定されている。またそのマップに水害時避難場所を落とし込んでみると、川に近く標高の低い墨田区北部に位置する小中学校のほとんどは大規模浸水時に周辺家屋と同様に浸水してしまうため、避難所として一切機能しないことが分かる。

また、左下の墨田区防災マップで赤く塗りつぶした本調査対象敷地である墨田区京島地区においても水害時の避難場所が存在しない。周辺の大型マンションやオフィスビル等の緊急指定避難所の登録を急ぐ他に、地域施設に複合するかたちで「日常的に地域住民が利用する地域防災避難施設」が必要となる。

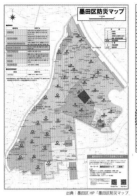
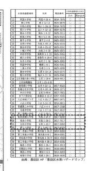

出典：墨田区 HP「墨田区防災マップ」

木造住宅密集地域である『京島』の生活景

関東大震災、第二次世界大戦で空襲の被害を受けたが少なかったことに加え、地域住民らの取り組みもあって、京島地区は大正時代から昭和初期の長屋などが現存しており、キラキラ橘商店街を核とした下町の風景が感じられる地域である。近年ではこの長屋をカフェや宿などに改装して、のんびり暮らす若い人たちが集まっている。

深刻化する空き家・空き地化

京島地区は東京の下町であり、東京大空襲の後、急速に高密度に住宅が建てられ、その後木造住宅密集地が形成された。しかし、空き家や空き地化が進行し、縮小社会への適応が迫られている。本計画では木造住宅密集地域において深刻化する空き家・空き地化を利活用し、まとまった敷地を獲得することで「地域防災避難施設」を建設する。

地域防災避難施設の建設候補地の選定

「種類別空き地プロット地図」は公的空き地／宅地／駐車場の3つに分け、フィールドワークからプロットを行った。「空き家プロット地図」は建築物の状況や管理の程度、人の出入りの有無、電気・ガス・水道の使用状況を判断基準として、プロットを行った。それらを地図上で複合することで京島の空洞化を可視化し、まとまった敷地に点在する『地域防災避難施設』を計画する候補地とする。

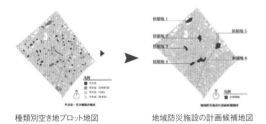

種類別空き地プロット地図　　　　地域防災施設の計画候補地図

浸水総人口の算出と計画敷地の決定

フィールドワークと建築の最高高さの調査により、5mの大規模浸水が発生した際に浸水垂直避難が不可能な浸水人口の算出を行うことで、この地区に住む浸水最大人数を算出し、指定避難所の床面積が必要なのかを調査した。また、浸水総人口を求める際に令和元年の総務省の統計調査による京島地区の平均世帯人数1520人、指定避難所の床面積算出には内閣府防災担当が提示する2.0㎡／人をもとに行った。

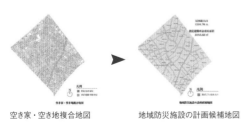

空き家・空き地複合地図　　　　地域防災施設の計画候補地図

地域防災避難施設の計画敷地と各避難区域の設定

以上の調査から、上記の浸水総人口を収容できる規模を満たすとともに、大通りに面する敷地を選定し、各避難区域を設定した。また、それぞれ日常的に利用するプログラムを複合することで、大規模浸水時に迅速に避難が可能な「地域防災避難施設」を計画する。

計画敷地の位置と避難区域地図

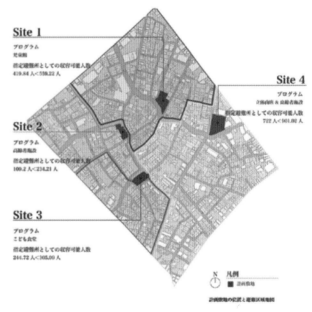

計画敷地の位置と避難区域地図

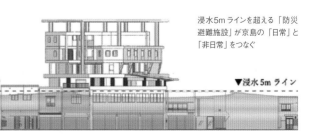

浸水5mラインを超える「防災避難施設」が京島の「日常」と「非日常」をつなぐ

▼浸水5mライン

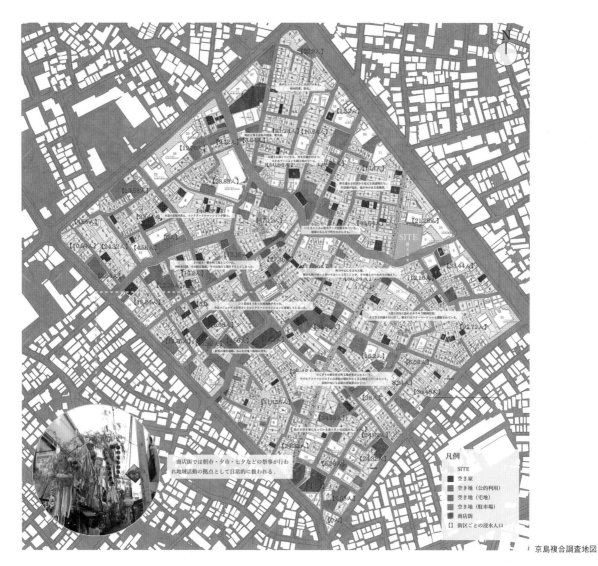

京島複合調査地図

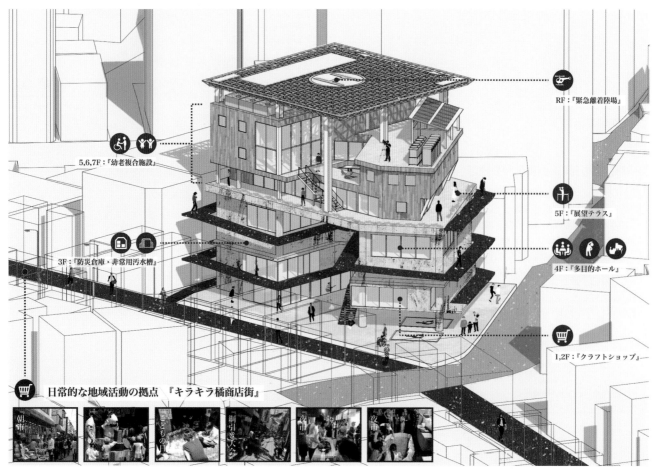

RF:『緊急離着陸場』

5,6,7F:『幼老複合施設』

5F:『展望テラス』

3F:『防災倉庫・非常用汚水槽』

4F:『多目的ホール』

1,2F:『クラフトショップ』

日常的な地域活動の拠点 『キラキラ橘商店街』

プログラムの設定と構成ダイアグラム

構造・設備・避難動線ダイアグラム

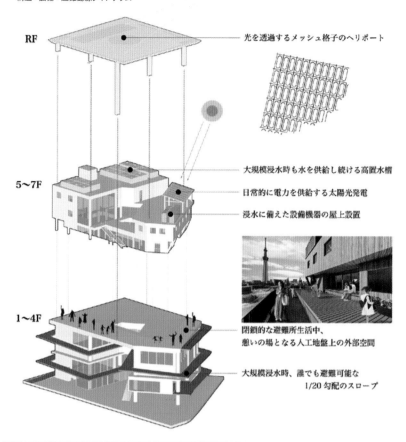

RF ● ─── 光を透過するメッシュ格子のヘリポート

5〜7F
● ─── 大規模浸水時も水を供給し続ける高置水槽
● ─── 日常的に電力を供給する太陽光発電
● ─── 浸水に備えた設備機器の屋上設置

1〜4F
─── 閉鎖的な避難所生活中、
憩いの場となる人工地盤上の外部空間

─── 大規模浸水時、誰でも避難可能な
1/20 勾配のスロープ

京島未来構図

2030年「地域防災避難施設」竣工

京島を支える地域防災避難施設が建設される。公共機能を持つ「地域防災避難施設」は日常的にまちの中心となる

20XX 年　大規模浸水時（9日間）

大規模浸水によりまちは沈む。区外に避難できなかった住民が「地域防災避難施設」で一時避難する。9日間かけて警察・消防・自衛隊の保有するボートで住民は区外に避難する

▼浸水5mライン

20XX 年　復興期

復興期間は救援物資拠点、復興ボランティアの生活拠点、炊き出し広場となり、「地域防災避難施設」は復興の拠点となる

1階平面図

2階平面図

3階平面図

4階平面図

5階平面図

6階平面図

7階平面図

屋根伏せ図

Tokyo Linkage Plaza

―都区部における舟運の再高度化を見据えた橋畔建築の建ち方―

木村 拓登
Takuto Kimura

日本工業大学大学院
工学研究科
建築デザイン学専攻
吉村英孝研究室

近年、東京都区部において、舟運利用の再高度化を図る取り組みがみられるようになった。このことは、過重な陸上交通の代替手段としての期待に、遊覧などのアクティビティが重ねられることで、河川上の空間が都市の公共的な居場所として再発見されているとも捉えられる。本計画は、こうした河川上の空間と既存の都市空間をつなぐ橋畔部に着目し、そこに求められる建築的な性格の整理を通して、陸上と水上を断面的につなぐ立体広場としての、「橋畔建築」の設計提案を行うものである。

まず、世界の橋周囲にみられるアクティビティと建築を採集するとともに、都区部における橋畔部の現状を実踏調査、橋詰空間の歴史を文献調査し、類似した空間構成と考えられる橋上駅を分析することから、橋畔建築に求められる空間の性格を導いた。この性格の有効性を異なる敷地環境において検証するために、敷地は日本橋川沿いでビルの建つ雉子橋詰と、神田川沿いで地下鉄出口のあるお茶の水橋詰、公園のある和泉橋詰の橋畔部とした。それぞれの敷地が潜在的に持つ建築の形式として、地上建物、地下空間、屋根を見出し、それらの特徴と求められる性格を生かすように、常時占有されない動線空間を重ねた、周辺環境と群衆の動きにインタラクティブな橋畔建築の建ち方を提示している。

交通の結節点に求められる性格と建築の形式を結ぶこれらの設計によって、都市建築のタイポロジーの1つに橋畔建築が位置付けられた。

橋畔建築と橋詰空間の変遷

江戸時代に木橋を延焼から防ぐために設けられたと言われる橋詰空間の様子は、橋とともに多くの図絵に残されている。日本橋では、中央を人の往来に空けているが、その脇に茶屋や屋台が建ち並び、他の橋では高札や番屋もみられるなど、人の集う広場のような性格が認められる。時代を経て、明治大正期の写真では、木橋は鉄橋やコンクリート橋へと変わっている。自動車や電車の都市空間への登場から、橋の中央が、人の場所から自動車や路面電車の場所へと移り変わったことに伴い、橋詰空間での人の集う場は道の両側、つまり橋畔部に振り分けられ、限定されている。また、陸上交通に合わせて、つくり変えられた橋と橋詰空間によって、舟運との関わりを見出すことは難しくなっている。

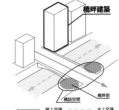

橋詰空間の変遷　　　　　　　　　　　　　　橋畔建築の定義

橋畔建築と橋詰空間の現状

前節の変遷を踏まえた上で、現代の橋畔建築と橋詰空間がどのように都市空間の中で扱われ、使われているのかを知るために、皇居北東の日本橋川、西外堀、神田川を中心として、そこから分岐される日本橋川、亀島川を調査の対象範囲として、橋梁52本208橋畔部の実踏調査を行った。

橋畔部の使われ方では、公園、公衆トイレ、交番とするものが規範化しており多くみられるが、特徴的なものとしては、首都高速道路の入り口、社や石碑、石垣跡などの歴史的記念碑、駐輪場、観光案内所などもみられた。また、既存の橋畔建築としては、先の例の他に、飲食店舗や屋形船の乗り場がみられたが、陸側と水側で立面の高さが異なり、水側からは塔のように見える特徴がみられた。

規範化してみられる例

公園

交番

特徴的な例

首都高の入口

石垣の跡

飲食店舗

屋形船の乗船場

橋畔建築に求められる5つの性格

先行事例にみられた用途や対象の組み合わせを再検討し、そこに求められた性格を類推し、整理した。

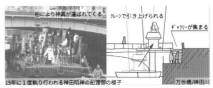

情報共有性

観光案内所や看板、歴史的には高札場など、たくさんの人々が情報を共有する場として働いてきた。

律動祝祭性

万世橋の橋畔部の事例のように、ある周期で祝祭の空間へと変容する。

空間開放性

数少ない橋畔建築の作品事例の TIME'S のように、親水テラスを設け、河川上にそよぐ風に対して開放性を備えている。

生態順応性

橋畔部を公園とする例では、樹木によって木陰を提供するとともに、今後の水質改善など、一度切り離された水と陸を、生態学的な視点でつなぎ直すことが求められるであろう。

非占有繁華性

橋畔部は陸と水の立体的な辻としての役割を担い、建物や用途に占有され尽くすことは少ないながらも、屋台や仮設の構築物によって賑わいをつくり出してきた。

5つの性格を具現化する
5つの設計手法

前節の5つの性格を、都区部橋畔部の敷地環境との間でその具現化を検討し、共通する手法を導いた。

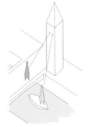

橋畔植栽

生態順応性に関わる

橋塔

情報共有性や律動祝祭性に関わると考えられる

カスケードテラス

水面と橋上道路の高低差に、空間開放性のある層を設ける

仮説空間

非占有繁華性に関わるイベントなどに対応する

虚境界面

情報共有性や空間開放性に関わり内外をつなぐ虚境界面

Tokyo Linkage Plaza

検討を踏まえ、他交通との交差、川の幅や曲がるといった形態的特徴、水面と橋上の道路面との高低差といった条件の異なる場所を探索し、お茶の水橋詰、雉子橋詰、和泉橋詰の3箇所を計画地として選定した。

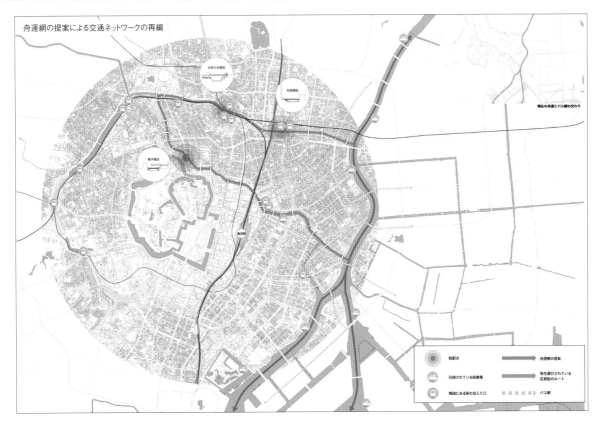

お茶の水橋詰
連なる屋外展示空間を持つ博物館

　お茶の水橋詰は、水面から橋上道路高さが17mと高低差が大きく、橋の東側両岸橋畔部に駅の出入り口がある。この北岸橋畔部に、東京都の生態系や運河・河川の浄化活動の展示を行う博物館を計画した。新たな地下鉄駅出入口を設け、直接橋上に出られる通路をつくるとともに、その下部には、屋外展示のあるテラスの位置を平面的にずらし、断面的に連なるようにカスケード状に配置した。また、最下層には川の断面を窓越しに観察できる展示室を設けた。船上から見上げた橋脚のアーチは、建物でも反復して強調され、乗客を迎える祝祭性を水上での経験としてつくり出した。

敷地概要

左岸には東京メトロ丸の内線、右岸にはJR中央線があり、橋を介して御茶ノ水駅相互の乗り換えが行われている。渓谷であるため橋上から水面までの高低差が激しく、木々に囲まれた橋畔空間である

新たにつくられた通路は河川沿いを通り橋上につながる

連続するアーチが乗客を迎える

定期的に変わるアドバルーンが律動祝祭性をつくる

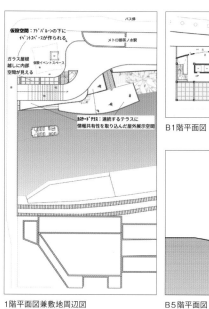

1階平面図兼敷地周辺図

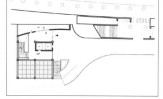

B1階平面図

B2階平面図

B3階平面図

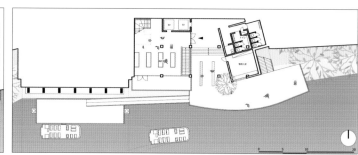

B5階平面図　　B4階平面図

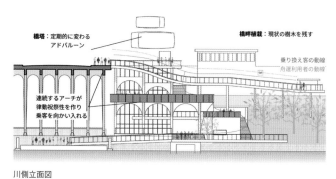

川側立面図

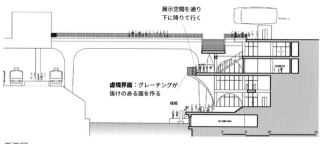

断面図

雉子橋詰
舟運とつながるサイクルステーション

　水面と橋上道路の高低差が4mと比較的小さく、川の曲がり角となる雉子橋詰では、舟運とともに近年注目される自転車交通との乗り換え拠点を計画した。対岸から建物2階へと至る自転車スロープ橋を、首都高速道路高架と水面の間に新たに渡し、船の動きと立体的に直交させることで、乗り物による都市のダイナミックな動きが感じられるようにした。テラスからはツタ科の植物が垂らされるとともに、テラス下面を鏡面で仕上げることにより、その反射によって水上の賑わいも建物内部で感じられる、オーバーラップによる虚ろな境界を設計した。

敷地概要

雉子橋詰は駅やバス停から遠く、河川上には首都高速道路が通過し、雉子橋門石垣が残る橋畔空間である。扇状の敷地にビルが建つ

高速道路が河川に蓋をする

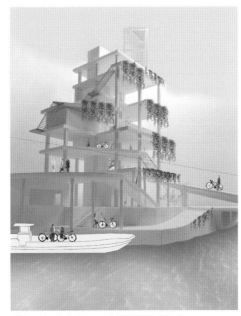

1階のレンタルサイクルスペースに観光客が船で訪れる

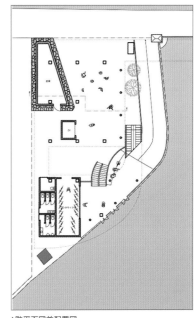

1階平面図兼配置図

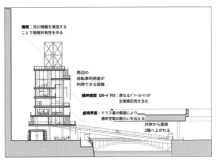

断面図

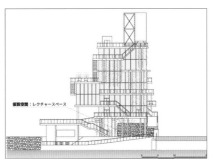

川側立面図

和泉橋詰
反り上がり屋根のかかる産地直送市場

　河口に近く河川幅の広い和泉橋詰では、舟運による物流網の復活を見越し、産地直送品を扱う市場を計画した。また秋葉原のアイドル文化との関係から、その一部に屋外ライブに対応した階段状の劇場を設けている。河口付近の幅広の水面に合わせるように低層で長い反り屋根の建物としたが、周囲の建物に埋没しないように一部の屋根の棟を、塔状に迫り上げた。その屋根下は半屋外空間で、産地直送のマルシェが毎日開催される。河川側にはカーテンを設置し、風の動きを波打つ襞で表す境界面をつくり出し、近づく東京湾に向けての高揚感を生み出している。

敷地概要

和泉橋詰は秋葉原駅の出口があり河口から近い橋畔空間である。現在は公園となっている。

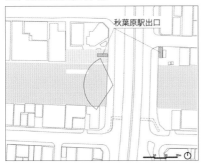

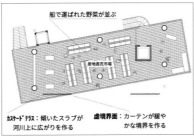

2階平面図

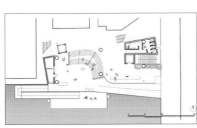

1階平面図兼敷地周辺図

反り上がった屋根がランドマークとなる

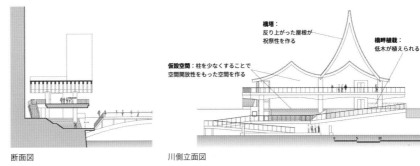

断面図　　　　川側立面図

建築家の職能の拡張による
遊休空間の再生と周辺エリアへの展開

―建築家の働きかけによって変化する建物と場の構想―

中尾 涼太郎
Ryotaro Nakao

日本工業大学大学院
工学研究科
建築デザイン学専攻
佐々木誠研究室

日本の空き家や空き店舗が増加するなか、民間によるこれら遊休空間の利活用により、エリアの価値の向上につながる例が散見されるようになった。こうした場合、建築家が建物のハード面に留まらず、竣工後の利用や運営など、ソフト面にも関わることが少なくない。本研究は、遊休空間の再生を担う建築家の建築設計以外の「職能」に着目。職能の拡張による遊休空間の再生とその周辺への展開の意義を考察し、遊休空間再生を担う建築家によるプロジェクトのあり方を提案することを目的として、遊休空間の再生において建築家や連携する専門家が建物とその周辺にどのように関わっているかについて検討した。まず、遊休空間の再生において、建築家の職能が転換する兆しを建築家の職能の転換について論じている言説より、建築家や連携する専門家が建物とその周辺にどのように関わっているかを事例より明らかにした。

それらの研究結果を踏まえ、ケーススタディとして現実の既存建物のリノベーションのプロジェクトを想定し、数年単位の時間的スパンにおいて、建物と周辺エリアに加え、人と場の変化を構想した。建築家が建物のハード面とソフト面の両方に関わり働きかけ続けることによって、多様な人物を巻き込み、場が展開し、エリアに変化をもたらす姿を描いた。

言説の分析

建築家の業務範囲の拡張

職能の細分化とマルチプレイヤー

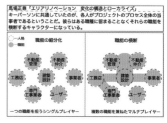

空間ができるプロセス

空間同士の相互作用による面展開

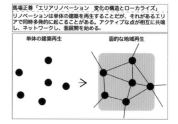

事例の分析

竣工後も建物の活動に関わる建築家を対象に、筆者の知り得た事例及び2010〜2019年までの新建築からピックアップした。対象10事例について、「建築家の建物への関わり方」「建築家の建物周辺への関わり方」「建築家の建築設計以外の職能」「運営に関わる専門家」という4つの視点から比較分析した。

対象事例一覧表

太田市本町周辺の現状

　計画対象地は、太田駅から徒歩7～8分の太田市本町の裏通りに位置する既存建物とした。かつては、日光街道例幣使街道の宿場町とそれに連なる門前通りを中心に栄え、市街地を形成してきたが、今では一本裏手に入ると、通りは閑散としており、路線価による断層も見られた。敷地は一方通行道路と接道し、周辺は住宅と非住宅が混在し、店舗併用住宅の遊休化が顕著に伺えた。捉え方を変えれば小商い（民間事業者）が介入する余地がある環境とも考えた。

計画地の位置

1㎡あたりの路線価

	15,000～
	20,000～
	25,000～
	30,000～
	35,000～
	40,000～
	45,000～
	50,000～
	55,000～
	60,000～
	旧街道
	門前通り

平成31年本町周辺の路線価

…住宅
…店舗併用住宅
…非住宅
…遊休空間の可能性

周辺建物の用途と遊休空間

宮下建材　事務所兼展示スペース
主要構造　鉄骨造
階数　2階
延べ面積　1階 :62.80 ㎡
　　　　　2階 :61.69 ㎡
　　　　　合計 :124.29 ㎡

既存建物

入り口から1階を覗く

1階　既存平面図

南から敷地をみる

2階から南をみる

2階　既存平面図

提案　建物／周辺エリア／人／場の変遷

　建築家が建物の1Fの運営（フェーズ1）から、周辺エリアに点在する遊休空間の活用（フェーズ3）に至るまでの5年間の変遷を構想した。利用者のインフォーマルな空間の使い方に伴いフォーマルな仕組みが生まれ、また、建築家自身がマーケットや遊休空間活用を能動的に行うことによって生まれる利用者や事業者のインフォーマルな関わりが発生するよう試みた。こうして建築家が働きかけ続けることによって、多様な人物を巻き込み、場が変化し、エリアに変化をもたらす要因になると考えた。

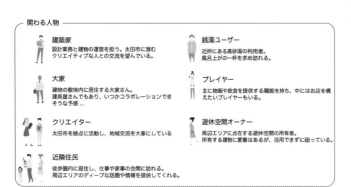

関わる人物

建築家
設計業務と建物の運営を担う。太田市に潜むクリエイティブな人との交流を望んでいる。

大家
建物の敷地内に居住する大家さん。建具屋さんでもあり、いつかコラボレーションできそうな予感…

クリエイター
太田市を拠点に活動し、地域交流を大事にしている

近隣住民
徒歩圏内に居住し、仕事や家事の合間に訪れる。周辺エリアのディープな話題や情報を提供してくれる。

銭湯ユーザー
近所にある高砂湯の利用者。風呂上がりの一杯を求め訪れる。

プレイヤー
主に物販や飲食を提供する職能を持ち、中にはお店を構えたいプレイヤーもいる。

遊休空間オーナー
周辺エリアに点在する遊休空間の所有者。所有する建物に愛着はあるが、活用できずに困っている。

遊休空間活用のパタン

フェーズ3で行われるであろう遊休空間の活用では、あらゆるケースが想定されると考え、建築家が媒介、または自身で事業化をする活用方法をパタン化した。

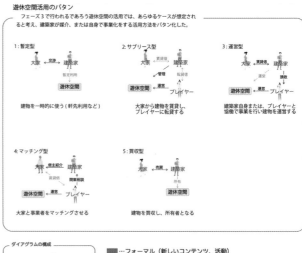

1：暫定型
建物を一時的に使う（軒先利用など）

2：サブリース型
大家から建物を賃貸し、プレイヤーに転貸する

3：運営型
建築家自身または、プレイヤーと協働で事業を行い建物を運営する

4：マッチング型
大家と事業者をマッチングさせる

5：買収型
建物を買収し、所有者となる

ダイアグラムの構成

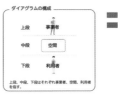

上段	事業者
中段	空間
下段	利用者

上段、中段、下段はそれぞれ事業者、空間、利用者を指す。

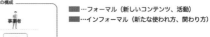
■…フォーマル（新しいコンテンツ、活動）
■…インフォーマル（新たな使われ方、関わり方）

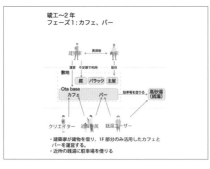

竣工〜2年
フェーズ1：カフェ、バー

・建築家が建物を借り、1F部分のみ活用したカフェとバーを運営する
・近隣の銭湯に駐車場を借りる

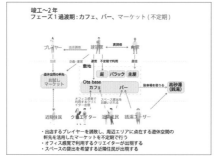

竣工〜2年
フェーズ1過渡期：カフェ、バー、マーケット（不定期）

・出店するプレイヤーを誘致し、周辺エリアに点在する遊休空間の軒先を活用したマーケットを不定期で行う
・オフィス感覚で利用するクリエイターが出現する
・スペースの貸出を希望する近隣住民が出現する

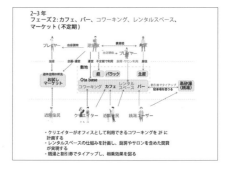

2〜3年
フェーズ2：カフェ、バー、コワーキング、レンタルスペース、マーケット（不定期）

・クリエイターがオフィスとして利用できるコワーキングを2Fに計画する
・レンタルスペースの仕組みを計画し、厨房やサロンを含めた開貸が実現する
・銭湯と割引券でタイアップし、相乗効果を図る

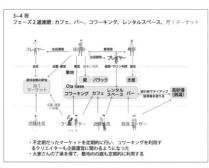

3〜4年
フェーズ2過渡期：カフェ、バー、コワーキング、レンタルスペース、月1マーケット

・不定期だったマーケットを定期的に行い、コワーキングを利用するクリエイターも企画運営に関わるようになった
・大家さんの了承を得て、敷地内の庭も定期的に利用する

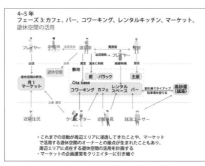

4〜5年
フェーズ3：カフェ、バー、コワーキング、レンタルキッチン、マーケット、遊休空間の活用

・これまでの活動が周辺エリアに浸透してきたことや、マーケットで活用する遊休空間のオーナーとの接点が生まれたこともあり、周辺エリアに点在する遊休空間の活用を計画する
・マーケットの企画運営をクリエイターに引き継ぐ

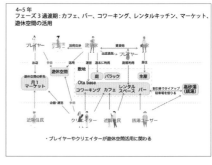

4〜5年
フェーズ3過渡期：カフェ、バー、コワーキング、レンタルキッチン、マーケット、遊休空間の活用

・プレイヤーやクリエイターが遊休空間活用に関わる

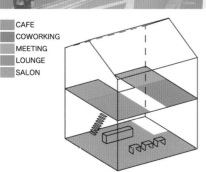

■CAFE
■COWORKING
■MEETING
■LOUNGE
■SALON

入り口から南をみる

コワーキングスペースから北をみる

サロン上部から南をみる

コワーキングスペース

　クリエイターが利用する2階のコワーキングスペースは、内壁沿いにデスクを設け、業務に集中できる配慮を施した。また、窓から通りが見えるラウンジは、息抜きがてら作業ができる奥行きの深いソファを配置し、空間による多様なワークスタイルの選択肢がある。

建具の構成による透明性

　2階のラウンジ・サロンは、可動式の上吊り建具で構成し、使い方によってテンポラルに稼働し、FL＋700としたミーティングルームは、木製サッシで間仕切り、梁下にクリアランスを設け、各空間が上部で連続した透明性によって、フロアに奥行きが生まれる。

リニアな配置

　既存建物は、南北に特徴的な大開口があったため、開口の南北の軸に沿って厨房・テーブル・ベンチをリニアに配置し、空間に奥行きを生み出すことで、利用者の立ち振る舞いが顕在する。

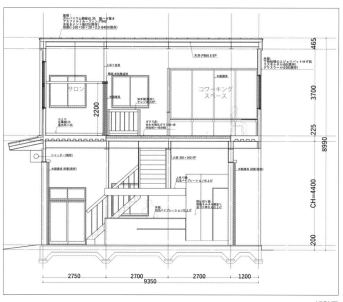

B－B'矩計図

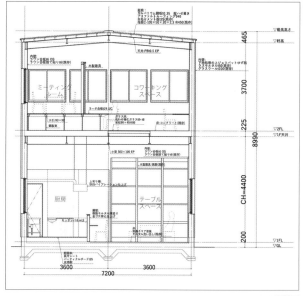

A－A'矩計図

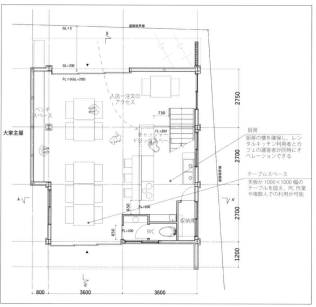

1階平面図

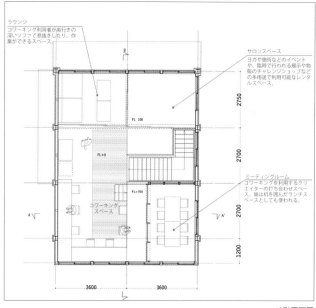

2階平面図

建築の諸実体

遠隔接触による自己の覚醒

菊地 ゆかり
Yukari Kikuchi

日本女子大学大学院
家政学研究科
住居学専攻
宮晶子研究室

人々にとって建築が月のような存在であることはできないだろうか。またそれはどんな事を意味するのだろうか。その意味や方法を探るべく、はじめに月の持つ魅力について整理し考察した。その中で、月が私たちに与える心的印象として崇高性が関わり、その崇高性は自己の覚醒に関わることが導き出された。現代建築における崇高性は主流なテーマとはなり得ていないが、自己の覚醒という観点からその需要性を価値づける。崇高なる経験を創出させるために、把握しきれないことが重要であるという仮説を立て、我々の認識の把握が及ばぬような世界を「諸実体」とした。そして、人は諸実体との遠隔接触によって崇高なる体験、つまり自己の覚醒が起きると考えた。建築空間に落とし込む際の手法として、水平、垂直、まっすぐの「初等幾何学」に対し、そうでない有機的なものを「自然幾何学」とし、これらを同時に存在させることを試みた。

プログラムはシェアハウスである。異質な他者どうしが共に住まうという環境の中で、建築自体がどこか得体の知れなさを持っていることでその関係性の中に少しの余白と余裕がもたらされることを期待する。

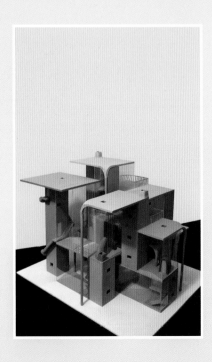

神々しさ、「崇高」

宇宙や大自然のような人知を超えた存在と対峙した時、湧き上がる強い感情は崇高なるものという表現がふさわしいように思う。崇高とはいかなる感情であるか、文献研究を行い明らかにする。なお本研究では、近代崇高論の立役者であるエドマンド・バーク、イマヌエル・カントによる崇高論を参考にした。

桑島（2008）によれば、「最初に美的概念として『崇高』が登場したのは、紀元後1世紀ころ書かれた文体論『崇高について』Peri Hypsous」である。作者は長らくロンギノンスと考えられていたが、実際には作者未詳とされる。これが「1674年になって、フランス古典主義者ニコラ・ボアローにより、フランス語に翻訳され」る。「1757年にエドマンド・バークが『崇高と美をめぐる我々の観念の起源にかんする哲学的探究』を世に問い」た。さらに、イマヌエル・カントによる「三批判書『純正理性批判』（初版1781年、改訂第二版1787年）、『実践倫理批判』（1788年）、『判断力批判』（1790年）」のうち『判断力批判上』において崇高なものの分析論が展開されているとされる。

崇高なる体験起生のメカニズム

バークは「自己保存に属する諸感情は苦と危険に依存する」とし、「自己保存に属する諸感情は、あらゆる感情のなかで、もっとも強いものである」と述べている。そして「現実にそのような境遇にいないで苦と危険を心に浮かべるとき、それらは歓喜とな」り、これを崇高としている。

カントは崇高の観念を美と対照させて説明している。「美」は、客体のもつ属性との直接的関係を契機にもたらされるので、その規定根拠を主体の「外」にもっている。一方、崇高は本質的には規定根拠を客体には求め得ず、主体の「内」で展開される生のダイナミクスのなかにその規定根拠を持つとされる。さらに、崇高は苦や感性的挫折と呼ばれる否定的契機に基づき、桑島（2008）の解説によれば、否定的契機（感性的な挫折＝苦）に出会い耐えることが、逆説的にも自己の内部にある「人間理性」へと歩みよる飛躍のためのきっかけとなり、本来的な「人間らしさ」の覚醒がもたらされるという。つまり、崇高なる体験の先に見いだされるものとは、自己の覚醒ではないだろうか。

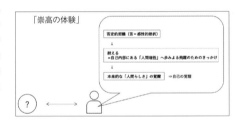

「崇高の体験」

否定的契機（苦＝感性的挫折）

耐える
＝自己内部にある「人間理性」へ歩みよる飛躍のためのきっかけ

本来的な「人間らしさ」の覚醒　⇒自己の覚醒

?

崇高の要因

バークやカントは崇高の観念を引き起こす要因として以下の事柄にふれている。

E. バークにおける崇高を引き起こす要因として考えられている事柄

・脅怖　　　　　　　　　　・朦朧性　　　　　　・明るさ：暗くて陰気である
・壮麗（マグニフィセンス）　・容積の偉大　　　　・極端な小ささもある程度崇高
・困難（ディフィカルティ）　　・色：黒、茶、または、暗紫色などのような、沈んだ黒ずんだ色
・無限（インフィニティ）
　人工的な無限を構成するもの：連続性（サクセッション）と一様性（ユニフォーミティ）

カントにおける崇高を引き起こす要因として考えられている事柄

数学的崇高	「絶対的に大なる数や量」「絶対的な大きさや多数性」
	例）満点の星々のまたたく夜空、エジプトのピラミッドの巨大な外観など
力学的崇高	「絶対的に大なる圧倒的な力」
	例）急峻な岩山、電光・雷鳴をともなう雲のひろがり、暴風雨など 恐怖ないし畏怖心を惹起させる自然の威力

諸実態と諸関係

スティーブン・シャヴィロ（2016）は『モノたちの宇宙』（上野訳）の中で、美的姿勢には、「美の美学」と「崇高の美学」があることを解いている。その中で美の美学は諸関係の世界に、崇高の美学は諸実体の世界にふさわしいとされている。ただし、これらは交互に繰り返される美的姿勢であるから、どちらか一方だけということではない。

私たちを魅了する美は、調和をもち、また同じように恐怖や謎といった量りきれない部分も持っているようだ。

本研究では、物として私たちの前に立ち現れた時、その存在が心地よいだけでなく、どこかに量りかねる部分を持ち合わせているような建築を考えたいと思う。

```
・美の美学  互いに緩和、順応しあう「パターン化された対比に編み込まれた」差異の問題     ⇒ 【諸関係の世界】
         ▷変異（形態変化）、意味の網の目の増殖、無限伝搬などが含まれる

・崇高の美学  それじたいの深みに隠通した何かのもつ魅惑が問題              ⇒ 【諸実体の世界】
          ▷モノの個体性、唯一性、それ性 thereness など
```

完全接触と遠隔接触

「遠隔接触」とはスティーブンの『モノたちの宇宙』の中に出てくる言葉であるが、私見を交えてその意味を考えたい。私たちがあるモノの意味や機能を知り、全てを把握しているという気になっている状況を"直接的完全接触"とするなら、意味も機能もよく分からず、私たちはそのモノを決して把握した気にはなれないのだが、何か惹かれ感ずる部分がある時、それは"遠隔的な不完全な接触"とも呼べる状況が起こっているという事ができるのではないだろうか。

私は、建築と接触する時にはこのような"遠隔的な不完全な接触"が重要であると考える。

対象化できること

月は地上からその輪郭を捉えることができる。かたちも単純である。対象物として捉えることができるという点では太陽よりも近しさを感じる。月は私たちの内に対象化できる、ある再現可能性をもった存在であり、そのことが親近感にも関係しているのではないだろうか。本研究における建築空間の提案では、秩序というものも一つの重要な要素として考えたい。

秩序とそれを凌駕すること

モダニズム建築

モダニズム建築の中には、単に単純明快で抽象的な空間性だけでない、得体のしれない物質感を帯びたような建築がある。ミースのバルセロナ・パビリオンはその1つである。水平垂直による強い秩序をもった構成要素に対して、大理石のもつ肌理は流動的で予測不能である。それは自然の象徴とも言えるべきものではないか。バルセロナ・パビリオンでは、この両者が1つの空間に存在するという不思議な不気味さ、物性の力が感じられる。バシュラールの言葉を借りれば、「幾何学が物質を限定したいと思う表面を飛び越えて膨張する力」である。

同じく近代建築を代表する建築家にルイス・カーンがいるが、彼の建築もまた物性の力を感ずる所がある。彼の建築には幾何学が多用されているが、コンクリートが充填された太い柱や厚い壁はずっしりとした量感がある。抽象的というより具象的で、力強い印象を受ける。どっしりとしたその姿は、長い間その地にある遺跡のようである。重量感のあることが私たちに不動なる感覚を与え、それが建つ地との深い結びつきを感じさせるのか。不動なる感覚とは、それ自体が膨大な時間を内包し、私たち人間が簡単には到達し得ないような閾にその建築が在るという感覚にさせるのかもしれない。

建築の構成物に施される彫刻

歴史的建築物には壁面や柱などに細かな彫刻が彫られているものがある。細かな彫刻によりその全体がより偉大に感じられる効果があるのではないか。情報量の多さや、芸の細やかさは私たちに膨大な時間を彷彿させ、圧倒する。

また、自然界には真っ直ぐなものは存在しない。でこぼこしていたり、角ばったものもあらゆる作用の中で角が取れていき、丸みを帯びてくるという法則がある。私たちはでこぼこしていたり、角が取れているものに関して自然的な要素を感じやすいのではないだろうか。凹凸や角が取れていく現象はまさにその場所で起こっていることであり、それが意味することとは、そこに含まれた時間の証でもあると思うのだ。こうして微細な凹凸は、やがて場所との密接なつながりの印象として私たちに訴えかけるのではないだろうか。一方、建築は構成的であることが多いから、一般的には床があり、柱が立ち、天井を支えるという構造が成り立つ。このような構成的な建築物において受ける印象は、諸々の構成要素に分解されやすいという側面を持っているのではないだろうか。しかし、柱や天井に境目なく刻まれる彫刻がある場合、それらは建築の構成要素の集合であることを超えて一体化し、全体でひとつの物体、空間となり得ると考えられる。この時受ける感覚は、たとえそれが平面的に見れば幾何学的構成であったとしても、平面や立面といった二次元に分解されることはなく、常に三次元的なものとして認識されるのではないかと思う。

【フリッツ・ノイマイヤー：バルセロナ・パヴィリオン 1928―29(1986年再建)・トゥーゲントハート邸 1928―30／ミース・ファン・デル・ローエ／作】，GAグローバル・アーキテクチュア，A.D.A.EDITA Tokyo，（1995.3）】

左）シェル・エ・バングラナガーバングラデッシュ首都計画
右）ソーク生物学研究所
【ルイス・カーン：建築の世界／デヴィッド・B・ブラウンリー、デヴィッド・G・デ・ロング／編著；東京大学工学部建築学科香山研究室／監訳ルイスカーン】

左上）日光東照宮
左下）サグラダファミリア
[https://www.hatobus.co.jp/app/search/course_detail/index?c_code=H103B&o_date=20190228&print_flg=1]
中上）アンコールワット
[https://tabijozu.com/barcelona-sagradafamilia]
中下）アミアン大聖堂副本
[https://ameblo.jp/bunrath/entry-12385040864.html]
右）ミラノ大聖堂
[https://www.abaxjp.com/angkor-gothic/angkor-gothic.html]

まとめ

月が私たちに与える心的印象として崇高性が関わり、その崇高性は自己の覚醒に関わることが導き出された。崇高なる経験を創出させるためには把握しきれないことが重要であるという仮説を立て、我々の認識の把握が及ばぬような世界を「諸実体」とした。そして、人は諸実体との遠隔接触によって崇高なる体験、つまり自己の覚醒が起きると考えた。

設計手法の抽出

手法として水平、垂直、まっすぐの「初等幾何学」に対し、そうでない流動的な有機的なものを「自然幾何学」とし、これらを同時に存在させることにより得体の知れない魅力を持った空間性を創出することを考えた。スタディを行い、初頭幾何学と自然幾何学がどのように存在すべきか検討を行った。

スタディ分析によるまとめ

スタディより、対象物的だったものが空間をつくる包摂物とつながっていくことで、見ているそれが対象物であるのか、包摂物であるのか認識の中で入れ替わりが起きる事が分かった。この時、私たちの感覚としてはつかみきれないという感覚が生じ、建築との遠隔接触につながる可能性が起きるという仮説が得られた。

・幾何学的なものの中に自然物のような有機的なかたちが匿われている
・初等幾何学と自然幾何学が入れ子のような関係にあり、自然界の有機的な中に幾何学的な対象物があるという日常の環境から反転を起こしている
・幾何学による人工物と自然物の拮抗感がある

・水平と垂直で構成された空間の先にそれを逸脱した道のような様相のものが見え、さらにその道上に柱のようなものがある。上昇するこれに目をやっていくと、ねじれながらいつの間にか天井に吸収されてしまう。見ているそれは対象物なのか、それとも空間を包む包摂物なのか、不思議な感覚が生まれている

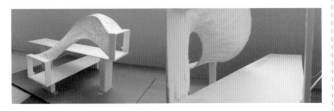

・三次元上で直交する2つの四角形の上面と側面に連なるように自然幾何学的形態が接続する。これにより、異なる高さにある四角は連なるものともなりはじめる
・上方の四角から覗くと、下の四角の上面から伸びた流動的な自然幾何学が側面にふいに現れ、奇妙さが生まれている

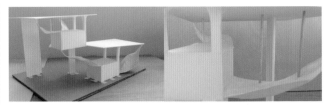

・四角から天井に伸びる道のようなものは直線が持つリズムから大きく逸脱する。意外性のある動きを見せることで四角に付随するものという以上に何者かになっている。流動的な動きとともに垂直の柱があることで、視覚的にどっち着かずの状況を起こしているのではないか
・道上にある柱は、柱にしては細く屋根から伸びる自然幾何学を釣っているようにも見える。屋根を支えるための柱というような建築の機能に変換されないことも重要であるようだ
・箱から垂直に伸びる柱は天井と接続する際、滑らかにつながることによって、ひと塊である物体感がでている

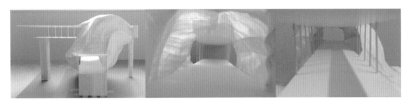

・岩のような自然物に幾何学が貫入しているように見える
・歩いていく中で包摂物とその先にある対象物としての空間の質にギャップが生まれている
・四角の入り口から入っていくと、岩のようなモクモクしたものに包摂される。しかし、その先に水平の屋根、垂直の柱といった幾何学的空間が見える
・今、自分がいるところで経験している空間と、視覚で捉える空間にギャップが生じていることで、把握しかけたものが揺さぶられるという現象が起きる

・箱を重ねたような典型的なビルディングタイプの様相であるが、所々で垂直な面がくぼんでいたり、自然物のようなものがぶら下がっていたりする
・俯瞰的にとらえる視覚的な認識と、微視的な体験で捉える認識にギャップが生じている。認識を揺さぶるひとつの効果になり得るかもしれない

・自然幾何学が箱型の初等幾何学を取り巻いているようである。初等幾何学に対し、自然幾何学の付属感が多少ある
・搭状のような外形は、自然幾何学と初等幾何学の追いかけっことして良いのではないか

水平と垂直のつながり方の検討

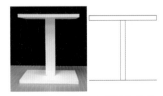

水平要素（地面・屋根）と垂直要素（柱）がそれぞれ自律的である

柱と屋根が滑らかにつながることで建築の構成物に一体性が生まれる

柱と地面が滑らかに繋がることで地面との一体性が生まれる

柱と地面、柱と屋根が各々滑らかにつながることで建築と地面の一体性が生まれる

設計提案

プログラムにシェアハウスを設定する。

空間自体が得体の知れなさを持つことで、異質な他者どうしが共に住まうという環境の中で余白や余裕が生まれることを期待する。

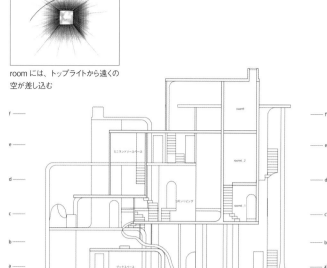

room には、トップライトから遠くの空が差し込む

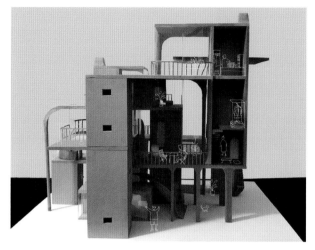

x‐x'断面図

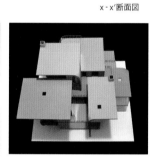

柱は、床は、屋根は、終わりなく、また始まりもないような

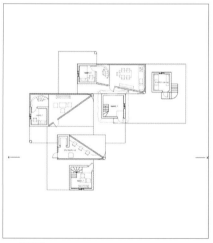

a‐a'平面図

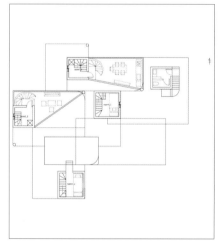

b‐b'平面図

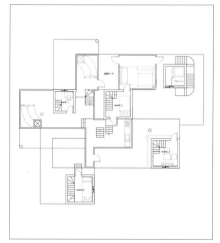

c‐c'平面図

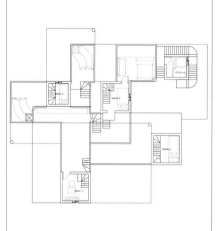

d‐d'平面図

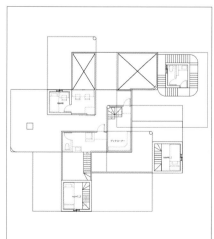

e‐e'平面図

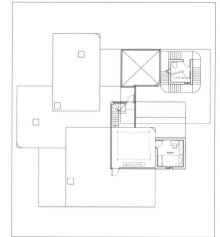

f‐f'平面図

堀開き

―過去を繋ぎ未来を拓く中心の再興―

平井 未央
Mio Hirai

日本女子大学大学院
家政学研究科
住居学専攻
篠原聡子研究室

急激な社会の変化、自然災害などにより、幾度も歴史が分断されてきた日本において、建築が都市の歴史を繋げることは可能か。城を中心として生まれた近代都市は、外へ向かって拡散し、巨大化するにつれて、その核を失った。人間とかけ離れ、掴み難い存在となった都市に、人間の営みを内へと収束させていくような、新しい中心を据える。

中心の空洞化が著しい地方都市を対象に、城の起源であり、現在も多くの都市に実存している堀を起点とした計画を行う。住民と中心とを分離していた堀の水を抜き、建築化しながらまちへと開く。堀の4面性によって分かれた、それぞれ特徴ある周縁の必要とする建築が、堀を乗り越え、城内で混じり合う。

石垣を内包する各建築は、補強性と可逆性を保ちながら、石垣を解釈するように建ち現れる。近年、広まった歴史保存の態度により、歴史的解釈は事実に代わって実体を持ち、歴史的事実が不透明になっている中、事実と解釈がどちらも実体として並存することを目指す。

石垣と共にある建築での個人の経験は、堀という大きな骨格で建築群がひとつになるように都市全体の共通の記憶となっていく。人間がつくり出した大地を基盤とした建築が建つことで、堀という歴史的事実が人々の生活と共に後世に残っていく。

日本における中心の変遷

古代

　無秩序に発生していた集落が、宗教建築の周りに集まった。

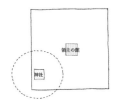

中世

　政教分離によって、土地を守る領主の館が中心となった。その際、既存の聖地を内包するかたちで威厳を保つことが多かった。

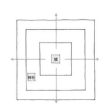

近世

　守るものから治めるものへと変わった都市に、領主の力を拡散するように城郭が生まれた。

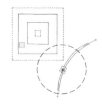

近代

　日本がひとつになり、国全体に引かれた線路によって駅が各場所の中心となった

現代

　郊外の広い土地に大型商業施設や公共施設ができる

現在

　スプロールし、中心を焼失した都市。

未来

　広がりきった都市を再び中心へと収束させる。

「鑑賞物」となっている保存

初期の状態に戻された建築は、誰も使用することができなくなる。建築が「鑑賞物」となり、「見ている」人は見物人になってしまう。

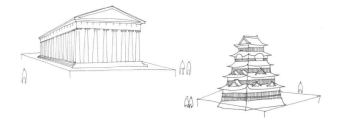

輪郭線を中心点に

都市の骨格として残っている堀を一体化し、ひとつにする。輪郭線だった堀が中心点となり、都市の中心としての機能を取り戻す。

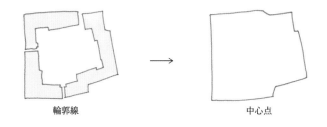

輪郭線　　　　　　　　　　　　中心点

中心の建築

外国で教会や城というと、豪華で特別な、塔のような建築が思い浮かべられる。一方、日本では神社も城も、住宅の形式と似た建築が水平に増殖したものであった。

垂直にそびえる欧州の中心 | 水平に広がる日本の中心

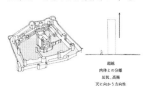
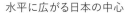
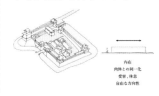

根付かない天守閣

織田信長によって生まれた天守閣は、「見ること」「見られること」を意識した垂直性のある建物だった。しかし、戦以外では物置などに利用され、空き家同然だったため、江戸時代に入ると次第につくられなくなった。

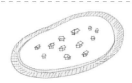

プランニング重視のなわばり

弥生時代の環濠集落や、大和時代の貴族の館などにみられるように、日本では遥か昔から、「くるわ」を掘ることで、特別な場所、護るべき場所をかたちづくってきた。

堀の建築化　堀の水を抜いて、建築化していく

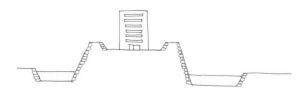

水堀と石垣によって、住民と都市の中心が隔てられる。

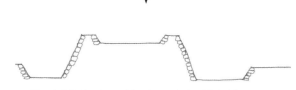

堀の水を抜くことで、誰のものでもない場所が生まれる。

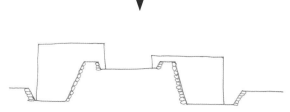

建築が石垣を内包するように立ち上がる。建築によって城内へのアクセスが生まれ、中心で混じり合う。

事実を解釈する建築

歴史的事実は「事実」と「解釈」が対になることで成立する。実態のある事実と同じヒエラルキーを持って存在できる、実態のある解釈を設計する。

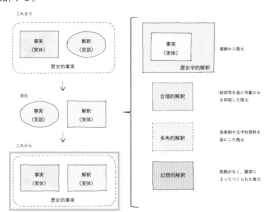

石垣を支える建築

石垣を補強しながら石垣と人間の関係をつくり出す建築。補強の必要がない箇所は、可逆性を考えて設計する。

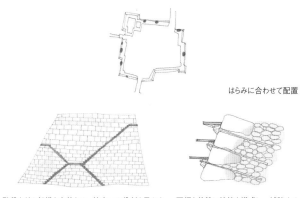

はらみに合わせて配置

階段などの架構を交差させ、筋交いの役割を果たす　石垣を基盤に建築を構成し、補強する

石垣の解釈を付与する建築

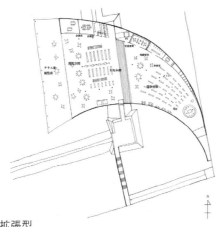

図書館×拡張型

　身体スケールから石垣スケールへと拡張していく図書館は、石垣を一層大きなものに見せる。石垣を補強している本棚は「もたれ擁壁」として石垣を支えつつ石垣のラインを可視化させ、近づくと、石一つひとつと出会う場となる。

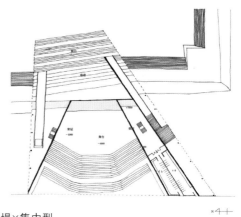

野外劇場×集中型

　石垣に向かって一点集中させる野外劇場では、石垣が舞台で繰り広げられるさまざまな演目の背景として、多くの人の心に残る。屋根はゆるやかな階段となって堀の内部へと落ちる。堀内部からは屋根が座席として使われる。

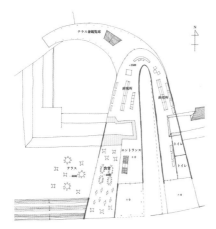

直売所・食堂×介入型

　そばに立っている農協本部と水産会館の直売所を合体させる。駅から続く大きな動線を城内に引き込むような形状で、かつて正門が建っていた堀を内部に取り込む。堀によって規定された空間は、直売所と、直売所の食材を用いた食堂に分かれる。

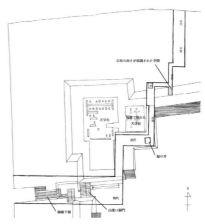

時の橋×強調型

　歴史博物館と中央公園をつなぐ橋は、この土地の歴史展示室としての役割を果たす。古代・中世の展示に続き、城の建った近世の展示空間では、極端に細い空間で石垣の「高さ」を強く感じる。

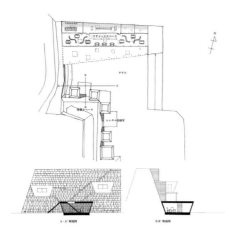

シェアオフィス×一体型

　大きなスロー部の下にはシェアできるリチャージスペースがあり、石垣が続くスロープをたどると個室がある。個室は、石垣の勾配を用いた、石垣と一体化する空間であり、切り取られる場所によってさまざまな表情を持つ石垣が、空間を特徴付ける。

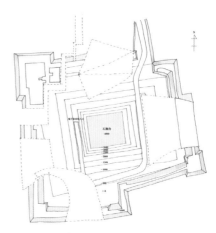

石舞台×陥没型

　堀の内部は、県庁の地下駐車場と道路を残しながら、地下1階部分を下げることで、ゆるやかでおおらかな舞台へと変化する。県庁の地下1階部分のスラブだった場所に、石垣に用いられる「笏谷石」を葺くことで舞台とする。

全体計画

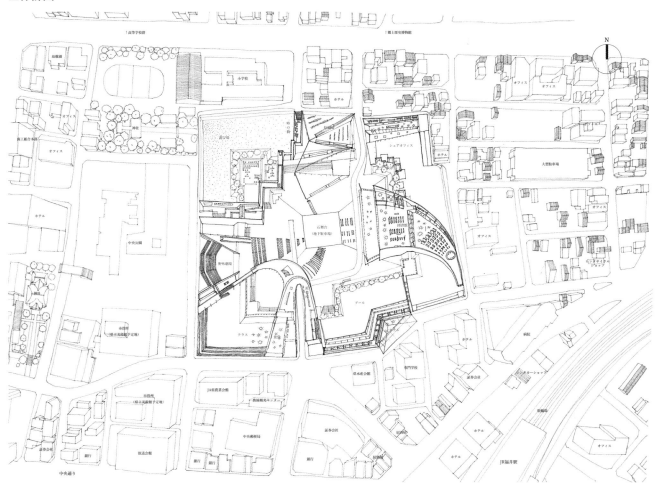

石垣と人間の関係性

人間と石垣の距離感を操作し、石垣のある空間体験にグラデーションを生む。

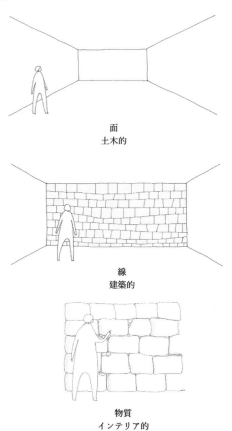

面
土木的

線
建築的

物質
インテリア的

石垣とさまざまな関係をつくる建築で生まれた個人の経験は、堀という大きな骨格で建築がひとつになるように、いつしか都市全体の共通の記憶となる。

人間のつくり出した大地を基盤とした建築が、堀という歴史的事実を人々の生活とともに後世へと伝えていく。

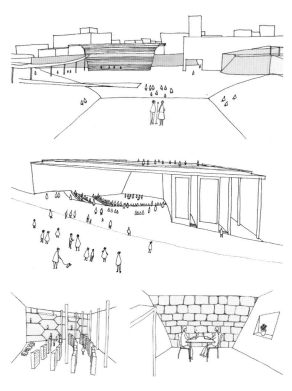

移ろいゆく風煙

─自然換気を生みだす移動空間の研究─

橋本 紗奈
Sana Hashimoto

武蔵野大学大学院
環境学研究科
環境マネジメント専攻
風袋宏幸研究室

ベルヌーイの定理によって説明される自然換気には、無風状態では機能しないという欠点がある。そこで、本研究では、空間自体を移動させることで生じる相対的な空気の流れを利用して、自然換気が可能となる仕組みを考案する。次に、この仕組みが効果的に働くための空間形状と開口配置をCFDシミュレーションによって明らかにする。最後に、以上の検討に基づく小さな実空間の制作を行い、仕組みの有効性を検証するとともに、現代都市における新しい喫煙空間の可能性を提示する。

本設計では、相対的な空気の流れを生みだすために、空間ユニットを4輪車に載せて人力で牽引する仕組みとした。また、空間ユニット後方下部には給気口を、上部には排気口（排煙フィルター付き）を設置した。

実空間の利用方法は、観光地を巡ることを想定する。街の風景が見やすく、人の視線が気にならない開口とした。停留時には、2枚の壁を跳ね上げ、外部空間と繋ぐことによって、多くの人が集う茶屋のような場として活用する。これは、かつて宿場町間を駕籠に乗って移動する際に、茶屋に立ち寄り、休憩していた生活文化を連想させるものである。

これらの実空間の設計により、現代都市の新しい喫煙空間の可能性を提案する。

背景

基礎となる研究　－空気の流れに着目した空間構成法－

建築で利用される風の流体解析ソフトCFDには、設計した内容を事後的に検証する目的で検証解析に用いられることが多い。これに対して、"空気の流れに着目した空間構成法"とは、CFDを創造的に使用することを目的とした。

空間の内部構成をテーマにした研究として、卒業研究においてベースとなるボリューム（10m×10m×3m）を対象として、開口部の構成と空気の流れ方の対応関係を検討し、自然喚起に有効なボイド空間の形状を明らかにした。

上記の研究の発展として小さな実空間の制作を行い、"空気の流れに着目した空間構成法"を実践する。

着目した空間構成法－

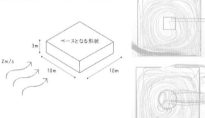 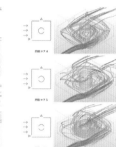

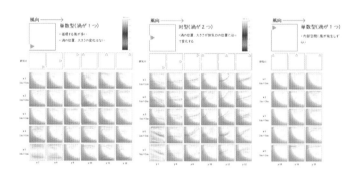

都市と喫煙空間

近年の健康志向を背景として、喫煙に対する規制が強化され、喫煙空間の減少が都市で急速に進行している。受動喫煙を減らす目的の分煙空間のほとんどは、公共空間から隔離されたガラスケースや屋外である。

かつてあった日本独自の喫煙文化の趣は希薄である。江戸期の浮世絵にも見られる、駕籠や茶屋で煙管をたしなむような豊かな喫煙文化を見ることはできないのか。

本研究制作では、都市環境問題を解決するための喫煙所ではなく、消滅したふらっと喫煙ができる生活文化を現代に再生するための空間を提案する。

目的

　ベルヌーイの定理によって説明される自然換気には、無風状態では機能しないという欠点がある。そこで、空間自体を移動させること生じる相対的な空気の流れを利用して自然換気が可能となる仕組みを考案する。

　この仕組みが効果的に働くための空間形状と開口位置を、CFD シミュレーションによって明らかにする。

　検討に基づく小さな実空間の制作を行い、仕組みの有効性を検証するとともに、かつて日本で見られた豊かな喫煙空間を再現しつつ、現代都市での利用の可能性を提示する。

デザインと制作

換気システム

□仕組み
- 相対的な空気の流れを生み出すために空間ユニットを4輪車に載せる
- 人力でけん引
- 空間ユニット後方下部には給気口、上部には排気口（排煙フィルター付き）を設置

□移動速度
- 歩行速度／自転車の速度

形状デザイン

解析する条件と結果表示

□基本形
- 一辺が 1100mm の立方体

□目的
- 自然換気
- 内部に快適な空気の流れ
- "至軽風" 0.3〜1.5m／s を目指す
  「風向きは煙がなびくので分かるが、風見には感じない」
  「鱗のようなさざ波ができるが、波頭に泡はない」
  ↓
日常生活では、意識をして初めて感じる風速

□解析結果の表示方法
- 面…風速を見る
- 流線／全面…外部の流れ、相対的な風の量
- 給気口に基準…内部の流れ

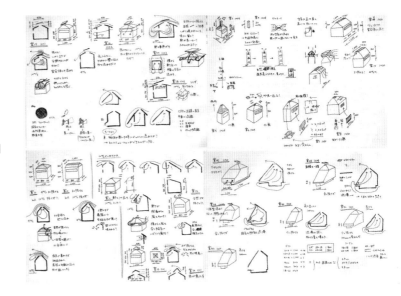

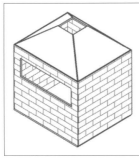

- 全体的に空気が流れる
- 上部に風が多く、下部には風が入らない

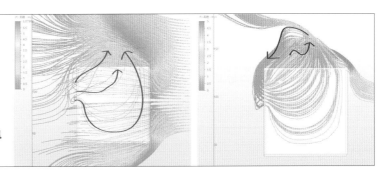

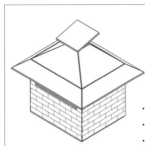

- 内部の排気口付近で渦巻く
- 内部の流れ方が乱れる
- 2.5m／s になるところがある

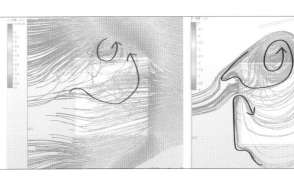

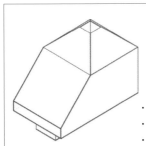

- 全体に流れる
- 渦巻き、乱れがない
- 0.5〜1.0m／s で安定

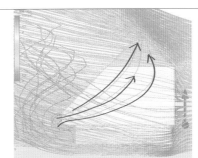
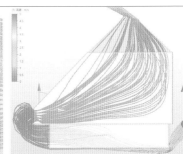

素材と構造

□空間ユニットの構造
- ・シナベニヤ／厚さ3mm
- ・杉の角材／18×18mm
補強した面材を組み合わせる軽量なボックス

□4輪シャーシ
- ・市販の鋼製2輪シャーシを連結

□重さ
- ・4輪シャーシの耐荷量…300kg
- ・目標総重量…250kg
- ・成人2人の平均体重（＋20kg）…140kg

250kg－140kg＝110kg

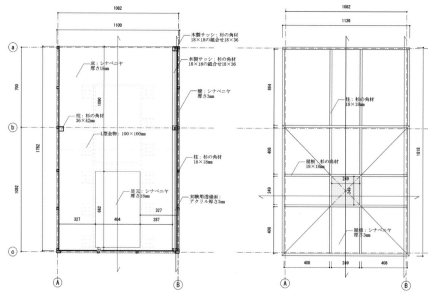

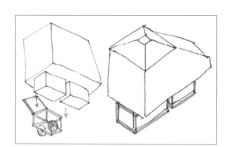

空間ユニットと4輪シャーシの連結法

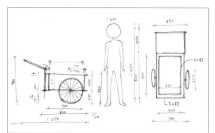

4輪シャーシの実測

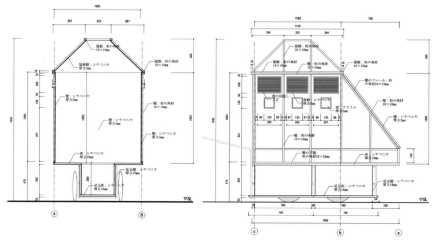

施工

施工における収まりを示す。
- ・シナベニヤ／厚さ3mm
- ・シナベニヤ／厚さ18mm
- ・杉の角材／18×18mm

3種類の材料しか使用しないため、
組み方、合わせ方の検討を重ねる。

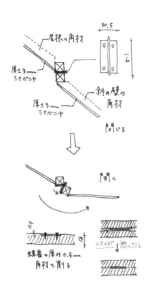

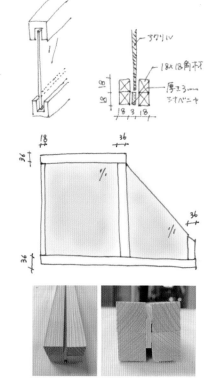

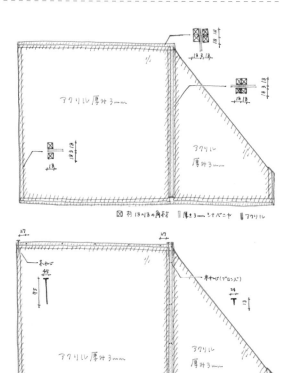

空間利用イメージ

　観光地・浅草を巡る。人力車と駕籠から、新しい移動空間を提案する。

　江戸期の人々は五街道である日光街道を駕籠で移動した。街道の宿場間にある茶屋に立ち寄り、煙管をふかしながら休憩をした。その暮らしを現代の浅草に再現する。

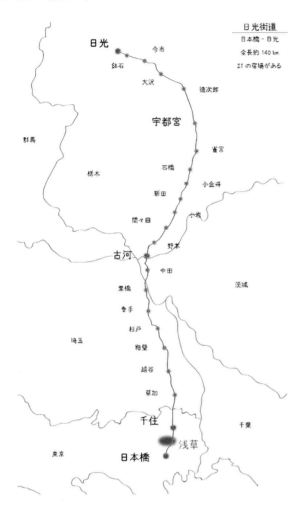

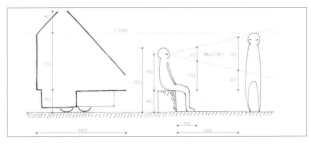

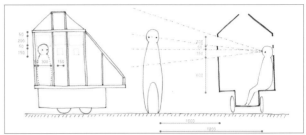

検証結果

　本研究で考案した移動空間の有効性について検証を行った。想定した換気機能に関しては、送風機を使用しての自然換気は確認できた。装置自体の制度に課題があり、十分な結果が得られたとは言えないものの、かつて日本で見られた豊かな喫煙空間を再現しつつ、現代都市での利用可能性の一端は提示できた。

IN BETWEEN

─インテリアからまちまで中間スペースを解釈する─

ロハビチットラーノン・タナポーン

武蔵野美術大学大学院
造形研究科
デザイン専攻
高橋晶子スタジオ

過去20年で、タイ・バンコクは急速に発展し、都市が拡大してきた。 住宅街だったエリアはデパート・カフェ・クラブなど商業を中心としたプログラムに置き換えられ、独自のコミュニティが消えつつある。エカマイ地区もその一つだ。そこで、内と外の中間領域であるbetween spaceを積極的に利用するタイのライフスタイルに注目し、その有効性を研究した。エカマイ地区に古くからあるコミュニティを守りながらも現代の用途に対応できるよう、交差点にある長屋をリノベーションし、バリエーションに富んだ新しいcommunity spaceを提案した。

ここでは人々が自分のニーズやアクティビティを合わせるスペースを利用しながら、同時に周りの人と対話できる。それぞれが自分の好きなスペースを利用しながら、周囲に開かれていたり、話したりできて、お互いとインタラクションするチャンスも増し、コミュニティ感が発生する。また、全ての建物の一階部分は多目的なオープンスペースにし、お店をコンパクトサイズにすることで、どの期間やどのプログラムでもオープンスペースを最大限に活用することができる。そして、各建物の同じレベルで広場をつくることで、各建物はプログラムが違っても、目線的に連続感ができる。

タイでは内部から外まで流れている between space を利用する習慣が特徴だと思い、本設計では、between space の使い方を発展させ、小さなボリュームの中から流れ、お互いに連続し、この場所にコミュニティ感を戻すため、様々な可能性を検証する。

「between space」とは

2つの空間の間に発生する空間であり、その2つ空間を連続、または分離することがある。「外部」か「内部」、「パブリック」か「プライベート」など、ある空間を明確に判断できないこともよくあるから、こういう曖昧な空間を定義するため「between space」あるいは「semi space」の言葉が発生した。

> タイには「プライベート」か「パブリック」か、「内」か「外」か、「私物」か「公物」か「between space」という柔軟的な空間で利用するライフスタイルがある。
> ある敷地や建築では、時間・季節・ユーザーのニーズによって一つ以上のスペースの形や利用仕方があることも可能。
>
> ↓
>
> 二つの異なる空間を含む、内から街まで、プライベートのアクティビティからコミュニティまでつなぐ一つのツール

タイにおける between space

事例1）伝統的な家

日中は下のスペースを利用、日常生活＋近隣とのアクティビティ

夜間は上のスペースを利用、下のスペースは空いているスペースになり、コミュニティーの通路

事例2）道路沿いの屋台

夜間に歩道が屋台で混んでいて、フェンスを道路で立て、車線道路を歩行にする。
>> 一時的の歩道と道路の新しいバウンダリ

事例3）住宅街の路地

路地は通路として利用することだけではなく、コミュニティの広いリビングルームのような居住者がお互いに話したり、コミュニティーの活動を行ったりする場所として利用している。

建築における between space を検討

対象敷地：エカマイ（タイ、バンコク）

　昔は郊外のエリアだったが、都市が発達してきた現代ではエカマイが中心街と郊外の境界線である。つまり、エカマイは「昔」と「現代」、「ローカル」と「都心」、「高級」と「低級」といった2つのコントラストを組み合わせる between space というところである。

　都心になっている新しいライフスタイルに応じるため、道路沿いに並んでいた長屋は壊されたり、リノベーションされたりして、ライフスタイルモール、高層コンドミニアム、おしゃれなレストランやバーなど、エカマイの新しいアクティビティ向け建物になっていて、エカマイの風景は昔からまったく変わってきた。

　現代のエマカイにはさまざまな人のグループ、ニーズ、アクティビティが混在している状態である。個性的な長屋が徐々に消えて、ショッピングモールやレストランなど新しい建物になっている、新築のプログラムや建物のスケール感などは既存のローカル建物やコミュニティと調和しないため、昔ながらのコミュニティ感が消え、また、道路からの混乱場「パブリック感」は住宅エリアまで流れている。その結果、それぞれの住宅は外から閉じるしかない状態になっている。ついに、住宅とまちをつなぐ空間が消えてしまった。

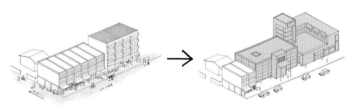

元々は道路沿いに個性的な長屋が並んでいて、道路から住宅街まで繋がり、コミュニティ感があった。

現代では個性的な長屋が徐々に消えて、ショッピングモールやレストランなど新しい建物になっている。

「長屋」は道路沿いの「パブリック」と住宅エリアの「プライベート」を連続しながら、バウンダリーを機能として利用されていた。

設計敷地　エカマイ12号線の交差点

　エカマイ12号線の交差点は4つの異なるエリアにアクセスを分配するジャンクションなので、エカマイで最も渋滞が起きている箇所であり、平日・休日問わず、1日中、車や歩行者、屋台で混んでいる。

　これらのバリエーションを形としたいと思い、研究していた between space を生かし、交差点の4つの角にある長屋をリノベーションし、エカマイの community space を提案する。この4つの角は異なるエリアまで連続しているから、それぞれの角では異なるキャラクターを示す。

エカマイ（バンコク、タイ）

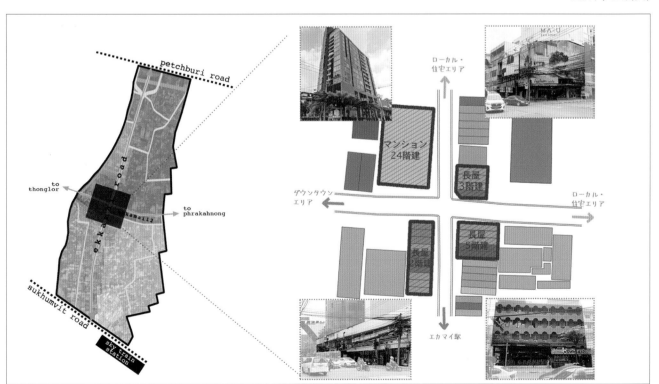

Bring Back "COMMUNITY" to a Place by Using Between Space

　研究結果より、タイでは内部から外まで流れている be-tween space を利用する習慣が特徴だと分かった。本設計では、このような between space の使い方を発展させ、小さなボリュームの中から流れ、お互いに連続し、地域にコミュニティ感を取り戻すため、さまざまな可能性を検証した。

　コミュニティスペースをつくるのは、人々が同じ場所でアクティビティをするのではなく、自分のニーズに応じてスペースを利用しながら、同時に周囲の人と対話ができることだと考えた。人々が自分の好きなスペースを利用しながらも、ある程度は周囲に開かれていて、話もできる。お互いにインタラクションするチャンスも増し、コミュニティ感が発生する。

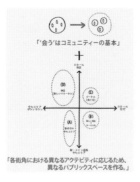

Street level = Free Space

　エカマイにはさまざまなプログラムが混在していて、平日・休日・夜間は異なる時間によってアクティビティも利用者も変わる。全ての建物の1階部分は柔軟的なオープンスペースとし、屋台のようなコンパクトサイズの商店と共用席が揃っている。いつでも、一部の商店が閉まっていても、席が使え、広場を豊かに利用できる。

＋8000mm で目線的に連続

　エカマイにはゆったり休憩スペースがなく、道路沿いの1階部分も混雑すぎるので、上階でテラスパークを提案する。各建物の8000レベルに大きなテラスを設けて、休憩スペースや遊び場として利用できるようにする。レベルを同じにすることで、建物の連続感を生み出す。

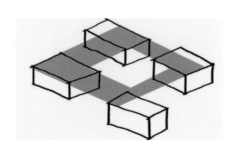

public program　　semi-space　　private program

STREET LEVEL
overall plan

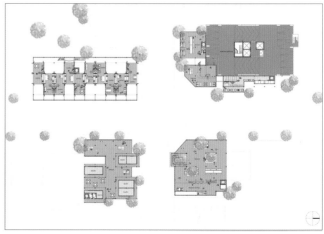

TERRACE LEVEL
overall plan

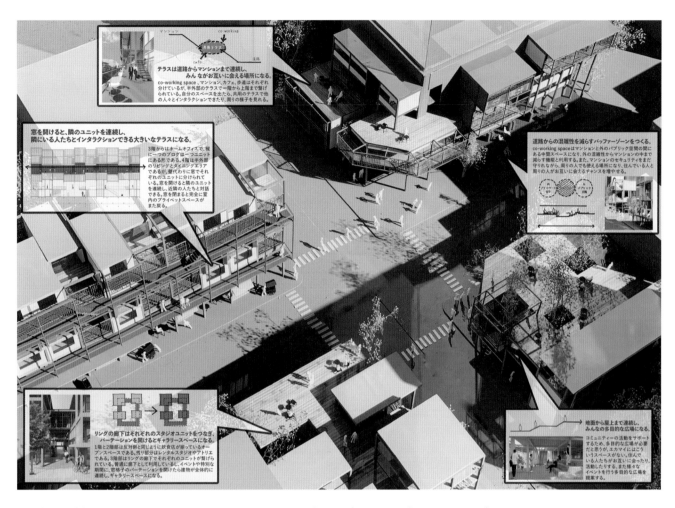

Quality public spaces invite people to stop, sit, eat, play and so on …the more people come out, the more chances of communication a person we after met on the streets becomes **"person we know"** and **community occurs naturally.**

ふるさとの息づかい

―福島県浪江町請戸―

福田 早也花
Sayaka Fukuda

武蔵野美術大学大学院
造形研究科
デザイン専攻
長谷川浩己スタジオ

福島県浪江町請戸地区。東日本大震災の津波により、まちの営みが1日にして消えた。7km先に原子力発電所が見える。敷地から3km先は中間貯蔵地となっており、長期的にこの地に人が貫入することがなくなる。このような状況の中で自然と人のバランスが崩れ、この地は自然に還りつつある。

現代は技術進化の恩恵により、自然という脅威から守られる生活が送れるようになった。それによって自然に対して恐怖を感じにくい人間社会となっている。動物としての感覚の低下から人は様々な環境問題を引き起こしているようにも感じている。このまちで起きた原発の事故のように、人々の麻痺した感覚は時にまちを破壊する兵器になる。

ここに自然の力と人間の力がともに拮抗しあい、風景が変化し続けるメモリアルパークを設計する。ここは長いスパンの中で、自然と人の拮抗により世界が動いていく。

自然の再生能力に甘んじて自然へ負荷を与えすぎている現代。自然と人とまち。どのようなバランスで共存するか。科学技術とどのように向き合うか。現代の人々の麻痺した感覚に問いかける場として100年後もその先も存在し続ける。

職住近接の暮らし
　フィールドワークを行なった請戸地区は、海側から漁港、住宅、田畑、山と連なっており、職住近接の暮らしが営まれていた。

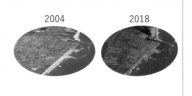

2004　　2018

そして花壇のようになっていた

2018

緑地の分布

現在は、かつて住宅街が広がっていた部分・農地であった部分のほとんど全てを雑草が覆い尽くしている。

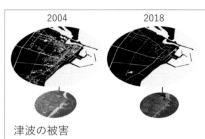

2004　　2018

津波の被害

津波の被害により請戸地区は壊滅的被害を受けた。山際のところまで津波が押し寄せた。最高の津波高さは15.5m。このマップの白い部分は建造物や道路だ。震災以前に比べると建造物が大幅に減った。

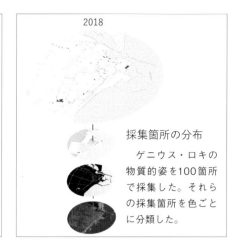

2018

採集箇所の分布

ゲニウス・ロキの物質的姿を100箇所で採集した。それらの採集箇所を色ごとに分類した。

農地の記憶

地図上には確かに書かれている、田畑の脇にある道。それらの道は、今はもう自然に飲まれてしまっており先へ進むことができない。田畑を営むことができず、荒れ果てて見渡す限り雑草が広がっている。

農地の記憶は9年が経とうとしている今でもはっきりと残っていた。目を凝らしてその雑草を見ていると、雑草の種類がくっきりと農地の区画に沿って分かれていることに気づいた。

自然の脅威、強さ、そして人々の農耕の記憶を感じ取った。この地にある明らかで曖昧な記憶の関係式に恐ろしくなる。

自然へと帰ったこの地に存在している人間がつくり出した直線はナスカの地上絵のように不気味に存在していた。

人間が暮らすために造成した土地の地形なのも残っている形でそこに存在している／役目はなく、とても違和感を覚えるそれらの地形の記憶は全くこの地を知らない我々が見るととてもいびつな形に見えるが、この地に住んでいた人々にとってはとても懐かしい風景を構成する一部であり原風景なのかもしれない。

カエルの像をまちで一体も見つけるふと私が小学校の時に持っていたカエルのお守りを思い出した。母親が持たせてくれた「無事かえる」のお守りだ。誰かが、誰かを思い、玄関先に置いた大きなカエルの置物。

人がいなくなったまちで佇むこのカエルの像は妙にリアルに感じた。まさに生きているように。

西洋哲学の授業の際に出てきたサルトルの「実像は本質に先立つ」という言葉が頭をよぎった。この地球上にある人間（生き物）以外のものは本質の一つであって存在するこのカエルは誰かの無事の帰宅を達成させるために家に置かれた置物であった。しかしながら津波によりこの本質は、第三者である私たちが捉えることできなくなったただのカエルとして存在する本質を失ったカエルは今や我々人間と同じ生き物のように見える。今に飜閣から飛び跳ねてしまいそうであった。

自然の力と人間の力　- メモリアルパークの提案 -

私は現地を訪れ、この地の「ゲニウス・ロキ」を明示化するために、フィールドワークを通した研究を行なった。写真に写っている風景を目の前にした時、生まれて初めて正真正銘の自然の力を感じ前へ進めなくなった。私が生まれた平成の時代はもうすでに技術が進歩していた。普段歩くのは、固められたアスファルト。明日の天気を知るために星を眺めることもしないし、嵐の到来を示すサインさえも感じ取ることができない。

進化の途中で忘れてしまった能力が私には多くある。技術の進化の恩恵を受け自然という脅威から守られる生活のなかで、自然に対して恐怖を感じにくい人間社会となっていた。この動物としての感覚の低下から、人は様々な環境問題を引き起こしているようにも感じている。

3.11以前は、原子力発電所を見たこともその恐怖も知らなかった人がほとんどだったのではないか。私もそうであった。人々の麻痺した感覚は時にまちを破壊する兵器になる。私はこの地に、自然の力と人間の力がともに拮抗しあい風景が変化し続けるメモリアルパークを設計し、人々の麻痺した感覚を問い直したいと思った。ここは長いスパンで自然と人の拮抗により世界が動いていく。設計範囲は研究にてフィールドワークを行なった部分だ。そこに意図的に人の力がある部分とない部分をつくって、自然の力と人の力が拮抗し合う風景を生み出している。

人の象徴として、この地に営みがあった頃に使われ今は役目なく流れる用水路の水と、家畜としてのヤギを利用して人の自然への干渉を表現している。ヤギを、図面

上に赤色で示した区画に放っている。その部分だけ常に雑草は刈り取られ、まちの痕跡であった地面が見える。また、人が生きるためにつくった用水路をある既存の区画にだけ引き込み植生を変えている。ヤギと用水路により継続する人の営みを表現しており、時の経過の中で地面が変化していく。自然の中にある無数の柱はかつての住宅のグリッドに沿って建てられた鏡面仕上げされた柱だ。鏡のように様々な風景が映り込みここに何か別の空気風景があったということを予感させる。

100年後にこの地に人がいたことを示すものはこの柱と、用水路により植生が変化した地面とそしてヤギにより生活の痕跡が見える地面だけだ。これらの風景を一つの道の上を歩いて鑑賞する。津波で流されなかった山の向こう側にメモリアルパークの入口があり、歩くと山を抜けたところで津波の最大の高さである15.5ｍまで道が上がる。そしてメモリアルパークの風景を俯瞰的に眺める。徐々に道が下がり最後は地面のすぐ上を歩くような道となる。直接触れることはできない距離感である事で、この地を見る対象として意識させるようにした。4kmという長い距離はこの地を考えるのに必要な時間である。

時が経ってこの地の大部分は原生林へ戻る。自然の再生能力に甘んじて自然へ負荷を与えすぎている現代。自然と人とまち。どのようなバランスで共存するか。科学技術とどのように向き合うか。現代の人々の麻痺した感覚に問いかける場として100年後もその先も存在し続ける。

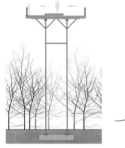

2021 / 2121

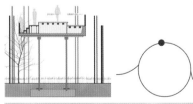

2021 / 2121

The Memorial of Dying Village: Design Strategies for Place Remembrance

Gratiani Budi Pratita

明治大学大学院 I - AUD
理工学研究科
建築・都市学専攻
Davisi Boontharm 研究室

The number of dying villages in Japan is increasing due to the aging and shrinking society. However, the shrinking city which leads to the ghost towns in rural Japan is an unavoidable problem. Architects and urbanists always focus their urban strategy on urban growth and revitalization, neglecting the opposite. Instead of examining the revitalization of such places, this research aims to study the possibility of a dying village design strategy to better prepare for closing the place down. The research focuses on finding a way to bid farewell to a dying village before all inhabitants have left and the place turns into an unwanted, forgotten ghost town. This research challenges the meaning of place by using requalification and focusing on the important role of the village's memory. By using a phenomenological approach, this research is inspired by theories of nostalgia and amnesia how memory works subjectively and its differences with history. Moreover, it focuses on several relevant cases as the scope of the study, namely Scarecrows Village, Cat Island, and the Art House Project. The conclusion draws a design strategy for decline and sum up the results of the attempts conducted in selected places in Japan.

Site: 小佐木島　Dying Island of KOSAGI SHIMA, Mihara City, Hiroshima

A small depopulated island with a total area 0,5 km and a total population only 5 villagers with an average age of 80 years old. It is 15 minutes from Mihara Port (5 minutes walking distance from Mihara Station - local and shinkansen) by a high speed boat that runs 3 times a day.

The island itself can be explored entirely by foot in about 45 minutes. Reaching the top of the mountain is difficult, as the path is covered with wild plants and weeds, making the walk dangerous. However, the entire village can still be seen from the orange fields on top of the hill; all the buildings are located on the one side of the island that is close to the port, while the other side of the island is mainly a forest. Neither commercial buildings nor vending machines are present, making it problematic to find food on the island.

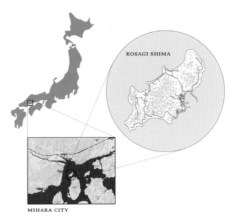

Design Strategies

For a better preparation to close this island (or, to abandoning the place), I came up with three scale of design strategies. The basic idea of these strategies is to challenge and maximize the potential of the island (cultural protection and resources protection)— there are a lot of story that live on the island and natural resources that we can make use of it, for free.

Idea

Maximizing potential of the island (Cultural Protection & Resources Protection)
"HOW TO MAKE USE OF LAND WITHOUT LIFE?"

-Macro-
Island Scale

-Meso-
Village Scale

-Micro-
House Scale

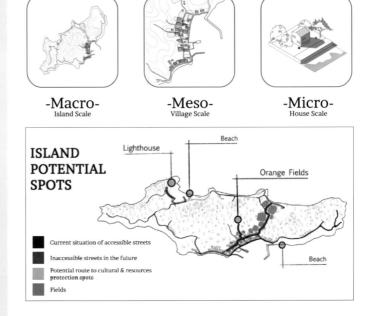

ISLAND POTENTIAL SPOTS

Lighthouse
Beach
Orange Fields
Beach

■ Current situation of accessible streets
■ Inaccessible streets in the future
■ Potential route to cultural & resources protection spots
■ Fields

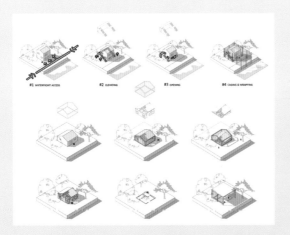

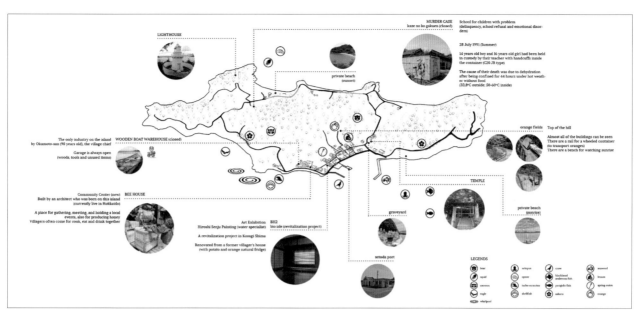

LIGHTHOUSE

MURDER CASE
kaze no ko gakuen (closed)

School for children with problem (delinquency, school refusal and emotional disorders)

28 July 1991 (Summer)

14 years old boy and 16 years old girl had been held in custody by their teacher with handcuffs inside the container (C20 JR type)

The cause of their death was due to dehydration after being confined for 44 hours under hot weather without food (33.8°C outside; 50-60°C inside)

private beach (unused)

The only industry on the island by Okamoto-san (90 years old), the village chief
WOODEN BOAT WAREHOUSE (closed)
Garage is always open (woods, tools and unused items)

orange fields   Top of the hill
Almost all of the buildings can be seen
There are a rail for a wheeled container (to transport oranges)
There are a bench for watching sunrise

Community Center (new)
Built by an architect who was born on this island (currently live in Hokkaido)
A place for gathering, meeting, and holding a local events, also for producing honey
Villagers often come for cook, eat and drink together

BEE HOUSE

TEMPLE

graveyard

Art Exhibition
Hiroshi Senju Painting (water specialist)
BH2
bio isle (revitalization project)

A revitalization project in Kosagi Shima
Renovated from a former villager's house (with potato and orange natural fridge)

private beach (sunrise)

setoda port

LEGENDS

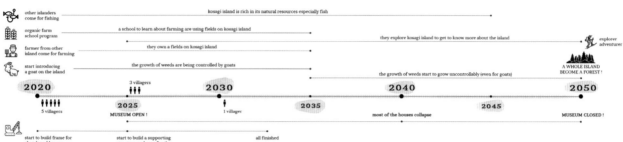

other islanders come for fishing
kosagi island is rich in its natural resources especially fish

organic farm school program
a school to learn about farming are using fields on kosagi island
they explore kosagi island to get to know more about the island
explorer adventurer

farmer from other island come for farming
they own a fields on kosagi island

start introducing a goat on the island
the growth of weeds are being controlled by goats
the growth of weeds start to grow uncontrollably (even for goats)
A WHOLE ISLAND BECOME A FOREST !

2020   3 villagers   **2030**   **2040**   **2050**

5 villagers   **2025**   1 villager   **2035**   most of the houses collapse **2045**   MUSEUM CLOSED !
               MUSEUM OPEN !

start to build frame for abandoned houses
start to build a supporting structure and cage for the late villager's houses
all finished

2020

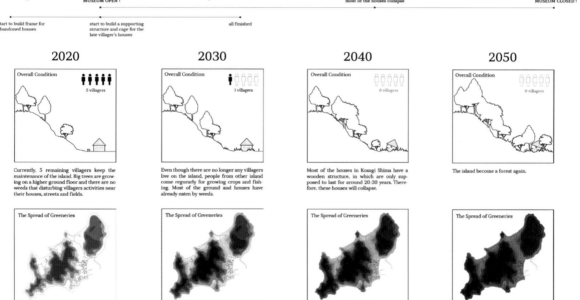

Overall Condition — 5 villagers

Currently, 5 remaining villagers keep the maintenance of the island. Big trees are growing on a higher ground floor and there are no weeds that disturbing villagers activities near their houses, streets and fields.

The Spread of Greeneries

Most of the higher ground (mountain) has already dominated by trees.

2030

Overall Condition — 1 villagers

Even though there are no longer any villagers live on the island, people from other island come regularly for growing crops and fishing. Most of the ground and houses have already eaten by weeds.

The Spread of Greeneries

The growth of the weeds cover most of the grounds except near the main street and port.

2040

Overall Condition — 0 villagers

Most of the houses in Kosagi Shima have a wooden structure, in which are only supposed to last for around 20-30 years. Therefore, these houses will collapse.

The Spread of Greeneries

Most of the ground has already covered by the weeds, except the street near the seasore.

2050

Overall Condition — 0 villagers

The island become a forest again.

The Spread of Greeneries

The island become a forest again.

Accessible Streets

The current condition of the street in Kosagi Shima. Some of the street to the mountain has already covered by weeds; yet, still accessible with the help of hand tools.

Accessible Streets

Although weeds also start to cover most of the grounds, the main street (which is shaped like a ring) still walkable with the help of farmer who come reguraly for growing their crops.

Accessible Streets

Most of the ground has already covered by the weeds, except the street near the seasore. Those streets are made of concrete and people who come several times for fishing help to maintained it.

Accessible Streets

Since all of the area on this island become a forest, it is already inaccessible.

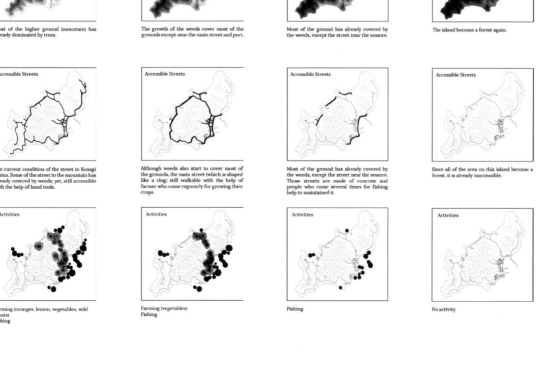

Activities

Farming (oranges, lemon, vegetables, wild plants)
Fishing

Activities

Farming (vegetables)
Fishing

Activities

Fishing

Activities

No activity

MACRO Island Scale Lighthouse Design

Since the current pathway to the lighthouse is blocked, my proposal is to make a new port to the side of the lighthouse so that it is accessible to reach and maintain the lighthouse from time to time. Furthermore, it is also accessible to go to the beach.

BEFORE

AFTER

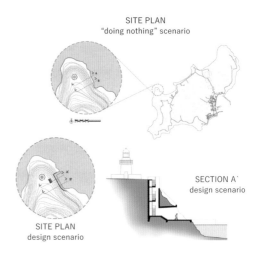

SITE PLAN
"doing nothing" scenario

SITE PLAN
design scenario

SECTION A`
design scenario

MACRO Island Scale Orange Fields Design

There is an interesting orange track to the top of the hill near the village that leads us to the orange fields— we also can sit and watch the sunrise from the top. My proposal is to elevate and make a decent pathway and staircase to the orange fields, following the orange track, since it is a part of an island artefact.

BEFORE

AFTER

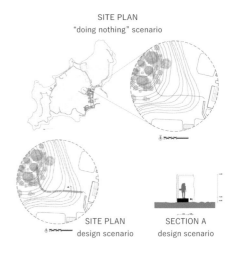

SITE PLAN
"doing nothing" scenario

SITE PLAN
design scenario

SECTION A
design scenario

MESO Village Scale
Overall Design Concept

The Chosen Houses

Categorize the houses in the village so that we can treat each houses differently that fit with the situation and story.

Waterfront Opening

Since the road on the seashore will be the last road covered by the weeds, this will be the only possible access to enter the house. The weeds will be growing from the opposite side of the sea.

Make an Alternative Access

Since the ground floor will probably have already eaten by the weeds, alternative access is made by elevating the floor level to avoid weeds on the ground floor, and make a path that surrounds the house. While walking, visitors can have a peep inside the house through the windows and openings.

Wrap with Fishing Net

This idea of wrapping is a form of completing something (or an ending).

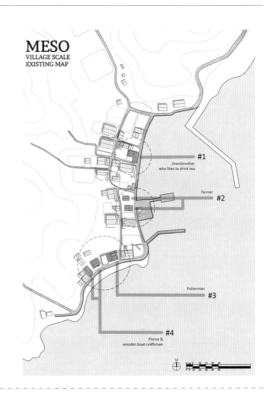

MESO
VILLAGE SCALE
EXISTING MAP

MESO Village Scale House Category and Strategy for Each

Basically, I focus on the last five villagers' house since the island really adores their existence and story — they are even inside the island pamphlet and website. I categorize it into three: last villagers' house that are still sturdy, last villagers' house that almost collapse, and other existing houses.

MICRO House Scale

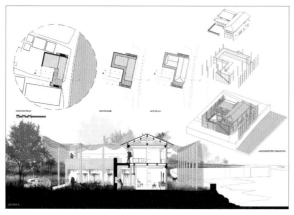

#1 Old Women who Likes to Drink Tea

She likes to give a visitor something to drink, and asking whether we have eaten or not.

An additional building attached to her house will also displaying a teacup collection.

As we can see from the section, visitors can easily come inside the existing house from the opening on the 1st or 2nd floor.

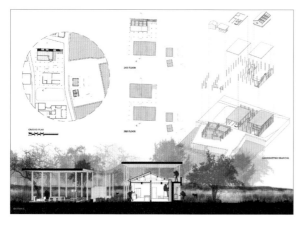

#2 Farmer

Since her house is one floor only, and the grow of the weeds probably blocked the ground floor, I make an alternative pathway so the visitors can COME IN to the house from the roof.

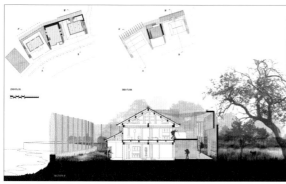

#3 Fishermen

Visitors can come inside the house from several openings and it also displaying a fishing rod collection.

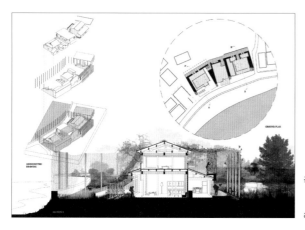

#4 Florists & Wooden Boat Craftsman

Since the wife likes to make ikebana, I displaying weeds and flowers to wrapped their house.

Design Conclusion

Unlike the purpose of design in general, this design proposal is not for a specific user but for a better preparation to abandoning the island. It challenges the meaning of place by using a requalification method and focusing on the important role of the village's memory. Moreover, it also focuses on the art of decay, which can tell its story through the process of time. The basic idea of three strategies (Macro, Meso, Micro) is to challenge and maximize the potential of the island (cultural protection and resources protection)—there are a lot of story that live on the island and natural resources that we can make use of it, for free. Through the design, it is expected that the island will encounter a brighter future; therefore, the island will become a forest again someday and we just need to let it go.

Satellite Libraries:Reading Spaces for the Future

Frances Grace Lai

明治大学大学院 I・AUD
理工学研究科
建築・都市学専攻
Davisi Boontharm 研究室

Libraries have been an important institution in the gathering, curating and borrowing of books and information. The resources and services they provide create opportunities for education, supports literacy and aids in the development of new ideas and perspectives that are essential for a creative and innovative society. However, with the advances in technology, libraries and books have come under threat because personal computers and mobile devices have directed a change in the way people read and access information, thereby questioning the need for physical libraries and books.

While technology has inspired libraries to stay relevant, through the integration of electronic library services and by providing users with access to technology in libraries, this has shifted focus away from the original content of libraries – i.e. books, and libraries as reader-centered spaces. Technology has also changed the way people read, as the development of new mediums – e-books and audiobooks – have been suited to the lifestyles of an increasingly mobile and urban nomadic society. However, devices like the Kindle and book apps on mobile devices have negated the need for print books, while audiobooks allow people to multitask while being read to, through audiobooks.

However, the multi-functional nature of electronic devices has been seen to draw people away from an awareness of their surroundings and the people around them. Furthermore, the changes in the medium of books and culture of reading are subtly affecting the way people's minds develop and how people think. In addition, technology has separated people from the sense experience of reading; of flipping pages, the smell of old books, the warmth, comfort and serenity of a quiet reading in a reading room.

This project will therefore look at how technology has changed libraries and how people read, and the implications of this, with the aim of suggesting a new framework for the provision of reader-centric libraries in the future. It is hoped that this will bring focus back to reading, the reader experience and the connection between the reader and their environment.

Tsundoku 積ん読

The Japanese words tsundoku. The word "doku" can be used as verb to mean reading, while "tsun" originates in "tsumu", a word meaning to pile up. This name was chosen for the project as it encompasses the basis of how the program would work. In the spirit of one man's trash is another man's treasure, the project aims to provide a framework for book sharing within a community.

Society today...

Today, many people lead an increasingly urban nomadic lifestyle. With the mobility of electronic devices and the easy access to the internet, the phenomenon or urban nomads has arisen whereby most people don't have to be in a specific place (like libraries) to access information or in offices to work. It is uncommon to have meetings and work from spaces other than their offices. This has placed emphasis on the idea of mobility in the lives of many today.

Mobility and Modularity

In line with this theme of mobility, the idea of a being location independent is carried forward into the design and framework of this project. The sites chosen were to serve the purpose of demonstrating that the structures are modular and portable, and can be set up in various locations. This also provides the opportunity to repurpose previously under-used spaces while promoting the hobby of book reading.

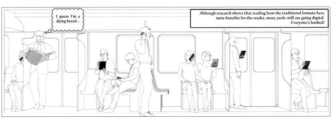

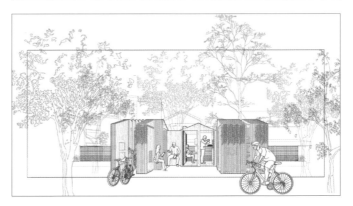

Design and Framework

Firstly, the sense of sight is engaged through the outward appearance of the car. The designer Dillon Blanski describes that the exterior of the car has to be the first thing that draws a consumer into the experience.

As such, the outwards appearance and visual attractiveness is the first level interaction with the user. This is achieved through the signposting placed around a town that directs users to the space and informs them of how Tsundoku works.

While inside the space, the other senses come into play. Secondly, the car was fitted with a "Active Noise Control technology", reducing "unwanted sounds" while creating a soothing ambiance that appeals to the sense of hearing. In the Tsundoku, the level of enclosure and exposure can be varied depending on the user's preference. With the rotation of the seating and standing panels to be within the structure or outside the structure, noise can be screened out as desired.

Although the structures are not entirely enclosed and will not provide complete noise cancellation, it is hoped that the sense of hearing, combined with sight (of being within the space) would provide the effect of reducing "unwanted sounds".

Thirdly, the selection of the interior materials of the car engage the sense of touch and smell and were chosen to provide comfort as well as give the users a sense of luxury as "the smell of leather alone makes the driver feel like he or she is surrounded by luxury". The material selection for the Tsundoku is timber.

The texture and smell of natural wood is hoped to provide comfort and warmth for the users, as well as giving them the illusion of being close to nature. This is also used to give users a reprieve from the bustle of the city around them.

While the design of a car is unable to incorporate the sense of taste as it is an inanimate and inedible object, as in a library, the design of a functional vehicle is seen to elevate the user through design and material selection to create a better driving experience (Blanski, D, (n.d.)), and in this case, reading experience .Kusume (2015) also explains that designing a "multi-sensory brand experience" does not necessarily appeal to "all our senses at once".

As displayed, there are many permutations that can be created of the structure to suit the needs of different users. It is hoped that this flexibility is able to provide user with a sense experience conducive to their reading needs.

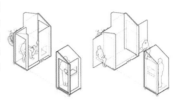

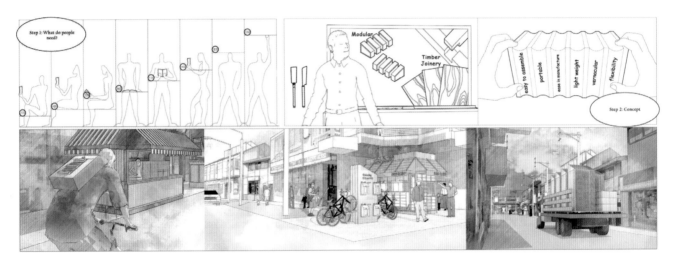

Constitution

By attuning the program function to be easily accessible for users, the structures should be mobile and easily adaptable to suit various locations. They are portable, easily assembled or disassembled and modifiable to adapt to different spatial restrictions like the size of a site and its terrain.

These parts can be reconfigured into different arrangements depending on factors like space restraints. The only variable is the base plate that holds the structure – this would change depending on the configuration of the modules.

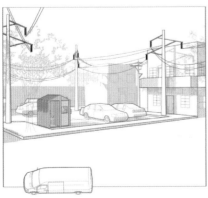

Single unit in a small pocket of space

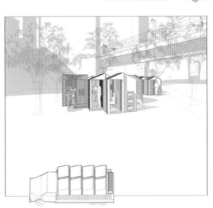

A cluster of units in a gap in the urban fabric

A large cluster of units in an open space

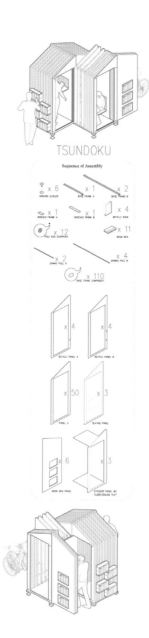

TSUNDOKU

Sequence of Assembly

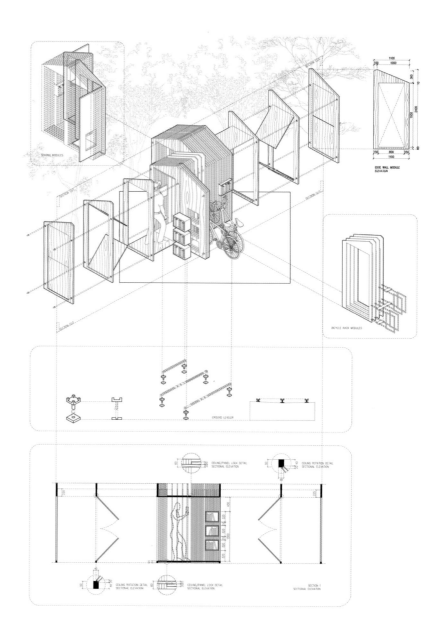

The buildings marked in **Pink** indicate language centers and schools while the buildings marked in Green indicate religious organisations. These are linked by paths that circulate around the site. The Yellow markers indicate where the intended locations for the sign-posting modules will be placed. These will guide users to the site.

Site:Nishi-Okubo Park

This park is situated in Okubo, a multi-racial neighborhood in Tokyo. Dubbed as Korean Town, Okubo is also home to many South-East Asian and Indian communities.

The chosen site is Nishi-Okubo park, which sits in close proximity to Okubo and Shin-Okubo stations, and the Shin-Okubo Shopping Street. The park gets a lot of foot traffic, as it connects the Okubo and Shin-Okubo train stations to the main shopping streets. In the park, there is an open gravel paved area with a few plastic table and chairs that forms the majority of the space, and a small run down playground in one corner, but is lined with large shady trees.

Being an international town, there are many language schools and several different religious groups and organizations scattered around the site. There are indicated on the map in reference to the site.

This location was selected as it is hoped that the Tsundoku could be used as a social catalyst that not only to brings the diverse community together in a shared movement of book sharing, but encourage collaboration and reading in Okubo. Mario Vargas Llosa, the recipient of the 2010 Nobel Prize in Literature once said that Literature allows readers to be "members of the same species". Through the stories and words of writers, the shared experiences are what remains common among readers, despite the many socio-economic, racial, language and geographical differences that may separate them.

The current park is paved with gravel, and has a playground in the top right corner. It's lined with trees that provide a comfortable shade but other than a few plastic table and chairs along the bottom corner of the park, most people use the park as a byway rather than a destination.

Prospects

By siting the reading and book exchange space here, the new program could also renew the outlook of the space and make it a new destination in Okubo, rather than just a footpath. It could provide an alternative activity, as opposed to the main attractions of eateries and shopping streets of Okubo. Furthermore, with many migrants living and working in the area, it may be normal to have many people who relocated to Tokyo alone. The structure could therefore provide individual reading spaces, as well as spaces of collaboration where readers could share and discuss their books and ideas. With the program function, users could share and discuss their books and ideas. With the program function, users could share books related to their country, culture and origins. This would therefore faster a greater understanding and be informative for the cohesion of this community.

Furthermore, through the revitalization of the park, the existing playground could be inviting for families with children, hence providing activities for all ages. It could also help foster the habit of reading in children form young.

Private reading spaces

There are two types of modules selected for this site. Firstly, modules with private spaces for individual reading. Secondly, modules that can provide small discussion areas for two or more users.

The private reading spaces can be placed along the edges of the park while the collaboration spaces can be placed facing the playground area. This is done so that parents with children can read and interact with other parents while their children play.

Reading spaces that encourage collaboration

障碍と暮らす建築

―日常をリノベーションする演劇的福祉の提案―

齊藤 実紀
Minori Saito

早稲田大学大学院
創造理工学研究科
建築学専攻
古谷誠章・藤井由理研究室

日本における福祉は健常者の枠から溢れた人々の受け皿として整備され、老いや障害は誰もが遭遇しうるものでありながら一般的に健常者の意識の外にある。障碍によって生まれたズレを建築化しひらくことで、障害者にとってはバリアフリーであり、かつ健常者にとっては新たな身体性を発見する場として両者の関係を再構築する。北千住の商店街を敷地として、独居老人、車椅子の老人、聴覚障害のある老人、シングルマザー、寝たきりの老人の5つの「障碍」を対象に舞台装置としての住宅を設計した。車椅子での視線高さ、聴覚障害により発達する視覚や振動を介したコミュニケーション、子どもに特化したスケールや勾配など、彼らの身体性から生まれる寸法やズレに段階的に入り込んでいく空間によって、障害者と健常者の優位性が逆転する瞬間をつくりだす。障碍によって生きづらさを抱えた人々が小さな役を持ち、ここでの空間体験が健常者に気付きを与える中で、商店街全体が1つの劇場性を帯び始める。ズレを受け入れ障害を多様性の中に位置付けることで、障碍／健常の境界を揺るがし福祉への視点を転換する、新たな建築の提案。

背景

本来医学的には健常と障碍を明確に分けることはできず、スペクトラムで曖昧な境界を持って連続しているものとして捉えられる。現在、日本国内における身体的・精神的・知的障害者の割合は人口の7.4％、936万人に及ぶ。身体的な障碍だけでなく、老化や独居生活を送る高齢者、ひとり親世帯など、一般的に生きづらさを抱え「マイノリティ」と呼ばれる人々も、実際には増加傾向である。

現在の「福祉」の概念は住宅政策の対処療法的に施行されてきたものであり、福祉と住宅は分断されて考えられてきた。「健常者」による「正常な」社会の枠組みから溢れた人々が収容されるものとしての福祉施設という概念が強く存在している。その心理的境界は福祉施設や在宅福祉における様々な問題を引き起こす要因であり、健常者／障害者をマジョリティ／マイノリティとして認識する態度を更新していく必要があると考えた。

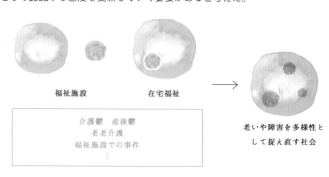

福祉施設　　　在宅福祉

介護鬱　産後鬱
老老介護
福祉施設での事件
…

→ 老いや障害を多様性として捉え直す社会

演劇性をもった福祉のあり方

健常者／障碍者に対する意識の分断に対し、「演劇性」をもたらすことによって新たな障碍との関わり方を与えられないかと考えた。演劇や芸能とは天岩戸伝説に代表されるように、かつては神々や霊的な何か、異世界と日常を繋ぐメディアとしての役割を持っていた。現代における演劇の役割を、都市の見えないレイヤーに隠れた、日常では出会うことのない他者と出会わせるツールと捉える。

本計画では、ある事物を演者／観客の2つの立場に振り分け、観客が発見的体験を経験すること、それによって日常の認識や態度を更新していくことを「演劇性」と定義する。

敷地　足立区北千住ミリオン通り商店街

東京都23区の中でも高齢者率がもっとも高く、出生率が5番目に多い足立区。北千住には5つの大学が集中し小さなエリアに多様な世代の人々が集まる。

敷地としたミリオン通り商店街では東京藝術大学のキャンパスからのアクセスがよく、南には現代演劇を上映するアートセンター、またこの商店街を中心に一般市民だけの映画制作や上映会を行うなど、日常的に演劇が創造される街である。本計画をこの演劇制作の延長として位置づけ、空間体験や実際の生活を通して住民や演劇を目当てにこのまちにやってきた人々（健常者）が障碍や自身の身体性、いつか起こるかもしれない自分や家族の老いや境遇と出会う劇場となる。

知らない路地の映画祭

「アートアクセスあだち 音まち千住の縁」のレジデントアーティスト友政麻理子氏が発起人となり、2015年度から千住地域で一般参加者が自主映画と手づくりの映画祭を行ってきたアートプロジェクト。参加の仕方は出演から脚本、小物の提供、家の貸し出しなど多岐にわたり、できる形で参加すればよい。

現地にて店舗などのマッピングと聞き込みを行った。旧店舗では、かつてどのような店で、どのような人が住んでいるのかを調査した

[ミリオン通り商店街]

東京藝術大学
北千住キャンパス
：学生の映画祭への参加／企画

千住庁舎：
元ミリオン座（映画館）
福祉の窓口
映画祭の上映会場

仲町の家：
NPO の運営する文化サロン
映画祭の制作拠点

BUoY：
元サウナの廃墟を
利用した劇場

日常的に演劇や映画といった
非日常的な空間が創造される

■ 営業している店舗
■ シャッター化した店舗
■ 演劇や映画祭の拠点
■ 計画敷地

リサーチ　演劇性をもつ都市空間の研究

これまで日本国内外の都市を訪れ、自然発生的に観光地化していった場所のつくられ方、またそれによって生じた新たな空間の仕組みを研究して来た。複数都市に滞在・調査する中で、①そこに生活する／商いを行う人々がおり、誰もが何かしらの役を持って生き生きとした生活を送っていること、②そこに訪れた他者がその場所の楽しみ方や実利的な機能とは異なった空間的魅力を見出し、価値を与えていることがわかった。

文化や風景そのものが魅力となり、自然と観光地化したさまざまな都市集落の研究

2018 年 8 月
インドネシア・トゥガナン村
住宅兼店舗での
住人の生活の様子

生活空間と小さな生業の空間が共存し、住環境を改善しつつ商業を展開する空間

2017 年 6 月～ 10 月
東京都中央区築地市場
セリの様子

買出人、仲卸業者による符丁を用いたセリが来場者によって見学される

都市における演者と観客の5つの「動的」関係

人々が個々に役割を持ち、その魅力を他者が発見し、その空間や出来事を新鮮に体験させるそのシステムはまさに演劇そのものであり、その空間は劇場的であると考えることができる。アジアの都市集落の調査から、都市の中で発生する劇場（映画や舞台作品の上映とは異なる、日常の風景や営みそのものに価値を見出していく演劇性が生まれる場）は固定的な舞台と客席を持たず、より「動的」な関係性を持っていることがわかった。その中にも観客がその演劇に介入するレベルの違いがあり、それらを5つのタイプに分類し、設計への展開を試みた。

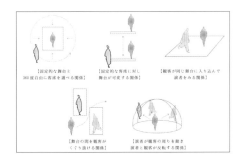

建築の役割　障碍と健常の境界を揺るがす空間

この建築は、それぞれの人々が抱える障碍を補正する／肯定するものであり、それが同時に誰でも入れる余白としてまちに開かれ、役を失った障害者たちが小さな役を手にする。障害者にとってのアジャスタブルな住宅として機能する。

一方、それは同時に健常者と対峙する場所であり、健常と障碍の境界を揺るがす空間となる。そこでは見下ろす側が見下ろされる側になり、健常な身体であったはずが子どもや老人の身体性が優位な世界では障碍者となる。

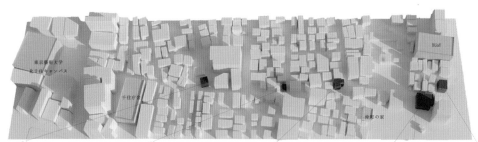

計画1	計画2	計画3	計画4	計画5
元建材店（屋号「物屋」「トタン屋」）	元酒屋店（屋号「酒屋」）	元揚物・牛乳店（屋号「惣菜屋」）	元八百屋・鮮魚店（屋号「八百屋」）	元寿司店（屋号「寿司屋」）

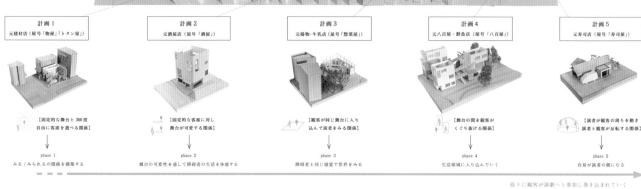

【固定的な舞台と360度自由に客席を選べる関係】	【固定的な客席に対し舞台が可変する関係】	【観客が同じ舞台に入り込んで演者をみる関係】	【舞台の間を観客がくぐり抜ける関係】	【演者が観客の周りを動き演者と観客が反転する関係】
phase 1	phase 2	phase 3	phase 4	phase 5
みる／みられるの関係を構築する	舞台の可変性を通して障碍者の生活を体験する	障碍者と同じ感覚で世界をみる	生活領域に入り込んでいく	自身が演者の側になる

徐々に観客が演劇へと参加し巻き込まれていく

計画　障碍を捉え直す劇場化された5つの住宅

障碍の風景を演劇化する劇場としての商店街

　北に東京藝術大学のキャンパス、南に現代演劇のための劇場を有するこの商店街には、演劇や映画祭を目的として少しずつ外から人が集まり始めている。

　現在はシャッター化してしまった旧店舗住宅を対象に、障碍の風景を演劇性へと昇華するための5つの住宅を設計し、全体を劇場とする計画である。

劇場としての深度と福祉のあり方の呼応

　障碍にはさまざまな種類や状態があり、多くの繊細な距離感や空間としてのニーズを考慮する必要がある。

　そのため、本計画では都市空間における5つの演者と観客の関係性を、障碍者と健常者の複雑な距離感をデザインするものとして段階的に計画する。5つの住宅を通して徐々に関わり方の深度が大きくなるように配置した。

計画1　ものや・独居老人の家

　都市における劇場の中でもささやかな、見る／見られるという関係性の構築から設計を始めた。独居老人は社会との接続の機会や空間を外部に持たない。そのズレを補正するための観客（隣に住む人や通り過ぎる人）が一方的に老人を観察し、また老人もそのことを意識して暮らすような、物の可視化による演劇性を目指した。

　舞台を中心に観客が自由に客席を選べる関係をもとに、開口のずれた二重の壁によって、視線は遮りながら物を収納するたびに外部に生活の痕跡を可視化、周囲に誰でも通り抜けられる小道を通した。ただ商店街を通過していただけの人々が老人の生活を意識し、老人と社会をささやかに接続し始める。

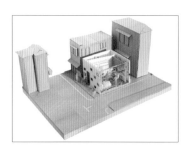

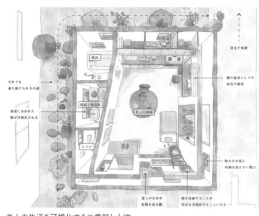

老人の生活を可視化する二重壁と小道

計画2　酒屋・車椅子の老人と妻の家

　ここでは舞台が可変する関係性をもとに、車椅子のための広いエレベーターを中央に内包した住宅を設計した。

　1階は個人的な取引を行う小規模な酒屋、2階以上を居室空間とし、エレベーターの昇降によって生活を展開する。エレベーターの操作を車椅子の老人が行うことで吹き抜けは健常者にとって登れない段差となり、ここでは健常者／障碍者の優位性が逆転する。

断面図

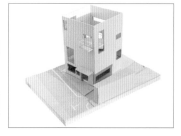

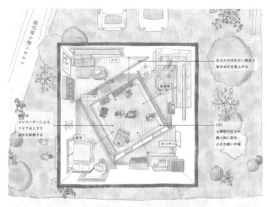

巨大な吹き抜けとそこを往復する可変する床

計画3　そうざい屋・聴覚障碍のある老人と娘の家

　観客が舞台に上り込む関係性をもとに、聴覚以外の知覚を共有するための貫通したスラブと窓を設計した。

　聴覚障碍者は視覚と触覚・振動によって情報を得る。視認性を担保する窓とワンルームの内部空間に加え、外部の振動を内部に伝えるスラブを挿入。匂いを生み出し、目を安らげる庭が外部に広がる。元総菜屋だったことから、ささやかに総菜を売り出す場所として営業し、健常者と店員とのやりとりは、ここでは触覚や嗅覚、視覚を通したコミュニケーションへと変化する。

　注文と受け渡しを行う、内部からの庭への眺望を確保するという多様な役割を持つ大きな窓。ここでは窓枠を香りの強いヒノキの無垢材を用いあえて厚くつくることにより、ただ平滑にするだけのバリアフリーではなく、優しく際立ってくるようなディテールのあり方を考えた。窓枠の外部は手すりの機能も果たし、やってくるお年寄りや子ども達が共通してしっかりと掴めるような仕様とした。

窓枠詳細図

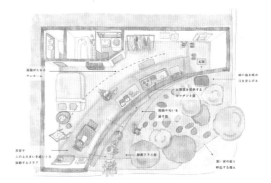

聴覚障害を補正するとともに視覚的・感覚的対話を生み出すプラン

断面図

計画4　八百屋・シングルマザーのシェアハウス

　舞台の間を観客がくぐり抜けていく関係性をもとに、3棟のボリュームと通路からなるシェアハウスを設計した。3棟に6家族のための個室ユニットやシェアキッチンや風呂、ランドリー室といった共有部があり、それらのボリュームをつなぐように個性を持った階段やスロープが絡みついている。誰でもその下をくぐり抜けることができる。

　ベビーカーで登れる1／12勾配のスロープ、小さな子どもでも登れる蹴上160mmの階段、一人になれる階段など、6世代の子供の成長過程に特化した通路が積層することによって、一見健常者には登りづらい通路が子育ての身体性を体感する場となる。

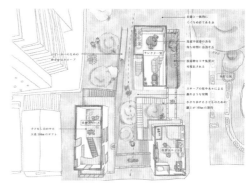

居室と道路、住人と通行人が絡み合うように生活が展開される

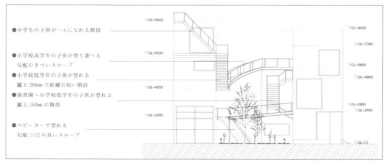

● 中学生の子供が一人になれる階段

● 小学校高学年の子供が登り遊べる
　勾配のきついスロープ

● 小学校低学年の子供が登れる
　蹴上200mmで距離の短い階段

● 保育園～小学校低学年の子供が登れる
　蹴上160mmの階段

● ベビーカーで登れる
　勾配1/12の長いスロープ

立面図

さまざまな世代の子どもの身体性に特化
した通路が積層する

計画5　すし屋・寝たきりの老人と妻の家

　演者が観客の周りを動き回る関係性をもとに、寝たきりの老人以外を動かすことによって演者と観客が逆転するような住宅を設計した。寝たきりの老人は視線の高さも変わらず、動くこともできない。回遊性を生む動線を設け、老人以外の環境を動かすことによって、通常見下ろされる側の老人は、動く人々を眺める観客となる。

　元寿司屋を想起させるカウンターでは家族がカフェを営み、接客の中で介護のストレスを緩和できるような場をつくる。一番低くなっている空間は1000mm掘り込むことで、ベッドに横になった老人と同じ目線になるように、また老人の寝室とカフェを遮る腰壁に窓をもうけ、老人が好きな時に解放できるような仕様とした。ここに来る人々は、寝たきりの老人の視線からの景色を知り、無意識に自分も演者になっていることに気がつく。

商店街から墨堤通りへの回遊性を生む

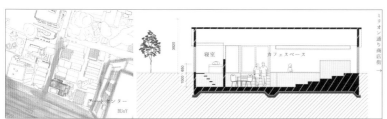

商店街の南端、大通りと接する街角にある、現代演劇の上演を行うアートセンターBUoYへの回遊動線をつくる

掘り込まれた床によって天高のあるカフェスペースが生まれる

ベトナムの都市住宅 "重ね屋" への試行

―伝統木造建築の重ね梁からの展開―

範田 明治
Meiji Handa

早稲田大学大学院
創造理工学研究科
建築学専攻
赤坂喜顕研究室

終戦から40年が経った現代のベトナムが抱えている問題は、大本の「文化の断絶」、それによる「家族の分解」「住宅の光と熱環境」の3つである。木材不足と伝統の軽視により、とても暑い風土に合わない壁式住居が全土を埋め尽くしている。分析では、断面で＜家族＞祖先壇（仏壇）の威厳を表現する建築架構の "重ね合わせの意匠の文化" を発見し、平面で＜環境＞過去の伝統木造家屋にベトナムの風土に対する優れた解答である "重ね合わせの空間" を見つけた。

ベトナム南部サイゴンの壁式住居が整然と並んでいる風景、そこにはかつてあった風土との適切な関係性はない。この一角に文化・家族・環境の問題を現代的に再編する都市住宅 "重ね屋" を提案する。伝統建築からベトナムの風土に対しての関係性を分析することで得られた、池を設け気圧差で風を生みながら、普段は内部だが雨の際には外部になって雨水が入ってくる重ね合わせの空間と、祖先の威厳を表現する重ね合わせの意匠を現代都市住宅へと昇華させた。ベトナムの風土に合った "重ね合わせの空間" と竹の架構に昇華させた "重ね合わせの意匠" を併せ持つ "重ね屋" がベトナムに伝統の可能性と重要性を問う。

社会／南部の大都市サイゴンの住宅問題について

祖先壇の減少と家族の問題

現代のベトナムでは壁式の工法で建物を建てている。部屋と廊下で構成され、敷地いっぱいに建て込んでおり、風と光がない上に暑くて暗く、ベトナムの風土に合っていない。また、壁で空間をつくっている為、祖先壇の置き場所がなくなっており、祖先を祀る荘厳な空間がないのも大きな問題だ。個人主義が進み家族が解体され始めている。これらに歯止めをかけなくてはならない。

環境／ベトナムの木材の状況について

壁式の町家による、暑く光のない劣悪な環境の要因

都市部を敷き詰めている住宅の源流は、華人のつくった里弄住宅とフランスの影響を受けてできたコロニアル様式である。共に壁式の廊下と部屋でできた内部空間しかない住宅である。伝統的な空間や祖先壇はない。壁で閉じきっているため、エアコンの消費が激しい。ベトナムは環境問題と伝統的な空間の喪失という2つの問題を抱えている。道路は狭く、壁式の建物では建てるときも壊すときも大変苦労する。架構がないゆえのこの問題の要因はただ一つ、木材不足である。

かつて国土のほとんどが豊かな森林に覆われていたが、ベトナム戦争終結後の1976年には戦火と枯葉剤により森林面積（国土比）は34%に、そして1990年には先進諸国に木材を安く売り払い28%にまで減少した。戦争が終わって落ち着いてきた中で伝統的な空間がつくり出せない背景には木材の不足がある。

伝統の平面について　分析

庭園住宅の構成について

　右図のように、屋敷は母屋と厨房と水回りで分かれている。母屋の中央は祖先壇、左は男性の空間、右は女性の空間とそれに付随して水回りがある。これらは、ベトナムの古典的住宅に目される形式である。フランスが入植する前の、近代化以前のものであり、人口も多くはないゆえに土地にゆとりがあることが伺える。南北での構成の大きな違いは、南面にすることの重要度の違いである。北部はベトナムの歴史的な地域であるゆえか、南面の原則を遵守しているが、中南部はベトナムの新興地域のためその原則が薄れている。

　基本構成は主屋と付属屋、風呂トイレの小屋、家畜小屋である。敷地に塀を回して、門を作り、母屋の前に前庭をつくる。母屋に祖先壇があることが原則で、前庭、柱廊、客間、祖先壇と、庭から祖先壇に到るまで外部から内部、深部までのグラデーションが明確である。特に、祖先壇周りでは登り梁の彫刻が荘厳に施されており、この住宅形式は祖先崇拝と客を重んじるベトナムの文化から生まれてきたものである。

庭園型・町家住宅について

　屋敷から町屋への発展はフエにある。先行研究によれば、敷地には余裕があり、次第に手狭になってきている影響で庭園住宅の配置が変わったものである。具体的には、主屋的性格の建物が前屋に変わり、前庭をもち主屋を小さくして90度回転させたものが橋屋に変わり、後方にあった水まわりや付属屋は後屋に変わっており、狭小ではないながらも、古典的な住宅形式を当時の人口増加による土地の縮小という状況下で巧みに歴史を変容させた形式である。主にこれは当時の首都であったフエで発展した形式である。

　庭園型を細長い敷地で成立させようとした試みであり、現代の町家から古典的な庭園住宅との間に歴史の連綿とした流れをつくるのに重要な形式である。

長屋について

　発展が途絶えてしまった庭園型町家住宅と並行して、ハノイでは細長い敷地に建物が並列する長屋が登場した。間に中庭を挟んで並んでいく様式で、1世帯1戸という例もある。

　サイゴンではフランスから輸入したコンクリートを使った洋風町家が現れた。この形式と華人が持ち込んだ里弄住宅が現代のベトナムの都市に立ち並ぶ壁式のショップハウスの原型である。全て内部で、暗く、風が通らないので暑い。

小結　庭園型町家に見られる重ね合わせの空間の萌芽

　全伝統住宅の形式を分析した結果、左図の庭園型町家住宅の形式がもっとも現代の状況に対して有効であると判断した。前屋、橋屋、後屋で構成し、その間に重ね合わせの空間をもうけながら建築を敷地の長手方向に連立させるものである。

　重ね合わせの空間とは、晴れている間は内部のように使われ、豪雨のスコールの際に外部になる空間と定義する。

　ベトナムの住宅様式は庭園型町家住宅で発展が断絶されている。この重ね合わせの空間を現代に取り入れ、歴史と現代にささやかな連綿とする流れを形成したい。

庭園型町家住宅 祖先壇と内部外部分析

庭園住宅 1675~1931		庭園型・町家 1908~1945				長家 1800~	
トゥオンタイン通りの家 中部 / Huế 1880 以降	フーソン村の民家 北部 / Hà Tây 1931	フエの商家の家 中部 / Huế 1908	家族経営のある家 中部 / Huế 1924	フエの橋屋＋小離棟の家 中部 / Huế 1942 以降	フエの表裏二階建の家 中部 / Huế 1945 以降	ハノイの長屋 北部 / Hà nội 1800~1870	サイゴンの洋風壁界住宅 南部 / Hồ Chí Minh 1940
中央独立Ω・付属棟縮型	寄せ型	町家型	町家型	町家型	角地・町家型	町家型	町家型

伝統の断面について　分析

ベトナムの架構の変遷　重ね合わせの展開

　古来のベトナムの架構形式は、北部タイビン神光寺のように水平梁の形式であり、中国の影響が強い。広大な平野をもつ中国の風土の中でつくられたものであるからとてもスケールが大きいが、それを山と海に挟まれたベトナムの風土的スケールの中で縮小したものであるゆえに低い。

　中南部架構形式3は、17世紀後半以後にベトナムの中南部で発展した架構様式である。水平梁を1本だけ残し重ね梁だけで構成している。この時期はグエン朝が北の西山朝を倒してフエに統一王朝の都を築いた頃であり、北部の文化と区別をつけるために独自の文化を発展させた。ベトナムに地震はないので不要な水平材を抜いて龍のように登る梁で高く伸びやかな空間になっている。

北部タイビン神光寺の妻側断面　　　　中南部の架構形式 3 Nhà Rường 天井つき

重ね梁の重ねる意匠・工法

　登り梁は柱付近で水平に近くなるように曲がっており、中腹あたりでは大地の方から天をえぐるように造形されている。この形と重ね梁が生まれた理由は解明されていないが、私が創意的に解釈したい。この形は正円が天地から密接にえぐり合わせた形になっており、硬い南洋材などを削り出して造形している。この架構には正円が重なりあっていることを発見した。ベトナムの建築文化は重ねるということが執拗に行われている。以上のことにより、水平の重ね梁で構築していたベトナムの古典的な様式から、地震がなく独自の様式と高さを求めた結果、垂木の材が斜めと水平を併せ持つ梁の形を正円で複層的にえぐるような造形へと発展したのだ。

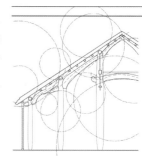

重ね梁について　KÈO

　重ね梁とは、輪薙込の仕口で柱に重ねながら緊結する斜めの梁である。円形の柱に長方形の仕口をつくり、上から小槌で叩いてはめていく。地面に寝かせて中央から組んでいき、1フレームが組めたら起こして桁材で固めるというような製作手順である。この輪薙込によって梁を重ねて柱に剛接合させることで登り梁間にトラスをつくっている。龍のように登る梁が空間に伸びやかな上昇感を与え、荘厳な空間になっている。

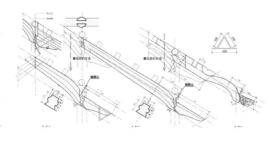

早稲田大学・中川武研究室卒で、現在はものつくり大学で准教授を務めておられる林英昭先生が、博士論文執筆にあたり実際にフエの職人に制作を依頼した1／10の模型である。
私の調査は、中川武研究室の1995年からのベトナム木造建築調査の蓄積なしではあり得なかった。この場を借りて感謝申し上げたい

敷地選定　サイゴンの町屋に

　敷地はベトナム南部の大都市サイゴンである。この計画では、混合を避けるために人名のホーチミンではなく、サイゴンと呼ぶことにする。サイゴンのもともと行政機関などがあったグリットの敷かれた1区画を計画地とする。5枚の地図に示した通りである。ここのグリットは、1780年に北部の西山党に追われてフエから南下した阮福暎がフランスの支援を受けて建設したザーディン京の方格状プランが元になっている。

　この一角には他のように大型の建物が隙間をつくりながら使われているのではなく、4〜6層の長屋が引き締めあっている。まさにフランス純正の壁式住居が整然と並んでいるこの一角の中央にこれらを正面から批判していく重ね屋を提案する。

"重ね屋" への試行

　先の章で現代の住宅には庭園型町家住宅がもっとも有効であると示した。しかし、過去の事例を分析した目的は、その場所の風土に対しての先人たちの優秀な回答を参考にしようというものであって、過去の様式やモチーフないしはプランをそのまま真似ようというものではない。その中で、早朝は清潔で涼しく昼は厳しい暑さでスコールがありそのあとの涼しい夕凪があるような、一時的な厳しさは耐え忍び自然の施しを享受するようなベトナムの風土との関係の持ち方を発見し、そのような空間を重ね合わせの空間と定義した。端的に言えば、普段は内部空間のようなものだが、降雨時には外部となって雨水が入ってくるような空間である。

　目がくらむような熱射を遮るために二重に屋根を架け、断熱層でもあり通風もできるようになっている。私はこの考え方と重ね合わせの空間を同時に達成する "重ね屋" という様式を導き出した。

Quảng Ngãi の住居の断面　内は土壁で屋根を外は茅葺である
重ね屋の萌芽が見られる

輪薙込の詳細　執念の光つけ
重ね合わせの概念が見られる

従来の庭園型町家住宅　　　そこに大きな屋根を重ねる

重ね屋の昔子梁を重ねていくことである

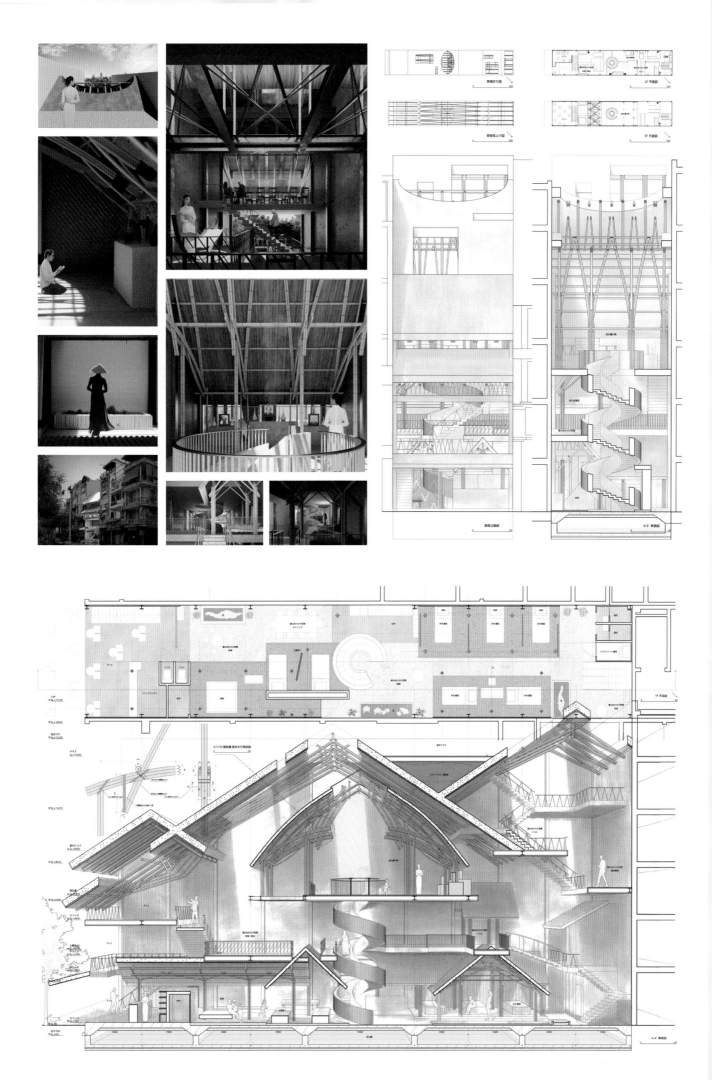

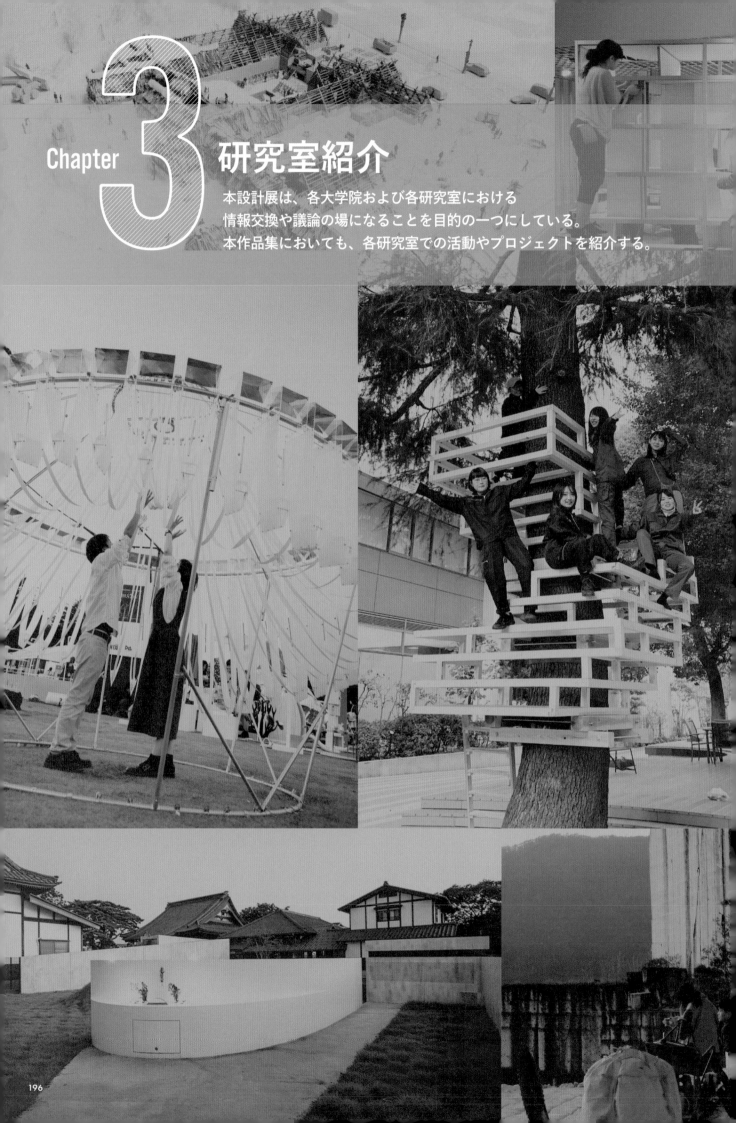

Chapter **3** 研究室紹介

本設計展は、各大学院および各研究室における
情報交換や議論の場になることを目的の一つにしている。
本作品集においても、各研究室での活動やプロジェクトを紹介する。

– Laboratory Feature –

JIA
EXHIBITION
OF STUDENT
WORKS FOR
MASTER'S
DEGREE
2020

神奈川大学大学院 工学研究科 建築学専攻

石田敏明 研究室

MEMBER	指導教員：石田敏明（いしだ としあき）、田野耕平（たの こうへい）／ 学部4年生 16 名／修士1年生 3 名、2年生 5 名
MASTER'S DESIGN SCHEDULE	1年：4 月研究題目、計画→6 月中間発表→11 月中間発表→2 月中間発表 2年：5 月中間発表→6 月中間発表→10 月中間発表→1 月修士設計または 修士論文提出、審査会、公聴会
PROJECT	「浦崎町まちおこしプロジェクト」 「竹山団地センターゾーン調査」

2018年度ゼミ旅行（台湾）

尾道市の廃校になった小学校の改修を検討

石田敏明研究室は、大学のある神奈川県を飛び出して、広島県でのまちおこしプロジェクトに取り組んでいる。尾道市浦崎町にある旧戸崎小学校の利活用を中心としたもので、3 年目となる 2020 年には、集大成として同校の改修プログラムを尾道市に提案する予定だ。

広島県は石田先生の出身地である。石田先生自身は尾道市の隣、福山市の生まれだが、母方の実家は浦崎町にあった。プロジェクトが始まったきっかけは、石田先生が設計した「浦崎の家」（1984 年竣工）が数年前に空き家となったことだ。「浦崎の家」は、親戚の住居として設計したが、まち全体で過疎化が進み、親戚もまた市街地に引っ越した。石田先生は、子どものころから知っていたまちの現状を目の当たりにし、浦崎町での調査を開始した。

活動は修士の学生を中心として、まずは文献調査を行った。福山市、尾道市を含む備後圏域では、総務省の「連携中枢都市圏構想」に基づき、行政の枠組みを超えた地域おこしに取り組んでいる。また、福山駅から戸崎港（尾道市）までを結ぶふくやまサイクリングロード「しおまち海道」や、尾道市と愛媛県今治市を結ぶ全長 60km の「瀬戸内し

まなみ海道」がある。文献調査をもとに、「しおまち海道」と「瀬戸内しまなみ海道」を、浦崎町でつなぐルートを新たに導き出した。このルート上に、旧戸崎小も立地している。

2 年目となる 2019 年 2 月、第 1 回の現地調査で、福山市と尾道市の担当者から、それぞれまちの状況についてヒアリングした。それとともに、1 年目にまとめたサイクリングコースを提案。すると、偶然にも福山市と尾道市も全く同じコースの検討を進めていたという。さらに、まちおこしに積極的な地元企業も紹介してもらい、行政と民間に対するヒアリングを通して、まちおこしの可能性を探る年となった。助教の田野耕平先生は「研究室のメンバーによって異なる気付きを持ち寄ることができ、個人ではなかなか得られない機会でした」と話す。「サイクリングロードも実際に利用しました。途中でフェリーに乗る区間があるのですが、200 円くらいで気軽に利用できて、とても気持ちのいい体験でした」。（田野先生）

「神奈川大学の学生が話を聞きに行くと、はじめは住民に "なぜわざわざ神奈川から？" という反応をされます」と石田先生は話す。しかし、「旧戸崎小の実測調査に行った時、たまたまグラウンドでバーベキューをしていた地元の人たちが声をかけてくれて、バーベキューにまぜてもらいました」（石田先生）と何度か訪問する中で、住民と距離を縮めていくことができた。

旧戸崎小は、2006 年に閉校。現在はグラウンドや校舎などがドローンの練習や神楽保存会の倉庫、イベントで利用されている。この一帯は瀬戸内海を臨む立地で、サイクリングにはうってつけだ。旧戸崎小の利活用に向けて図面を探したが残っておらず、2019 年 11 月 22 〜 25 日に実

旧戸崎小学校

測調査を行い、平面・立面・断面の各図面を学生たちで揃え、浦崎町を俯瞰した地形模型をつくった。このほか、浦崎小学校を訪問して、「ふれあい餅つき収穫感謝祭」に参加し、また小学生高学年に対してワークショップを想定したアンケートを実施した。この結果、まちへの想いやワークショップへの参加意識は高く、いよいよ2020年5月に実施という段階にまで到達していた。ところが、年が明けて新型コロナウイルスの感染が拡大する中、活動を一時中止せざるを得ない状況となった。

現地での活動が制限されている中、研究室で旧戸崎小の改修プログラムを作成。第1案として、地元の祭りで披露される神楽の練習場や、宿泊施設、マルシェ、食堂といった機能をあげた。また、海・グラウンド・校舎を一体とした外構の活用も計画。地元の有志がつくったピザ窯を活用できるキャンプ場などを想定している。今後、この改修プログラムを尾道市に提案し、ワークショップの実施と第2案の策定へと続く予定だが、2021年3月で石田先生が退職するため、来年度以降は個人の活動として関わるとともに、以前から非常勤講師として勤めている広島工業大学の前田圭介研究室へ活動の引継ぎを相談しているという。

旧戸崎小での実測調査

竹山団地センターゾーンの調査

一方、神奈川県内を対象としたプロジェクトとしては、横浜市都筑区の竹山団地センターゾーン調査に約2年前から取り組んでいる。竹山団地センターゾーンは、1970年代に竣工した竹山団地の中央に位置し、住居とともにスーパーが入る棟である。調整池に面して建物が建ち並ぶ姿や、ピロティの格子梁が特徴だ。「東京都立大学の小泉雅生先生か

竹山団地センターゾーンの見学

ら、竹山団地のことを紹介してもらいました。写真を見て、とてもきれいな建築だと思い学生と現地へ見学に行きました。設計を担当した緒形昭義氏は、メタボリズム・グループを結成した大高正人氏と東京大学の同級生なのです。そういう意味では、表現は多少異なりますが建築への取り組み方や考え方に相通じるところも結構ありますね」と、石田先生は語る。「70年代は集合住宅に対するさまざまな試みがなされた時代ですから、竹山団地を題材に"集まって住む"ことを考えてみたいと思っています」（石田先生）。コロナ禍で中断していた団地の住民へのヒアリングを再開させながら、今年度中には、小泉研究室と共同で展覧会やシンポジウムなどの成果を披露する場を設けることも話し合っている。

物事を動かしていくのは人である

現地を訪れ、そこに住む人々との会話や自らの体験により得られることは多い。田野先生は「建築の設計は多方面から要素を吸い上げてつくっていく面がありますから、そのためのロジカルな思考を身につけていくことができればと思っています」と、さまざまなリサーチを通した学びへ期待を寄せる。また浦崎町のプロジェクトでは、地元の住民だけでなく、行政や民間も対象にした丁寧なコミュニケーションが印象的だ。「物事を動かしていくのは人です。なぜこうしたかを説明できるような説得力のあるデザインをして、さらにそれを相手に理解してもらわなくてはいけません」（石田先生）。学生にとって部外者の立場である浦崎町では、このことが一層強く感じられるだろう。石田研究室の学生は、設計図の向こう側にいる人々とコミュニケーションをする力が養われている。

昭和女子大学大学院 生活機構研究科 環境デザイン研究専攻

金子友美 研究室

MEMBER 指導教員：金子友美（かねこ ともみ）／
学部3年生 10名、4年生 10名／修士1年生 1名

MASTER'S DESIGN SCHEDULE 1年：4月計画→10月研究題目→2月中間発表
2年：7月中間発表→1月修士設計または修士論文提出、審査会

PROJECT 広場・オープンスペース研究会

現地で見るプレイスメイキング

学園祭　展示会場（金子研究室）

「自ら空間体験をすることが重要だと、常に学生に伝えています」と言う金子友美先生。約25年、海外のフィールドワークに基づき研究を行ってきた金子先生の主宰する研究室は、現在国内の広場やオープンスペースについて、現地での見学会を中心とした活動を展開している。見学会は研究室の有志により発足した勉強会がきっかけだった。勉強会を進めるうちに、「外に出ていろいろなものを見に行きたい」という思いが強まり、学生コーディネートによる見学会がスタートした。

この活動では、2週間に1回ミーティングを行う。当番制で、学生は『新建築』過去10年分などを資料に、見学候補地をリストアップしてくる。そして、ミーティングによって、その候補地の中から次の行き先が決まる。行き先は日帰りが可能な関東近県を中心として、夏休みには少し足を延ばして各地を訪れている。オープンスペースを中心に、周辺の建築物なども見て回るという。金子先生は、「年間で国内30～40か所は訪れています。"プレイスメイキング"という言葉がありますが、"スペース"が"プレイス"になるためには人の活動が不可欠です。人がどのように活動しているのか、場所がどのように使われているか、頭の中での思考に留まらず、現地を訪れて実際に人の活動を見

てくるということは重要です」と話す。

こうした現地での見学会を踏まえて、学園祭ではパネルや模型を制作展示し、学生が来場者に説明する場を設けた。2019年は都市空間の立体利用をテーマに目黒天空庭園など5か所について紹介した。「学生自身が見てきた場所ですから、いろいろなエピソードを披露することができます。来場者の方も興味を持って聞いてくださって、学生は、自分たちの活動がこうして社会に対してきっかけを与えることができるのだと実感したようです」（金子先生）。

学園祭で配布したチラシ（金子研究室）

構造を体験する「1／1プロジェクト」

森部康司先生の研究室が毎年取り組んでいる「1／1プロジェクト」では、構造力学的な考えを取り入れながら実際に人が使うことを想定してモノを制作し、毎年の学園祭で展示している。2019年の学園祭では、ツリーハウスと茶室を制作した。茶室は、岐阜県の養老町で2017年に参加したアートイベント「ライフオブ・ヨーロー！」での実績があり、継続的に研究室での制作テーマとしている。このイベントは養老にて継続的に実施されているもので、2017年は改元1300年祭にあたり、そのオープニングで披露されたのが、森部研究室が参加した「KALEIDO SCOPE OF TIME　ときの万華鏡展」だ。養老町に点在する歴史的価値の高い空間を、アーティストの手により再生するというコンセプトの下、国の登録有形文化財である旅館「千

昭和女子大学大学院 生活機構研究科 環境デザイン研究専攻

森部康司 研究室

MEMBER	指導教員：森部康司（もりべ やすし）／学部3年生 10 名、4年生 7名／修士2年生 1名
MASTER'S DESIGN SCHEDULE	1年：4月計画→ 10月研究題目→2月中間発表 2年：7月中間発表→1月修士設計または修士論文提出、審査会
PROJECT	「1／1プロジェクト」

学園祭で展示したツリーハウス

学園祭で展示した茶室　階段状の屋根が最も高くなっている奥側から入る（森部研究室）

歳楼」の内部へ仮設の茶室を構成した。

一方、2019 年の「1／1プロジェクト」におけるもうひとつの制作物、ツリーハウスは学生からのアイデアだった。大学構内に植えられている木を活用し、訪れた人が楽しめることを目指した。ただ、学生の案はデザインが先行しがちで、「どうしたら自分たちのつくりたいものを現実に建ち上げることができるか、ということを理解させるのが一番苦労する点です」と森部先生は言う。ツリーハウスは、支柱となる木にボルトを差し込むことで荷重を支える工法が一般的だが、大学構内の木に穴を開けることはできない。そのため今回のプロジェクトでは、試行錯誤の末、四角く組んだ木材で支柱を締め付けるとともに、木の表面の凹凸に枠を引っかけて安定性を確保するという手法を用いた。

研究と実務の両方にフィールドを持つ森部先生は「学生にとって、自分の姿がひとつのものさしになれば」と語る。「将来、意匠の道に進むとしたら少なくとも構造家の僕よりはデザイン・意匠に対する知識を持っている必要がありますし、壁にぶつかっても"先生はもっと頑張っている"と、もうひと踏ん張りしてもらいたいです」（森部先生）。

実務経験の豊かさが自主性を養う

自ら手を動かすプロジェクトを継続してきた森部研究室の学生は、他大学と共同して活動するときにも、その姿勢が発揮される。「昭和女子大の学生が率先して工具を手に取り作業している中、他大学の男子学生が周りで見ているという光景を目にしたことも結構あります（笑）」（森部先生）。金子先生もまた、「うちの研究室の学生も、学園祭全体の材料調達や設営など自分たちでいろいろ取り組んでいます。女子大だからこそ、男性・女性という区別が、教員も含めてないのだと思います」と話す。社会環境が目まぐるしく変化する中においては、設計者自らが仕事を生み出していくことが必要と言える。昭和女子大の研究室活動では、机上での学びに留まらず、これからの設計者に求められる自主性を養っている。

ツリーハウス施工中（森部研究室）

■「新型コロナウイルス対策下での研究室活動」

「現地に行くことを前提とした研究室活動ですので、人の活動を見るのに適した暖かい季節に行動が制限されてしまったことは影響が大きいです。これらの活動における先輩・後輩の関係が途切れてしまい残念に思っています。活動再開できる日が1日も早く来ることを願います」（金子先生）

「養老町での活動は継続していて、町内の住宅を改修し住民が集まることができるような場所にする企画もあったのですが、現地に行けないので模型をつくるなど、できる範囲で進めています」（森部先生）

多摩美術大学大学院 美術研究科 デザイン専攻（環境デザイン研究領域）

松澤穣 研究室

MEMBER	指導教員：松澤穣（まつざわ みのる）／ 学部4年生 17名／修士1年生 4名、2年生 3名
MASTER'S DESIGN SCHEDULE	8月経過発表会→11月中間発表会→1月作品発表会・論文提出
PROJECT	「栃木県での合宿（薪割り、大谷石の採石場見学）」「新宿中央公園でのキャンドルナイト」「ロッドチェアー制作のティーチングアシスタント」ほか

青柳正規理事長（中央）の鶴の一声で、富士山麓セミナーハウスに薪小屋を制作

「すべては建築である」

松澤穣研究室は、栃木県にある松澤先生の別荘にて、毎年2回、2泊3日の合宿を行っている。寝食を共にする中で、さまざまな議論が沸き起こる。ここでの体験から、研究テーマを見出した学生もいる。修士1年の鄭烺坤さんは、大谷採石空間に関する研究を行っている。別荘の床には宇都宮市大谷町で採掘される「大谷石」が使用されており、合宿期間中に採石場も訪れていた。修士1年の野尻勇気さんのテーマは「森林と住居の繋がりを踏まえた継続的で安定した薪を焚く暮らしの住居設計方法の構築」。森林循環を踏まえた、薪を使った暮らしや住居の設計を行うという。松澤先生の別荘の暖房は薪ストーブが担う。合宿中の暮らしにおいて大切な仕事である薪割りから、このテーマが生まれたようだ。

建築の議論が沸き起こる場面は、合宿など研究室での活動に限らない。身の回りにあるすべてのものが、議論のきっかけとなり得る。ひいては、「すべてが建築である」。「身の回りには建築のヒントがたくさん存在します。体験を通して自分の内側から生み出されるテーマには持続力があります。今回の修士設計展で最優秀賞となった王琳さんは、思考を毎週ブラッシュアップしてきました。審査でその姿勢を評価いただき、指導が実を結んだと感じています」と松澤先生は話す。「テーマを見つけることは、自分の立ち位置を確かめること。与えられた課題に取り組む学部の4年間に加え、自分でテーマを見つける修士の2年間も大切です。6年間の学びを視野に入れています」（松澤先生）。

松澤研究室では、前述した鄭さん、野尻さんのほかにも、さまざまな視点から研究を進める学生がいる。修士1年の尹柯渺さんのテーマは「自然環境での視覚的な切り取り方による空間の変位の探求」。建築の開口部による風景の切り取り方をパターン化するほか、開口部の形状や見る人の立ち位置による切り取り方の変化について実験を行っている。

修士2年の千葉聡太郎さんは「暗さ」に基づく陰影空間を研究テーマとしている。千葉さんは、工芸学部から大学院の環境デザイン専攻へ進学してきたが、その理由として、「工芸学部では鍛金を学んでいましたが、モノで空間を変えるのではなく、空間を直接変える手法を学びたいと思いました」と話す。空間の「暗さ」に着目し、明るいことを良しとする現代社会において、暗さの価値を見出すことを目指している。

修士2年の蘇楚旋さんのテーマは、「詩の建築的な解釈」である。李白の詩から言葉の構造を抽出し、記号論、言語論、構造主義などを扱いながら、建築に置き換えるという試みだ。

大谷町　地下採石場の見学

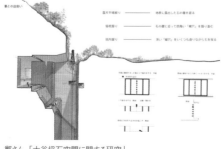

鄭さん「大谷採石空間に関する研究」

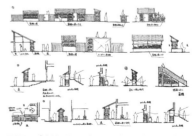

野尻さん「森林と住居の繋がりを踏まえた継続的で安定した薪を焚く暮らしの住居設計方法の構築」

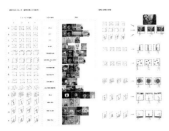

尹さん「自然環境での視覚的な切り取り方による空間の変位の探求」

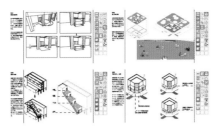

荘さん「台湾における長屋の考察と共にカタログ化した再生提案に関する研究」

千葉さん「暗さの言葉辞典」

修士2年の荘佑竹さんは、台湾における長屋の考察と共にカタログ化した再生提案に関する研究に取り組んでいる。汎用性を持った方法論として広く活用されるよう、「カタログ」としての再生提案を作成するという。また、修士1年の劉思鷺さんは、「建築のグレーな空間」である軒下に着目している。

大学院生の学びを学部生へ

多摩美では、このように自らテーマを見つけ研究する大学院生の学びを学部生に還元する機会が、積極的に設けられている。その一つが、「Project Based Learning（PBL）科目」だ。学科の枠にとらわれない幅広い創造を、授業を通して生み出そうというもので、企業や自治体との共同プロジェクトも多い。2019年12月は、小田急電鉄との企画として新宿中央公園でキャンドルナイトを開催。松澤研究室からは千葉さんが参加しており、来場者自身でキャンドルを装飾するワークショップや、公園内に隠された赤鼻のトナカイを探すイベントが行われた。

また、大学院生が学部生の指導に関わる「ティーチングアシスタント（TA）」制度も採用している。2020年度は野尻さんと千葉さんが、学部3年生の課題である、鉄製ロッドを用いた椅子の制作に携わった。野尻さんと千葉さんは、手本となる椅子を制作。5個の3次元パーツを組み合わせて、浮遊するような座り心地を目指した。野尻さんは「2次元パーツで成立させることは難しく、平面と立面を同時に考えていきました。座面形状は、座りやすさとデザイン性から五角形に決めました」と振り返る。松澤先生は、「この課題は単なる家具制作ではなく、小さくはあるが建築の課題なのです。力の流れを意識し、美大ならではと言える皮膚感覚での理解が進みます」と話す。授業では、企業から構造設計の担当者を講師に招いている。美大の建築学生は卒業後、意匠設計の業務に就くことが多い。語法の違いや意思疎通で感じる歯がゆさなど、構造設計者と意匠設計者との関わり方の実態を、学生たちはこの授業を通して体験している。

町医者による診察

多くの大学でいうところの「ゼミ」を、多摩美では「ミーティング」と呼ぶ。「普段のミーティングは診察に近いものだと思っています。学生たちは、ときに"病"にかかってしまう。自然治癒が一番ですが、投薬や手術が必要な場面もあるかもしれません」と松澤先生。あらゆる事柄からヒントを拾ってくる学生のテーマは多種多様だ。彼らを一手に引き受け診察することから、自身を「町医者」と表現する。千葉さんいわく、「松澤先生の手術には麻酔がない」。ミーティングでは徹底的な議論を交わし、理論を手堅いものにしていく。ここで得られたテーマは、卒業制作にとどまらず、彼らの建築家としての人生にも寄り添うものになるだろう。

ロッドチェアー講評風景

野尻さんによるロッドチェアー

合宿での一コマ。「食べることはつくること」松澤研究室に料理は欠かせない

薪割りの様子。中央にあるのは松澤先生考案の自動薪割り機

東海大学大学院 工学研究科 建築土木工学専攻

野口直人 研究室

MEMBER	指導教員：野口直人（のぐち なおと）／学部4年生 13名／修士1年生 2名、2年生 3名
MASTER'S DESIGN SCHEDULE	1年：4月テーマ仮決定、調査・研究 2年：4月テーマ決定 →2月修士設計提出、審査会
PROJECT	「佐原の循環」（大学院授業課題） 「三崎の痕跡」（大学院授業課題） 「ジャイサルメールの解体」（研究室リサーチ）

自分だけのデザインを育む フィールドワーク

　自分の興味に基づいた独自性が光るユニークな設計作品が目を惹く野口直人研究室。東海大学では学部4年で研究室配属になるが、野口研究室では、建築とは異なるものをプレゼンテーションすることから始める。自分の趣味や興味のあることについて、その構造を分析して設計に生かす。これを行うことで、自分の価値観から生まれたオリジナリティのあるデザインを生み出すことができるのだ。「個人的な興味というのは考えれば考えるほど面白いです。全く関係ないように見えるものも根幹をとらえるとつながっています」と野口先生は語る。

　一方で、主観にとらわれ過ぎて視野が狭まらないように、野口研究室では都市のリサーチで社会とつなげて考える訓練を行う。自分だけでなく他者が共感できるようにするため、また、実在の都市が対象でも自分の設計手法を当てはめて考えられるようにするためである。学部生は国内だが、修士生は海外にてリサーチを実施し、2018年は中国の貴州省、2019年はインドのジャイサルメールにて行われた。「基本的にはどうするべきかという話はしません。学生たちの興味を広げるような助言をします」という野口先生に対し、「自分の興味につながるようなアドバイスをいただきますが、良い意味で全部教えてくれるわけではないので、自分で考える力が養われます」と応える修士1年の前川凌さん。リサーチ現場でも、それぞれ自分の興味の赴くまま自由に行動する研究室メンバー。それぞれの個人的なフィルターを通して出されたリサーチ結果からは、まちの新たな一面が見られる。

　素材や構法に興味があるという修士2年の澤田侑大さんは、「砂漠の砂を固めた石を積んだ建物が多いジャイサルメールですが、石積みだと横の力に弱いため、貴重な木材を梁などのような一部分に使うといった工夫をしています」というように素材に注目した調査をした。そのほかに、宗教に興味のある学生は現地で信仰を集めているジャイナ教の寺について調べたそうだ。

　リサーチ後は、それぞれ興味を惹くものを1枚の写真で伝わるように収めておき、それにタイトルと説明文を添えたビジュアルブックをつくってアーカイブとして残す。同書には、石積みの間から見え隠れする木材を収めた澤田さんの写真のほかにも、バラエティに富んださまざまな写真が収録されるほか、図面なども掲載する。家の中と外の境界があいまいな点に興味を持って住宅の連なりを起こした図面や、豪商の迷路のような住宅を図面化したものなど、

「佐原の循環」の建築提案

「佐原の循環」ビジュアルブック

「佐原の循環」掲載内容について議論中

ジャイサルメールでのリサーチの様子

どの図面も先生の指示によるものではなく、個人の興味に基づいて自発的に作成された。このように自分たちのフィルターを通してまちを解体するという意味が本書「ジャイサルメールの解体」のタイトルに込められている。

　ビジュアルブックの制作は研究室の垣根を超えた活動となっており、デザインの授業内での千葉県香取市佐原のリサーチ内容を書籍にまとめる活動も行った。佐原のまち全体をリサーチし、そこから導き出した作法や手法のようなものを設計に生かす方法を探すという内容。授業ではまず、まちに詳しい地元の人に話を聞くことから始めたという。外から見たものだけではなく、内側から探ることが大切だ。それをもとにプロポーザルをする。架空ではあるが実在のまちをフィールドに提案することで、表面的なプロトタイプではなく、汎用性と実現性のある案を生み出すことができる。これらの活動は「佐原の循環」という本にまとめてある。

難しいことをシンプルに伝える能力

　野口研究室の正式な設立は2018年度で、今年の修士2年が第1期生にあたる。現在は修士1年が2名、2年が3名所属しており、個々の研究を深めるのに目の届く人数になっているそうだ。澤田さんによると、「野口研究室の強みは、頭で考えて具現化するという作業の繰り返しが多いことで

はないでしょうか。自分は知識先行で頭でっかちになりがちなのですが、その作業を繰り返すことで、より具体性の高いものを設計することができると思います」という。一方で、「大学院では、大それたことや難しいことをしなくてはならないと考えがちですが、実は難しいことをよりシンプルに考えられるようになることが重要です」と野口先生。

　シンプルにするというのは、具体的な内容に落とし込むことで、一例をつくるのが大切であり、さまざまなまちを歩いて実践的に経験を積み、一例をつくる。そうすると、自分の思考が明確になり、シンプルに考えられるようになるのだ。それぞれのマニアックな思考からスタートすることが多い彼らの作品だが、これらスタディとアウトプットを繰り返すことで、洗練されて明解なアイデアに昇華され、他者からも共感を得られる作品となっているのだろう。今後は実務も絡んだ体験を模索中というが、それも修士の学生にはすでに、わかりやすくシンプルにデザインを語る能力が備わりつつあるからだという。野口先生の個人的な活動でも、多角的な視点での意見が参考になるという修士生たち。彼らのアイデアが実社会でどのように発展するのか、今後の期待が膨らむ。

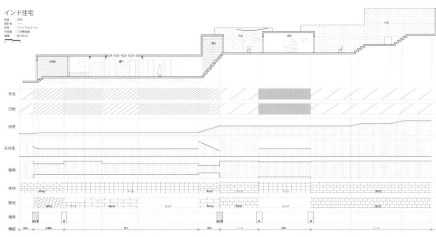
インド住宅
ジャイサルメールでリサーチした住宅の図面（展開断面図）

東京藝術大学大学院 美術研究科 建築専攻

ヨコミゾマコト 研究室
（環境設計第二研究室）

MEMBER	指導教員：ヨコミゾマコト／教育研究助手：徳山史典（とくやま ふみのり）／修士1年生 3 名、2年生 8 名、研究生 1 名
MASTER'S DESIGN SCHEDULE	1年：研究室の活動に参加 2年：7月 テーマ決定 → 10月 中間発表 → 12月 修士設計・論文の提出、最終発表・審査会
PROJECT	「長徳寺ペットの墓」「『1：1』展」「藤里町ゲート計画」「水海道片野医院の改修計画」「金山町上台地区実測調査および修景計画」

実測で地域固有のエッセンスを抽出する

東京藝術大学のヨコミゾ研究室は、1965 年から続く環境設計第二研究室の流れを汲む。環境設計第二研究室は、東京大学丹下健三研究室や自身の設計事務所で、公共建築や住宅作品を手掛けてきた茂木計一郎先生により開設され、1970 年代にアメリカから取り入れたデザインサーベイの手法で、イタリアや中国、また国内各地の調査研究を行ってきた。その流れは研究室を継いだ片山和俊先生、そして現在の指導教員であるヨコミゾマコト先生にも受け継がれている。

「50 年以上前から "環境設計" と冠されていますから、近年普及してきたデジタル技術を用いて自然環境を測定したり、シミュレーションをして設計するような手法を意味している訳ではありません。風や光、時間など固定的なものがない世界に、固定的な建築をつくることは責任が大きく、それを狭い視野で捉えるのではなく、できる限りさまざまな分野に視野を広げ、建築が建った瞬間だけでなく、その後のことまで考えてデザインすることに研究室で取り組みたいと考えています」とヨコミゾ先生は話す。

広く環境を捉えるためにはデザインサーベイが重要になる。これまで研究室では、新潟県新発田市や山形県金山町、秋田県藤里町など、さまざまな地域で調査を行ってきた。

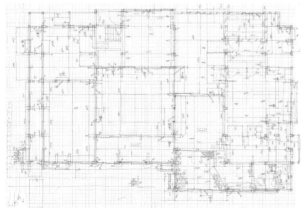

実測の図面。この手描きをもとに、後日 CAD で描き起こす

調査では、多角的に対象地を把握するため、都市計画事務所など他分野の専門家と協働することも多い。その時の目的や状況に合わせて景観を調べたり、住民にヒヤリングをしたりするが、どの調査地でも共通して行っているのが建物の実測調査だという。実測は集落の古い建物を中心に、漁師がセルフビルドで建てた小屋なども行ってきた。先代の片山研究室から続く山形県金山町の調査では、1棟の実測から図面の描きおこしまで半日から1日かけて行い、全部で7棟を調査した。

「金山町の実測では小屋裏まで上がらせてもらい、日本の家屋の小屋組みの仕組みを知ることができました。実測を通して、建物の詳細までよく見るようになったと感じています」と参加した学生は話す。

「実測を重視するのは一つにアーカイブの意味があります。建物が壊されたり改修されたりした後、実測のデータが残っていれば、それを復元したり、似たような建物を建てる際の資料になります。一方、一つの地域で複数の家を実測すると、共通するデザインコードが見つかる場合があります。それがその地域の固有のものであれば、新しい建築を設計する際の手がかりになります。その地域固有のコードをデザインに取り込めば、新しい建築も周囲の建築や風景に自ずと馴染むと考えられます」とヨコミゾ先生は話す。

膨大なスタディから確信を導き出す

調査するだけではなく、その調査のアウトプットとして実際の建築を設計するのもヨコミゾ研究室の特徴と言える。新発田市では文化庁の補助事業として、町の歴史的建造物の状況調査を 3 年間行ったが、その調査がきっかけで長徳寺の住職と知り合い、ある相談を受けた。15 世紀から続く長徳寺では墓がいっぱいとなり、墓地を通り抜けるのもままならない状態で、通路の整備を含めた墓地の区画整理を依頼したいという。このような珍しい仕事はヨコミゾ先生にとっても初めてであったが、引き受けることとし、

周辺環境も含めたリサーチを進めた。元々墓地には無縁墓が多数あり、その整備は不可欠であることがわかり、無縁墓を祀る永代墓を設計することになった。調査やスタディから、境内に位置する墓碑と駐車場の隙間を敷地とし、それを生の世界と死の世界の境界線とみなした。永代墓の平面は二等辺三角形が組み合わさった形で、参拝室は三角形の頂点へと細長く先のすぼまった弔いの空間となっている。永代墓はハクラと呼ばれ、多くの人に利用され、2017年にはグッドデザイン賞を受賞した。そのハクラに続いて2020年に建立したのが、ペットの合同墓・コクラである。ペットは、核家族化が進む中で家族の一員となっているとともに、死が遠のいてしまった現代において、人に死を伝える存在でもある。そのような状況下でペットを弔う場所がないことを課題と感じた住職から相談を受けた。住職は墓地の需要が増すことを見越し、寺の敷地を周辺に広げていたが、一方で拡張する寺と町の境界線が曖昧になっていた。その境界線を明確にする敷地の再整備のマスタープランを含めたペット合同墓の相談だった。寺の敷地には新たな駐車場も必要だったためガレージの形や大きさも考慮しなくてはならない。参拝の導線も含めてあらゆる可能性を検討するため、模型によるスタディを何度も繰り返したという。膨大なスタディの結果、敷地にもともとあったケヤキをシンボルツリーとし、孤の字を描いた壁が参拝者をケヤキへ導き、そのケヤキの足元にペットが眠り、そこに手を拝む。そして、手を合わせた先にはお寺の本堂があるという計画を導き出した。

「ケヤキに手を合わせる案、山に手を合わせる案など、いろいろな案が出ましたが、合同墓と本堂を結ぶ軸線を重視しました。本堂と合同墓の間に駐車場があり車が見えるのが課題でしたが、壁を参拝者から車が見えない高さに設定して解決しました。そこに辿り着くまでヨコミゾ先生やお施主さんと検討を繰り返して1年半かかりました」とプロジェクトを担当した学生は話す。

「通常の仕事であれば1年半もの時間はかけられません。研究室で受けているからこそできることで、とにかく考え得る可能性は全て出し切ろうという方法を研究室ではとっています。建築の答えは一つではなく、条件が一つ変われば建築そのものが大きく変わります。数多くの案を出して絞り込み、そこからまた案を出して絞り込み、という作業を繰り返します。非効率的な方法ですが、それだけ手間と時間をかけて辿り着いた答えには確かな自信が持てるはずです」とヨコミゾ先生は話す。このような研究室の設計手法は学生にも染みついており、今年の修士学生の一人は、札幌に明治時代から改築を繰り返して今も残る実家を対象に、資料や古い写真を読み解きながら改修案を提案するという。この提案は実際の改修を念頭に置いているというが、研究室での緻密なデザインサーベイや膨大なスタディに基づき設計してきた経験が糧になっている。

「修士設計は、卒業設計よりも設計に至るまでの調査や研究のボリュームが求められるのはもちろんですが、設計そのものにもしっかりと取り組んで欲しい。芸術大学なので、新たな視点に気付かせる作品、みずみずしい感性とそれを建築にして人に伝えることのできる技術も評価したい」とヨコミゾ先生。敷地環境や空間と格闘し、妥協せずにしっかりと設計を学ぶことのできる建築教育をヨコミゾ研究室から垣間見れた。

長徳寺永代墓ハクラ（2015）。ケヤキの根元、青い屋根のガレージ部分にコクラが計画される

長徳寺ペット墓コクラ（2020）

東京工業大学 環境・社会理工学院 建築学系

安田幸一 研究室

MEMBER 指導教員：安田幸一（やすだ こういち）／学部4年生2名／
修士1年生5名、2年生4名、3年生4名、4年生1名／博士1名

MASTER'S DESIGN SCHEDULE 4～7月テーマ決定・エスキス→11月論文題目申請→1月梗概提出→2月修士論文または修士制作提出

PROJECT 「土浦亀城邸（第一・第二）と長者丸周辺住宅の図面・3Dモデル・模型の制作」

近代的住宅の先駆け
土浦亀城邸の図面と3Dモデルを作成

安田幸一研究室では、1930年代に建てられた土浦亀城氏設計の自邸の移築・保存に向けて、図面と3Dモデルの作成に取り組んでいる。東京都品川区にある土浦邸と、その周囲に建つ同氏設計の住宅などに関する資料を集め、地域一帯を再現する模型を制作し、一般への公開展示を企画している。

土浦亀城は東京帝国大学工学部建築学科を卒業後、アメリカに渡り、「近代建築の三大巨匠」と呼ばれるフランク・ロイド・ライトに師事。日本に帰国し、ル・コルビュジエのサヴォア邸やバウハウスと同時期、1932年に最初の自邸を、品川区五反田に建てた。3年後にはすぐ近くに第二の自邸を同区上大崎（当時の長者丸地区）に建設して移り住んでおり、白い箱型のその住宅は、日本の近代的住宅の先駆けとされる。さらに同じ長者丸地区で、土地のオーナー

模型作成

実測調査

であった竹内昇邸、画家の長谷部三郎邸の設計を手掛けた。またジャーナリストの島田巽邸は、斎藤寅郎によって設計が手掛けられた。現存する土浦邸（第二）は、東京都の有形文化財に指定されているほか、モダン・ムーブメントに関わる建物と環境形成の記録調査・保存のための国際組織であるDOCOMOMO（ドコモモ）により、「日本におけるモダン・ムーブメントの建築」として日本最初の20選に選定されている。

このプロジェクトに取り組んでいるのは、2020年度の修士1年生5名と修士2年生1名。修士1年が各住宅を1軒ずつ担当し、修士2年は土浦氏が自らデザインした家具などを担当している。それぞれの調査から得られた情報を持ち寄って打合せを重ね、誌面からの情報の精度を高めながら、図面と3Dモデルを描き起こした。これらは、コロナ禍においてオンラインで可能な活動として実施された。

土浦邸（第二）は約3年前から研究室の調査対象となっており、これまでに建物の実測や調査が詳細に行われてきた。保存改修設計は安田先生の主宰するアトリエで主導的に行っており、「移築先の土地が整備されるまでの活動として、周辺住宅を再現することに取り組むことにしました」（安田先生）。

修士1年の小林由佳さんは、土浦邸（第一）を担当。この建築の特徴として、南側に間口を大きくとった居間があげられる。ここで土浦氏は前川國男や谷口吉郎など建築家仲間と社交ダンスを楽しんでいた。日本に帰ってからも、アメリカでの暮らしを自邸に取り入れることが当時の土浦の拘りだったようだ。ところが、3年後に移り住んだ第二の土浦自邸にそのような広い空間はなく、社交ダンスへの熱が去ってしまったことがうかがえる。増改築の変遷について、学部の卒業論文で同宅を扱った修士1年の長沼徹さんが土浦邸（第二）を引き続き担当している。DOCOMOMOに選定された土浦邸（第二）は、建物が立地する土地の高低差を利用した中間階を設けることによって各室を有機的に結び付けている。

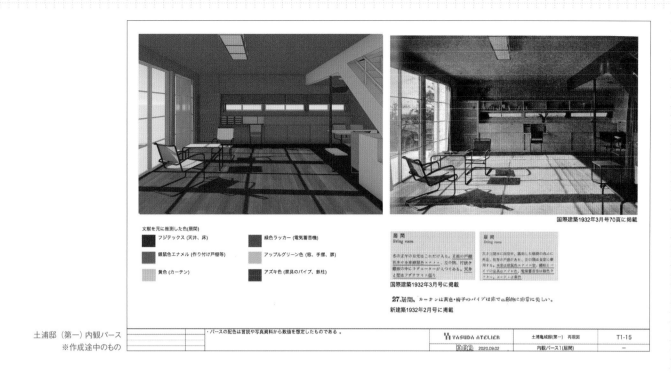

文献を元に推測した色（居間）

■ フジテックス（天井、床）　■ 緑色ラッカー（電気蓄音機）
■ 銀鼠色エナメル（作り付け戸棚等）　□ アップルグリーン色（窓、手摺、扉）
□ 黄色（カーテン）　■ アズキ色（家具のパイプ、鉄柱）

国際建築1932年3月号に掲載

居間
living room

各の正午の自宅はこれだけ入る。よ正面の戸棚
民家せを差輕際照を …… 左中隅、打続き
は顔鏡の中にテチュードルが入つてゐる。天井
と壁はフジテックス張り

扉間
living room

大さ2間半に深切半、畳組した模様の此より
作及、板等の戸棚があり、右側に食器の受
架せる。本壁は銀鼠色エナメル塗り、棚柱と
イロの塗料はアズキ色、電気蓄音器は緑色
アプル、カーテンは黄色

27. 居間、カーテンは黄色・椅子のパイプは赤で色彩的に非常に美しい。

新建築1932年2月号に掲載

土浦邸（第一）内観パース
※作成途中のもの

・パースの配色は言説や写真資料から数値を想定したものである。

YASUDA ATELIER | 土浦亀城邸(第一) 再現図 | T1-15
2020.09.02 | 内観パース1（居間） | ―

当時の"グリーン"は一体どんな色だったのか？

　調査にあたっては、国会図書館や東工大・他大学の図書館から資料を収集した。土浦邸（第二）には、図面の資料は一部しか残っていなかった。土浦邸（第二）は、70年代に建築雑誌において再評価された背景があり、以降は文献が増えているが、竣工当時の資料は少なかった。「集めた資料もぼやけて見づらいところがあり、読み解くのに苦労しました。でも、写真からいろいろなことが分かって面白かったです。」と小林さんは話す。例えば、台所に備え付けられた戸棚の扉が裏表両側から使用できるようになっていて、台所から居間へ料理を渡す開口も設けられているなど、土浦による細やかな工夫も判明した。資料の解明に苦慮しながらも調査を進め、9月までに、平面図・立面図・断面図を起こすことができた。

　しかし、モノクロの資料では色の特定が難しく、3Dモデルの着色には苦労した。土浦邸（第一）の扉、窓、手すりに用いられたと記載のある「アップルグリーン色」はどのような色か。色には時代が表れる。「東工大の70周年記念講堂は、土浦邸を訪れていた谷口吉郎氏が設計に携わった建築で、やはりサッシュがグリーンです。あとから別の

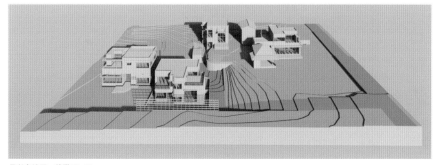

長者丸地区　俯瞰パース

色を塗っていますが、その塗装が剥がれたところから、当時流行していた"グリーン"を参考にすることができるでしょう」と、安田先生が述べるように、文献の内容を補完する調査については工夫が必要になりそうだ。長谷川三郎邸についても文献だけでなく、長谷川の絵画作品から、窓の一部がステンドグラスであったことが判明した。

　今後、長沼さんは、修士論文においても土浦邸をテーマとして取り上げる予定であり、「このプロジェクトで得られた資料やデータに加え、同年代の建築家と彼らが設計した住宅も含め、より視野を広げて研究をしてきたい」と話す。

理想の建築を追い求める

　こうした調査・分析によって、図面の描き方や、建築に取り入れられた当時の社会情勢や生活様式を学ぶことができる。「図面を描くときは、線1本1本が正しいものであると設計者が判断していく必要があります。学生には、1本の線の重みを学んでもらいたい」と安田先生は話す。「どんな建築も、建築家が抱いた理想や図面と、現実に建ち上がったものとの間には、技術や予算などさまざまな理由のためにギャップが生じてしまいます。実物について床板の幅や長さまでしっかりと実測し、その上で、土浦氏がつくりたかった建築を再現しようという試みです」（安田先生）。土浦氏は建築にどのような思いを込めたのか、竣工当時の建築はどのような姿であったのか、想像力を働かせつつ図面に再現していく。1本の線の重みを感じながら、理想の建築を思い求めることは、これからの建築設計に携わる者に必要な姿勢と言えるだろう。

東京電機大学大学院 未来科学研究科 建築学専攻

小笠原正豊 研究室

MEMBER	指導教員：小笠原正豊（おがさわら まさとよ）／学部4年生12名、修士1年生4名、修士2年生1名
MASTER'S DESIGN SCHEDULE	4月〜12月 テーマ決定・エスキス・中間発表 → 2月 修士論文および修士設計提出
PROJECT	海外における設計実務調査

「デジタル」「海外」「設計情報」がテーマ

2019年に発足した小笠原正豊研究室は、建築学科でも意匠系に属するが、研究室のメンバーには、修士設計に取り組むスタジオコースに所属する学生ばかりでなく、修士論文に取り組む研究コースに所属する学生も多い。「意匠系の研究室であれば、できあがった作品のデザイン性や独自性、完成度の高さが目標となりますが、私たちの研究室においては設計のプロセス自体も研究の対象や目的になり得ます」と指導教員の小笠原正豊先生は話す。デザインを追求し、建築家を目指すだけではなく、設計ツールやプレゼンテーション、施工やマネジメントなど設計プロセスの各要素に着目し、研究することで、多様なスキルを持った既存の型にはまらない設計者を目指すこともできる。

そんな小笠原研究室が現在掲げている研究室の主要な研究領域は、「デジタル」「海外」「設計情報」の3つ。この3つのキーワードは一見すると相互に関りのないように見えるが、川上の企画から川下の施工、さらにはその後の建物の運用まで、「設計プロセス」という視点に立つとその関係性が見えてくる。例えば、近年の設計には風や光といった自然環境の解析やシミュレーションにデジタル技術が欠かせなくなってきているが、そこで得た設計情報を工程の中で、どのように共有するか、また竣工後も建物の維持管理にどのように活用するかということが課題になってくる。一方、今後海外の技術者をパートナーとして設計する機会が増えてくるであろう中、言葉や文化の壁を越えた設計情報の共有方法は大きな課題であり、そこで活躍するのがデジタルツールと言える。

「デジタル」「海外」「設計情報」は、海外のクライアントからの仕事を、デジタルツールを駆使しながらこなしている小笠原先生にとって、日々課題として感じているテーマだ。

「デジタル技術の応用や海外と関わる仕事、そして情報の共有や活用については、実務においてまだまだ試行錯誤しながら行われている状況です。そういった新領域にこそ、学生たちが将来活躍できる場があるのではと期待しています」と小笠原先生。

研究室をスタートしてまだ1年足らずだが、2019年は研究室の修士学生と北欧の国々を訪れ、デジタルツールに関する調査研究を行った。中でもスウェーデンはヨーロッパでBIMによる設計の普及に力を入れている国の一つである。BIMを用いて設計から建物の管理・運用まで情報を伝達し利活用していくには、それぞれの段階を超えて情報の分類体系を統一する必要がある。本調査研究では、スウェーデンにおける情報の分類体系についての歴史や状況を調査し、同行した修士学生が2020年の建築学会大会梗概としてまとめた。

「今後も年に一回は、海外へデジタルツールをはじめとした設計プロセスに関する調査を学生と行いたいと考えています。それには英語とコンピューテーショナル技術に関する知識が必要。学生にはこの2つのスキルアップをする

ストックホルムの Slussen Project にて BIM による情報共有の状況をヒアリングした

必要性を日頃から伝えています」と小笠原先生。研究室における活動を通して、「海外」「デジタル」「情報共有」が設計に大きく関わってくることに気付いた学生にとっては、小笠原先生のアドバイスも身に染みて理解できるはずだ。

コンセプトと形の関係性を検証することが重要

研究テーマである「設計プロセス」において、小笠原先生が興味を持っているものの一つは、建築が完成した後の建物の評価や使われ方という。環境設備系の分野であれば、建物に導入した設備が実際に建物を使われた際に想定した通りの効果を上げているかどうか、コミッショニングとして数値を計測して検証することは多いが、意匠系や計画系において建物のデザインや計画について完成後に検証することはまれである。

「住宅でもクライアントが実際にそこで生活をしていく中で、設計者が意図していたものとはまったく別の使われ方をしていたり、設計者が注目をしていなかった場所が、住人のお気に入りの場所になっていたりしていることは多々あります。そういった設計者の意図と実際の使われ方のギャップはこれまであまり注目されていませんでした。環境設備とは違い、数値化するのは難しいですが、まずは研究方法から探っていきたいと考えています」

研究室には、卒業論文で国立大学図書館のラーニングコモンズの研究を行い、実際にそこで自発的な学習がなされているかどうか、29大学に対してヒアリング調査をした学生もいる。また、東京電機大学キャンパスには広い屋上緑化がなされているが、計画した設計者、そして現在それを管理運営している管理者双方にヒアリングを行い、設計意図と現在の活用状況を比較してまとめている学生もいる。

「設計の指導においては、コンセプトと、出来上がった形の関係性を一歩引いて検証するようにと話しています。論文の指導も同様で、最初に掲げた目的が結論で得られているかに着目します。設計の過程で目的とするコンセプトと、結果として実現した形の間に差異があってもよいですが、それらの関係性を検証しなければ作品や論文の質を高めることにつながりません。無意識に行った形体操作を意識的に解釈することによって、新しいコンセプトにつながることもあります。特に設計では、コンセプトから形が演繹的に出来上がるのではなく、形が新しいコンセプトを生み出すことも多く、その予測できない不確定なプロセスが設計の面白さだと考えています」

研究テーマは学生自身が興味を持つ内容であることを大切にして、その対象が意匠の領域を超える分野であれば「積極的に他の研究室の教員からのアドバイスを求めるよう伝えている」という小笠原先生。研究室はスタートしたばかりだが、設計プロセスを多面的に学んだ多様な人材が輩出されるだろう。

東京電機大学の屋上庭園

■「新型コロナウイルス対策下での教育活動」

前期は、設計製図のエスキスや研究室のゼミも全てオンラインで行いました。良かった点は、学生の提出物をよく見ることができる点です。エスキス前日までにデータをアップロードする指示を出せば、当日までに時間を取って確認することができます。またオンラインでは、教室での対面授業とは異なり、学生同士おしゃべりせず各自モニタに向き合っている状態なので、学生の集中度や他の学生のエスキスを聞く機会は増したかと思います。デメリットはやはり模型です。平面図や断面図などを指定して提出してもらいますが、図面だけではスケール感や形が一目で把握できません。また、対面のエスキスだとその場で模型を見ながらスケッチを描くことができましたが、オンラインだとまだ難しいと感じています。例年、設計演習の最後に、模型の前に学生が立って、そこで教員と質疑応答をしますが、オンラインではそれができない。どこまで作品を理解し、

評価できるかが課題だと感じています。ただし、今後は英語と並びコンピューターを介したコミュニケーションスキルは重要になってきます。そのリテラシーを高めるよい機会だと学生たちには話しています。

2020年の前期のゼミはZOOMを活用した

東京都立大学大学院 都市環境科学研究科 建築学域

小泉雅生 研究室

MEMBER	指導教員：小泉雅生（こいずみ まさお）、木下央（きのした あきら）助教／学部4年生 7 名／修士1年生 6 名、2年生 2 名／博士 2 名
MASTER'S DESIGN SCHEDULE	5月 テーマ決定 → 10月 中間発表 → 2月 修士設計提出・学内発表
PROJECT	「M meets M　村野藤吾展」「エネマネハウス 2017」

「エネマネハウス」で
優秀賞とグローバル賞を授賞

　自邸「アシタノイエ」やLCCM住宅デモンストレーション棟などで、環境建築の実験的な試みを続けてきた小泉雅生先生は、研究室においても環境に関するさまざまなプロジェクトに取り組んできた。2015年、2016年には、環境系の研究室と共に、東南アジアの郊外住宅を調査し、現地の風土に適した蒸暑型の環境配慮型住宅の必要性を明らかにした。そして、このプロジェクトで得た成果をもとに、翌2017年には「エネマネハウス」にチャレンジすることとなった。「エネマネハウス」は、大学と民間企業が連携して、ZEH（ネット・ゼロ・エネルギー・ハウス）を実際に建て、環境・エネルギー性能の測定や評価を行い、その結果と共に実大のモデルの展示を行うというプロジェクト。小泉研究室は同じ東京都立大学(当時は首都大学東京)で環境設備系の一ノ瀬雅之研究室、そして猪熊純助教、熊倉永子助教、山本至特任助教とでチームを編成し、イベントに臨んだ。

　2015年と2016年に行った東南アジアの近郊都市の調査では、間口が狭く奥行きが深いタウンハウス型の住宅が多く建設され、蒸暑地域であるにもかかわらず、風が通り抜けづらいことが課題の一つとして見えてきた。一方、通

エネマネハウス、研究室でのスタディ風景

りに面した住居の前面で生活が繰り広げられる場面が多く見られ、それがアジア的な風景をつくり出す一つの要素になっていると感じられた。それらの東南アジアの調査・研究で得た成果をもとに、蒸暑地域型のZEHモデルの構築を目指すこととなった。毎回のミーティングでスタディ模型を5〜6個ほどつくり、風や光のシミュレーションを交えながら議論を重ねていった。

　「ミーティングでは学生の案をもとに議論しました。いろいろなアイディアが出ましたが、エネマネハウスの面積には制限があるため、その全てを盛り込むことはできません。アイディアの取捨選択やどのようにして取りまとめるかの整理に苦労しました」と小泉先生。

　皆で議論した結果、平入りの切妻屋根の上に2本の通風塔が設けられ、ミセテラスと名付けた半屋外の前庭とそれに続く土間のリビングが特徴的なプランに辿り着いた。プロジェクト名は「ZEH Village アジア蒸暑気候下の町屋」で、前庭となるミセテラスには水平可動式のルーバーが設置されていて、夏は日射を遮蔽しながら風を取り入れることができ、通風塔を利用して熱気を外に押し出し、下から上へとの空気の流れを作りだす。冬になると、ルーバーを開放してミセテラスより日射を採り込むとともに、通風塔は水平スクリーンで遮蔽し、熱が逃げるのを防ぐ。自然を採り込むシステムとデザインが上手く一体化したプランにまとまった。

　しかし、実際に建築を建てる「エネマネハウス」で本当に大変だったのは、プランがまとまってからだったと小泉先生は話す。5月にエネマネハウスのプロジェクトが始動したが、そこから設計・施工までの工期が短い。

　「もともとタイトなスケジュールでしたが、そもそも学生は実際に建つ建物の図面を描くのは初めてで、分からないことが多い。一つひとつ指導しながらスケジュールに間に合わせるよう進めるのが一番厳しかった。実際のプロジェクトは、大学での課題や研究とはスケジュール感が全く違います。それを経験するだけでも学生にとっては刺激

があったのでは」と小泉先生は言う。

「ZEH Village」には、通風塔やミセテラス以外にも燃料電池のシェアやソーラーパネルを活用した屋根集熱など環境に関するさまざまな工夫がなされており、計画や設計、施工に関わった民間企業は15社にもおよぶ。家具の制作や施工のサポートにも学生が加わり、多くのプロフェッショナルとの協働をおこなった。竣工後のエネルギー消費量の計測はもちろん、見学に来た建築関係者や一般来場者への説明をプロジェクトメンバー総出で行い、多くの人からアンケートやコメントをいただいた。計測により予想通りの性能が確保されていることが実証され、「ZEH Village」は優秀賞とグローバル賞を受賞した。

積極的にプロポーザルに参加

機会があれば「エネマネハウス」のような実際に建物を建てるプロジェクトに、今後も積極的にチャレンジしていきたいと小泉先生は言う。そこで、応募可能なプロポーザルコンペに、学生に声をかけ参加をしているという。2019年度は福島県大熊町の教育施設のプロポーザルに参加した。このプロポーザルでは、町の復興にあわせて段階的に学校をつくることが条件の一つになっており、それをどのように実現するかの検討を行った。その結果、学校を小さな集落に見立て、校舎を分散配置し、町が発展していくように学校が増築されていく計画案とした。増築用の空き地をどう活用するかということで、そこで動物を飼育したらどうかというアイディアが飛び出した。

「卒業設計や日頃の課題は自身で自由にコンセプトを立て、好きな形をつくっていきますが、プロポーザルコンペでは、クライアントの希望や指定された条件を満たすことが必要です。最初のアイディアに固執せずに、スタディを繰り返すことで、やっと見えてくるものがあるように感じます。実際のプロポーザルコンペは、そのような点で日頃の課題と大きく異なると感じています」と参加した学生は話す。

2020年には、建築のプロジェクトではないが、横浜で行われた建築展である村野藤吾展の会場設営に研究室で参加した。「写真の展示ひとつとっても、プリンターの設定や用紙の選択、吊り方など、プロのレベルはまったく違います。そういうノウハウに触れられたことは、大きな収穫だと思います。また、こういったイベントの企画も、大体スケジュールがタイトです。工期が短く、関係者も多い中で、確実に成果を上げていく工程管理も、学内の活動のそれとは大きく異なります。貴重な体験ができたのでは」(小泉先生)。

リサーチと分析に基づいた修士設計

プロジェクトで常に忙しくしている小泉研究室だが、一方で腰を据えてさまざまな研究にも取り組んでいる。ゼミで発表される研究テーマは、小泉先生が取り組む環境系のものが多いかと思いきや、学生の興味に任せており、建築家の言説や建築素材、形態など多彩だという。ゼミでのテーマをそのまま修士設計につなげていく学生もいる。

「修士課程の修了要件は修士論文が基本ですが、東京都立大学では修士論文に代わる修士設計も認めており、研究室の大半の学生が修士設計を行います。修士設計といいつつ、しっかりとしたリサーチや分析に基づいた、つまり論文のアウトプットとしての設計提案であることが求められます。分析的な視点を持って論理的に物事を考えていき、それを設計提案に結びつけるという一連の流れを重視しています。単に形をスタディするだけでなく、物事を考える力を養い、他者に伝えていく論理性を身につけてほしいと考えています」と小泉先生。環境建築と実際のプロジェクトやプロポーザルを軸に、小泉研究室では多様な研究が織りなされている。

村野藤吾展会場

東京理科大学大学院 理工学研究科 建築学専攻

伊藤香織（都市計画）研究室

MEMBER	指導教員：伊藤香織（いとう かおり）、高柳誠也（たかやなぎ せいや）／ 学部4年生11名、修士1年生6名、修士2年生12名
MASTER'S DESIGN SCHEDULE	1年：研究室の活動に参加、研究テーマの検討・調査、 　　　7月・12月・3月中間発表 2年：研究室の活動に参加、研究テーマの決定・調査・分析、 　　　5月・7月・9月・12月中間発表→2月修士論文・修士設計提出
PROJECT	「子どものまち・いえワークショップ提案コンペティション」

ワークショップ提案コンペで最優秀賞

伊藤研究室では2019年、日本建築学会が主催する「第9回子どものまち・いえワークショップ提案コンペティション」に参加。6月に行われた公開審査の結果、見事最優秀賞を受賞し、10月にはワークショップの実現に至った。コンペには、研究室に所属する修士2年生2名、修士1年生5名の有志が参加し、4月から約3か月間の準備期間で挑んだ。

日本建築学会の子ども教育事業部会では、1991年から建築をテーマにした子ども向けのワークショップ「親と子の都市と建築講座」を開催している。近年は学生のアイデアに可能性を見出し、コンペで最優秀賞となったワークショップ案を、この講座で採用している。

伊藤研究室が提案したワークショップのタイトルは『吾輩は○○である。・・なりきりすごろく・・』。他の生き物になりきることで、さまざまな視点・スケールでまちの居場所を発見し、すごろくとしてまとめ、遊びを通してその発見を共有するという内容だ。まち歩きから見つけ出した生き物の居場所に対して生き物が抱く感情を交えながら、「進む」「戻る」「止まる」といったすごろくのマスを当てはめる。誰でも知っているすごろくの遊び方は、目指すワークショップの形とマッチすると考えた。提案をまとめるにあたり苦労したのは、なりきりまちあるきのルールづくりだ。当時、修士1年生のときに代表を務めた小山朝子さんは、「なりきりまちあるきによって子どもたちに学んでほしいことは何か、どこまでが生き物の目線と言えるのか、説明を聞いて子どもたちが実際に行動できるか、など具体的に企画を詰めていくほど、自分たちの考えが浅いことが分かっていきました」と振り返る。

コンペで最優秀賞となり、実施に向けた準備を進めるにあたっては、子ども教育事業部会がサポートに入った。学生メンバーは予算管理や渉外など担当分けをして、詳細を詰めていった。コースは、つくばエクスプレスの流山セントラルパーク駅エリアを対象にした。コース決めでは子どもが集中して歩くことのできる時間として、休憩や寄り道も想定しながら、子どもの足で往復1時間半、距離で言うと約2kmのコースを設定した。実際に小山さんたち学生メンバーもまちを歩き、生き物になりきって、どんな見え方があるか検証したという。

近隣小学校の教員を通して子どもたちへワークショップのチラシを配布してもらい、当日は約20名が参加した。このほか、建築学科の学部3年生や伊藤研究室の学生がボランティアとして参加し、子ども1人につき1人のスタッ

「まち・いえコンペ」公開審査にて

すごろくマス制作中

フがつくようにした。まちあるきの前にミニレクチャーの時間を設け、あらかじめ撮影した写真を用いて「生き物目線当てクイズ」を実施。目線になりきることへの理解ができるよう工夫している。

　流山セントラルパーク駅エリアは、開発途中であるため空き地が多く、建物のスケール感も大小混じり合っている。こうしたまちの特徴により、子どもたちは多様な居場所を発見できた。撮影した写真からひとり3～5枚を選び、休憩をとっている間にスタッフが印刷し、すごろくのマスをつくる。次に、そのマスをプラスやマイナスの感情で分類し、進む、戻るなどのすごろくのルールを当てはめていく。例えば、水たまりの写真に対して、水が嫌いな猫は1マス戻るというようなものだ。最後に、全員がつくったマスをつなぎ合わせ、すごろくが完成した。「子どもたちは、考え方を自分なりに応用してさまざまな居場所を見つけてくれました。今回のワークショップを通して、視点を変えて都市を見てみるという経験を子どもたちに提供できたと思います。また、まちを良くする事について、多くの世代、分野の方と議論できるようになれば良いという自身の思いを再認識できました」と小山さんは話す。

ワークショップ準備の様子

子どもに対するアウトリーチ

　伊藤研究室は、以前に東京都庭園美術館で開催されていた、子どもとその家族を対象としたプログラム「あーととあそぶにわ」に協力していた。美術館や展覧会に親しんでもらうことを目的としている。プログラム内で学生は子どもが参加するプログラムやそのための空間づくりに取り組んでおり、こうした経験が引き継がれて、同じく子どもを対象とした「まち・いえコンペ」への応募につながったようだ。子どもや一般の方々に対するアウトリーチについて、伊藤先生は「日本の学校では建築や都市の教育がほとんど行われない現状があります。子ども時代に、身近なまちの魅力を知ること、建築の面白さを感じることは大変重要です。その積み重ねが、将来の日本の建築や都市のレベルを上げていくのだと思います」と指摘する。また、「建築分野の学生や専門家の間では "良いよね" "おもしろいよね" で

■「新型コロナウイルス対策下での研究室活動」
公共空間を使いこなすために行っている毎年恒例のピクニックが、春はオンラインでの開催、秋はディスタンスを取った形式となりました。各地への調査に行くことができず影響は大きいと感じていますが、1月発行の研究室誌に載せられるよう、プロジェクトを進めていきたいです。

学生が編集を担当する研究室誌

共有できていたものが、何が良いのか、おもしろいとはどういうことなのか、客観的に言語化することを求められます」と言うように、まちや建築の見方を、子どもを通して改めて考える機会となる。加えて、体験の仕方やチラシなどワークショップをトータルでデザインする中で培われる能力もある。「まち・いえ」ワークショップでは、建築学会の委員から運営について高い評価を得ており、これまでの研究室での取り組みが引き継がれていることがうかがえる。

積極的に都市を訪れる

　なりきりすごろくで子どもたちが取り組んだまちあるきは、伊藤研究室に所属する学生のミッションでもある。研究室に所属して最初のレクチャーで、伊藤先生は学生に「この1年で最低10都市を見てきなさい」と言う。「私は毎年新たに20都市以上を訪れるようにしています。ここでの"訪れる"とは、その都市を歩いて、形成過程・地形・産業などを知り、都市の骨格が分かるようになるまでを指しています」と伊藤先生は話す。ゼミでは、毎週1人ずつ好きなテーマを英語で発表する時間を設けており、訪れた都市の話をする学生も多い。「自分が見て、感じたことを表現するのはとても大切です。まちの見方は全員異なるので、教員にとっても学びが多いです」と伊藤先生。自身は、「シビックプライド研究会」の代表として活動してきた。「シビックプライド」とは、都市に対する市民の自負を指す言葉である。これが、当事者意識を持って地域を良くしていこうとする行動につながる。学生は、さまざまな都市を訪れる中で、自身のシビックプライドを持つ下地づくりをしていると言えるだろう。

　学生が学ぶ側と教える側の両者を行き来する伊藤研究室。その目線は、未来の都市や建築に向けられている。

「あーととあそぶにわ」

東京理科大学大学院 理工学研究科 建築学専攻

西田司 研究室

MEMBER	指導教員：西田司（にしだ おさむ）／学部4年生 11名／修士1年生 9名
MASTER'S DESIGN SCHEDULE	1年：研究室の活動に参加、研究テーマの検討 2年：修士設計
PROJECT	「オープンナイト」「合同ゼミ（明治大学門脇耕三研究室）」 「輪読会」「建築学生ラジオ」「Social Good Distance コンペティション企画」 「芹ヶ谷公園のセンシング＋アクティビティ調査」ほか

日本の現代建築の実践に触れる

「研究に行き詰まったときに、ヒントやキッカケを用意してもらえて、自分の興味を突き詰めていけます」と、修士1年の山田朋希さんが魅力を語るのは、立ち上げ2年目の西田司研究室だ。できたばかりでどんな研究室かもわからずに門を叩いたけれど、「大学は自分の興味・関心から研究を掘り下げていく自由な場所。活動への参加も任意」という西田先生の考えのもと、個性豊かな学生たちが思い思いに研究を進めている。

西田研究室では設計を学ぶなかでも、とりわけ日本の現代建築に触れる機会が多い。「同じ大学内でも、近代や海外の建築を学ぶ研究室があるなか、ここでは日本の現代建築の実践に触れることができます」と山田さんは話す。それには西田先生の人脈の深さと広さが影響しており、研究室の活動では新進気鋭の建築家たちの生の声を聞けるチャンスが多い。その一つが、2019年度から継続して開催している「オープンナイト」だ。研究室のゼミがある夜に、建築家や建築の専門職の方々を招いてレクチャーをしてもらうというもの。都市や図書館、長崎県の軍艦島など、テーマの切り口は多種多様。「モノを見るのとは異なる、その人が発している空気感のようなものからも学びがある」と西田先生が言うように、学生たちにとって大きな糧となる話が

聞け、コロナ禍でもオンラインで継続することができ、外出自粛期間中には貴重なインプットの機会となっていたようだ。

一方、他大学との交流もあり、西田先生と親交の深い明治大学の門脇耕三先生の研究室とともに、建築を映像作品にまとめる合同ゼミも行っている。各研究室の学生が混在するように班を形成し、各班ごとに異なる建築作品を取り上げ、動画を撮影する。ここでも現代建築を取り上げており、山田さんは「西沢立衛さんの『森山邸』を被写体としました。建築家がどうつくったのかという文脈と、自分たちがそれをどう読み替えるかという二段階の構成が難しくもあり面白くもありました。相手にどう伝えるのか、相手側の視点を考えるキッカケになりました」と感想を語ってくれた。「門脇研究室は構法の研究室。ものの成り立ちを扱っており、建築の見方が鋭い学生が多く、うちの学生たちにとってもよい刺激になります。コロナの影響で中断しているけれど、今後も続けていきたい」と、西田先生は言う。

ポストコロナの新しいスタイルを模索

新型コロナウイルス感染拡大により、緊急事態宣言が発令された2020年4月には、「今後どうすべきかわからな

西田研究室主催「コロナの時期の過ごし方を面白がる建築学生ラジオ」

輪読会（テーマ：キッチン）

オンラインでのゼミ（卒業研究）

かった」が、「1ヶ月後にはオンラインが日常になりました」と西田先生は語る。また山田さんは、「オンラインでのコミュニケーションでは1つの画面で情報を共有する必要があるため、自分の考えを一度きちんとPDFなどにまとめて整理することが求められます。他者に見せるという状況に否が応でもなるので、以前よりもアウトプットの機会が増えました」と状況をポジティブに捉えていた。西田先生にポストコロナの見通しをたずねると、「コロナ禍が終われば元に戻るというのは幻想のように思います。この状況で得た知見や新しい方法などよい部分は継続させていくべき」だという。「建築教育のなかでも座学はオンライン授業のままでいいかもしれません。一方で、大学ではオフラインで仲間たちと一緒の空間にいることにも価値があります。とりとめのない会話のなかからの気づきもあります。午前は家で読書をして、パソコンで授業を受け、午後は研究室に来て仲間と話し、模型をつくるなど、バランスを取って、新しいスタイルを模索していくことで新しい学びの場があると思います」。

そのようなコロナ禍において、継続している活動の一つに「輪読会」がある。2019年度は建築誌「新建築」や建築家の著書を輪読して議論したが、今年度は各人の興味をもとに「キッチン」や「映画」、「テクノロジー」など個別にテーマを決めて行っている。4〜5人で班をつくり、班ごとに尖った切り口から議論していく。山田さんは、「僕の班では住宅におけるキッチンの位置付けを考えたのですが、普段、建築を見る際には思いつかないようなテーマなので、建築の見方が変わりました」と、輪読による成長を実感しているようだ。また、設計をする際に、特定のテーマにフォーカスしてどんどん深堀りしていくことと、輪読会で一つのテーマを掘り下げていくことがプロセスとして似ており、学生たちの設計へのフィードバックも多いという。

興味・関心から研究を突き詰める

「研究室にはさまざまなインプットの機会を設け、時にはサポートもします。それをどう生かしていくかは学生次第です」と西田先生。「研究室の立ち上げ当初、学生たちに一緒にやってみないかといくつか研究プロジェクトを提案したのですが、彼らの心には刺さりませんでした（笑）。そこからちょっと引いてみて、学生たちそれぞれの興味・関心を観察してみると、結果、初めの私の研究プロジェクト提案よりも彼らが見つけてきた修士設計のテーマのほうが圧倒的に面白かった。それ以来、学生たちの現在進行形の建築センサーをリスペクトしていて、彼らの小さな気づきを面白くするところに注力しています。脳みそは一つだけでなく、学生が20人いれば20個あると考えると20倍面白くなります」。

西田研究室には自身の興味・関心から研究を突き詰めていける環境がある。そして行き詰まったときには、西田先生がともに考えて、道標を立ててくれる。コロナ禍を経た新しい世代がここで成長し、社会へ飛び立ち、近い将来、日本の建築界に新風を吹き込むのではないだろうか。研究室の自由闊達な空気がそう予感させてくれた。

ゼミ旅行（上勝町ゼロ・ウェイストセンター）

日本大学大学院 理工学研究科 海洋建築工学専攻

佐藤信治 研究室

MEMBER	指導教員：佐藤信治（さとうしんじ）／学部3年生 14 名、学部4年生 15 名／修士1年生 6 名、修士2年生 7 名
MASTER'S DESIGN SCHEDULE	4月テーマ設定→7月現地調査→9月進捗状況報告発表会→12月学術講演会ポスターセッション・計画系コミッティプレゼンテーション→1月研究テーマ表題投稿→2月本審査・梗概集原稿提出
PROJECT	「秋田県まちづくり合宿」「歴史的空間再編コンペティション」

横手市役所内ホールにて、発表会終了の記念撮影

秋田でのまちづくり合宿

　秋田県でのまちづくり合宿を、2012 年から毎年実施してきた佐藤信治研究室。合宿では、現地調査やワークショップ、住民や自治体へのまちづくり提案を行ってきた。しかし 2020 年に入ってからは、新型コロナウイルスの感染拡大により、活動内容を大きく変更せざるを得ない状況となっている。2018 年に訪れた横手市増田町の住民から要望を受け、研究室として増田町での継続的なプロジェクトを立ち上げた矢先だった。

　コロナ以前最後の合宿となった 2019 年 9 月は、湯沢市と横手市を訪れた。横手市増田町では朝市に参加。朝市で使うことのできるブースを設計するために、自分たちが出店側になってみようという目的があった。今回のブースは、まちの人たちと情報交換ができる場とした。

　修士 2 年の山本淳樹さんの班は、増田町のほか湯沢市の小安峡温泉へ。秋田県の南玄関として栄えた温泉街であるが、交通網の発達などにより観光客は減少の一途をたどる。山本さんは、「足湯がいくつかあったのですが、全て止まっていました。温泉宿も少なくなっていますが、残っている宿の建物は豪華で雰囲気も良く、このまま寂れていくのはとてももったいないと感じました」と振り返る。小安峡温泉の課題のひとつとして、休憩できる場所、飲食できる場所が少ないことを挙げ、山本さんたちは自治体へまちづくり提案を行った。具体的には、空堀となっている足湯を生かし、温泉の蒸気で食材を蒸す「地獄蒸し」のできる施設を計画。出来上がった料理をその場で食べることもでき、観光客と地元の人たちが交流できる場を目指した。「湯沢市は小安峡のほかにもたくさんの要素を持っていますが、それらを生かし切れていないように思いました」と、山本さん。特に資金面での課題を抱える地方都市においては、提案が生かされるまで長い道のりとなりそうだ。佐藤研究室は、増田町で現地拠点(サテライトラボ)を計画しており、地域に根差した活動が期待される。

歴コングランプリ
豪雪地帯が生んだ歴史的空間を再編

　秋田でのまちづくり合宿は、コンペの提案にも結び付いている。「歴史的空間再編コンペティション 2019」では、佐藤研究室のメンバーによる提案「なごり雪に涼む　―雪室による雪捨て場再考―」がグランプリを受賞した。横手駅前を敷地に、「雪捨て場」「雪室」を再編する建築を計画。雪捨て場は、冬は除雪した雪を集めておく必要不可欠なスペースだが、夏は空き地になってしまう。そこで、冬の間に積もった雪を利用した冷蔵施設である雪室を設け、さらに駅前という立地を生かして交流や宿泊の機能を取り入れている。

　この提案のはじまりは、コンペメンバーの駒形吏紗さん（学部 4 年）が雪捨て場

小安峡温泉（湯沢市）

歴コングランプリ「なごり雪に涼む」模型写真

冬：中庭での雪室づくり

初夏：なごり雪が涼をもたらす仮設部

に着目したことだった。「地図を見ていたとき、広く空白になっている場所があることに気づきました。合宿での現地調査を通して、そこが雪捨て場であることが分かりました」（駒形さん）。豪雪地帯で暮らす人々が、雪と付き合ってきた生活の中で形成した歴史的空間を、新しい目線で組みなおした形だ。

　山本さんは、増田町もその指定を受けている重要伝統的建造物保存地区（重伝建地区）を題材に、修士論文に取り組んでいる。全国に120ヶ所ある同地区の課題を見つけ出し、まちづくりなどの提案をしていくという。「ただ、歴史的なまちを観光地化していくということには矛盾があると思っています。遠い昔から、その地で暮らしてきた人々が積み重ねてきた生活を、観光地の軸へと切り替えていかなくてはならない。今までの歴史を大切にするために歴史を分断することは、新しい歴史の一歩とも、今までの歴史の否定とも言えるのではないか」（山本さん）と、さまざまに思考を巡らせている。

　歴史的なまちの特徴のひとつに「水辺が多いこと」があるという。山本さんは「小川や水路、橋、池など、グーグルマップを見ると歴史的なまちでは水辺の写真が多く投稿されています。水辺はまちの形成に必要不可欠な要素なので、このキーワードは全国で適用できそうです」と、海洋建築工学専攻らしい視点からまちを見ているようだ。大学の入構制限により研究室に入ることができず、全国各地の重伝建地区に足を運ぶこともできない中、自宅でオンラインによる資料集めが中心となった。

　入構制限中の研究室活動は、ZOOMによる週1回の定例ミーティングや、下級生に対しIllustratorの使い方をレクチャーするなどしていた。山本さんは「オンラインミーティングは画面を共有できるので、皆で話し合うときは便利だと思いました。しかし、いま参考にしたい先輩たちの

修士論文は研究室に保管されているので、やはり研究室で作業したいと思っていました」と話す。

　学生が主体となって活動するスタイルが踏襲されてきた佐藤研究室。「これからの日本では、設計者自らが仕事をつくり出していくことが求められると考えています」と佐藤先生は話す。まちづくり合宿など研究室での活動を通して、学生たちはその訓練をしている。コロナ禍において、当たり前だったことが当たり前でなくなり、今後の研究室活動も変容せざるを得ないだろう。このような状況下でこそ、自ら仕事をつくり出していく姿勢が生かされてくるのかもしれない。

雪の残る3月の合宿では、雪かきをお手伝い（横手市増田町）

まちづくり合宿があけた朝

法政大学大学院 デザイン工学研究科 建築学専攻

下吹越武人 研究室

MEMBER	指導教員:下吹越武人(しもひごし たけと)／学部4年生 3名／修士1年生 3名、2年生 4名
MASTER'S DESIGN SCHEDULE	1年:研究室の活動に参加、研究テーマの検討 2年:6月 テーマ決定→9月 中間発表→2月 修士設計・論文の提出、最終発表・審査会
PROJECT	「読書会／作家研究」「ワークプレイス研究」

3年間で自分の世界を積み上げる

下吹越武人研究室の門を叩くのは、「設計に対してとても意欲的だけれど、本当にやりたいことが何かまだわからず、あと一歩、飛躍するキッカケが掴めずもがいているような学生が多いかもしれません」と下吹越先生は話す。しかし、「修士設計が終わる頃にははっきりと成長が見られる」という。「せっかく設計をやるのだから、学部の4年間だけで終わらず、修士も含めた6年間で将来に向けたキャリア形成の手応えを掴んでほしい。だから研究室に来る学生には1年ではなく、3年間で自分の世界を積み上げていき、成果物に到達することを意識してもらいたい」と下吹越先生は考えている。

また、卒業設計で取り組んだテーマが、修士設計のテーマにどこかで結びついている学生が多いのも下吹越研究室の特徴の一つ。「建築を考えるとき、自分の興味が原点となります。個人の興味は大学生という多感な時期でもそれほどブレないものなので、そこがスタート地点で構いません」と話す下吹越先生自身も、「学生時代に考えたことや興味が、今でも設計のベースになっている」のだという。

研究し、まとめ、表現する

下吹越研究室では2018年度から、『ワークプレイス』をテーマに掲げた研究に取り組んでいる。働くことと場所の良好な関係を読み解き、人の日常と場所が深く繋がることで得られる楽しさや豊かさについて考察するというもの。学生たちがさまざまな働く事例を見つけ出して持ち寄り、それらをいろいろな視点からグルーピングする。そしてみんなで議論を重ねて、インタビューする対象者を絞り込み、学生たちが実際に話を聞いて記事をまとめ、WEBサイトで公開している。「インタビューや文字起こし、WEBサイトの制作などみんなで作業を分担しますが、初めてのことばかりでとても苦労しました」と学生は感想を語ってくれた。また、「修士設計とワークプレイス研究を上手く結びつけたい」という声も。「今年度は新型コロナウイルスの影響で活動ができていませんが、コロナによるワークプレイスや働き方の変容をテーマに、これから取り組んでいく予定」だという。

また、コロナ禍に取り組んだ活動として『読書会』がある。「こういう機会なので腰を据えないと読めない書籍を取り上げた」という指定図書は、アメリカの建築家であり都市

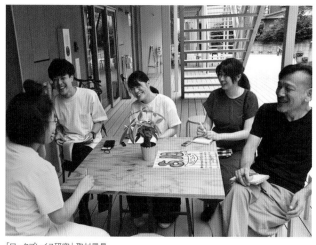

「ワークプレイス研究」取材風景

「ワークプレイス研究」議論の様子

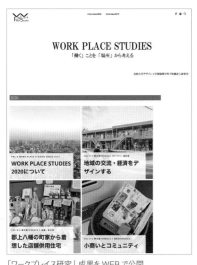

「ワークプレイス研究」成果をWEBで公開　　　　ルイス・カーンの「フィッシャー邸」を映像化

計画家でもあるルイス・カーンの講演集。読書会は『作家研究』でもあり、学生たちが本を読み込み、カーンの思想がどのようなものかを捉えていく。今回は成果物として、一本のフィルムにまとめることになり、カーンのフィッシャー邸を映像化。「模型をつくるよりも、フィルムのほうが表現ツールとして新しい試みができるのではないか」と期待を込めたものだった。「学生たちはそれをきちんと受け止めてくれて、鳥のさえずりや木の葉が風で揺れる音を使うなど、カーンの建築に対する思想を捉えて、それをきちんと表現し、映像をつくり込んでいました」と、下吹越先生の期待を超える結果となったようだ。

今後の展望

2018年に応募した『としまアンダーハイウェイ・デザインコンペ』では最優秀賞を受賞するなど、研究室でコンペに参加することも多い。しかし、「最近は学生と一緒に参加できるようなコンペが少なくなり、機会が減ってしまいました」という。「社会のなかで使われる建築を実際につくることは、大学の授業ではほぼ皆無。コンペは社会で建築が成立するための背景に触れ、理解するとてもよい機会なので、タイミングが合えば積極的に参加したい」と下吹越先生は話す。

また今後の展望としては、作家研究として、アメリカの建築家フランク・ゲーリーを取り上げる予定。「ゲーリーはこれまでの建築の倫理的な基準を飛び越えた新しい建築をつくっています。ゲーリーを対象としたリサーチはあまり見たことがなく、著作も少ない。これまでの作家研究のやり方では上手くできないので、研究方法から学生たちと議論していきたい」という。

学生たちに話を聞くと、「自分の興味があること、好きなことができ、楽しく設計に取り組めていると実感しています」というように、下吹越研究室では自身の興味を軸に、自分のペースで、やり方で、着実に成長していける風土があるようだ。ワークプレイスやゲーリーの研究など、今後の活動の成果もきっと実り多いものになるのだろう。

コンペで最優秀賞を受賞した「リサイクルセンターイケブクロ」

武蔵野大学大学院 工学研究科 建築デザイン専攻

風袋宏幸 研究室

MEMBER	指導教員：風袋宏幸（ふうたい ひろゆき）／学部1年生 18名、学部2年生 1名、学部3年生 11名、学部 4 年生 8 名／修士 1 年生 2 名、2 年生 1 名
MASTER'S STUDY SCHEDULE	1年：4月テーマ仮決定、調査・研究 2年：4月テーマ決定 → 1 月修士制作または修士論文提出、審査会
PROJECT	「トランジッション：小さな操作と大きな変化」 「学生食堂の壁面デザイン（知恵の板）」 「インビジブル―見えない距離の向こうへ」 「リバーブ・スケープ」 「スクロール・ハット」

学部生から院生まで学年横断のプロジェクト

　武蔵野大学において、工学部建築デザイン学科／工学研究科建築デザイン専攻の研究室活動は、「プロジェクト」「ゼミ」の 2 本柱で構成される。「プロジェクト」は、学部 1 年生から参加でき、大学院生を含め学年を横断した体制で取り組めることが特徴だ。風袋研究室の「プロジェクト」では、環境や身体と相互作用する空間をテーマにしたインスタレーション作品などの制作を行っている。一方、「ゼミ」では、大学院生と 4 年生を対象にする修士・卒業研究に加え、3 年生を対象にした建築学演習を実施している。学生は、プロジェクトとゼミで異なる教員につくこともできる。「1 つの研究室のみに閉じこもるのではなく、異なる分野を横断し、視野を広げてほしいと思います」（風袋先生）。

　2019 年はプロジェクト活動として、「トランジッション：小さな操作と大きな変化」というテーマのインスタレー

ション作品を、アジアデジタルアート大賞展 FUKUOKA に応募。「一般カテゴリー／インタラクティブアート部門」で優秀賞を受賞した。これは、プラスチックに和紙をラミネートした強化障子紙「ワーロンシート」を用いてアーチ状の構造体をつくり、それをプログラムによって変形させる装置。その変形は人の手によらず、構造体の支持条件という変数のみをわずかに操作することで引き起こされる。「数十パターンのスケッチの中から 5 パターンに絞り込み、モックアップを制作しました。パターン自体はいろいろ考えつきますが、人の手を介さずに変形できるパターンや仕組みをつくることに苦労しました」と、風袋先生は振り返る。プログラミングも自分たちで取り組み、トランジッションの制作期間は 3 年に及んだ。「大学という場で教育として取り組むプロジェクトは、とにかく時間がかかります。まず、必要な技術習得から始めなければなりません。さらに、活動を継続させる難しさもあります。一つのプロジェクトを数年かけて行うと、初期に関わったメンバーは途中

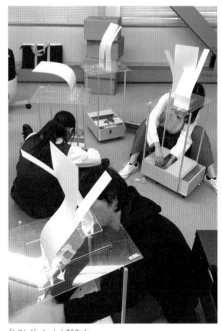

「トランジッション」制作中

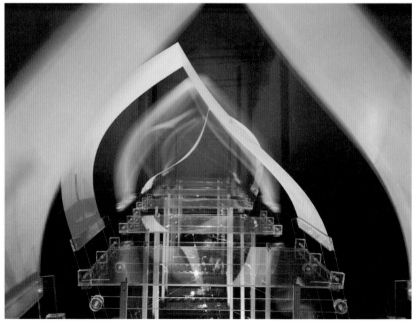

「トランジッション」さまざまな軌跡を描く

で卒業してしまう。この点、トランジッションの制作期間は、学部からプロジェクトに関わって大学院にも進学したメンバーがいたので、活動を継続できました」（風袋先生）。

2019 年度はこのほか、大学の学生食堂のデザインにも取り組んだ。このプロジェクトは、1 年生のみで後期に実施。直角二等辺三角形を最小単位としたパズル、「清少納言知恵の板」から着想を得て、食堂の壁をタイリングにより装飾した。このテーマは、コロナ禍におけるオンラインプロジェクトでも生かされている。「インビジブル─見えない距離の向こうへ」というタイトルの付いたそのプロジェクトでは、ZOOM を用いた画面上で、隣り合う人とパズルのピースをつなげて一周させることで、画面の先にある実際の距離を超え、参加者同士のつながりを創出した。

風袋研究室の活動を振り返ると、ミラノサローネ 2015 に出展した「リバーブ・スケープ」、2016 年のアメリカ建築賞を受賞した「スクロール・ハット」など、プロと肩を並べ、海外でも評価を受けていることが分かる。「リバーブ・スケープ」は、音や色、形の連鎖的変化により "響景" を現象させる空間インスタレーション。屋外設置を想定したバージョン A「サーカス」と、屋内展示を想定して電子技術を組み込んだバージョン B「パレード」がある。「スクロール・ハット」は、巻物状のユニットで構成されたパビリオンである。個々のユニットには光センサーが取り付けられており、時間経過などで変化する周囲の光環境に応じて形を変え、日よけや照明となる。

未来をつくる創意と工夫の力

「プロジェクトの活動では、デザインやアート作品として公表するものが多いです。建築デザイン学科のウェブサイトでは、『メディアで ART』というキーワードを研究室の活動テーマの一つとして掲げています。しかし、その狙いは、『建築を試行するための道具立て』なのです」と風袋先生は話す。例えば「トランジッション」は、建築の空間を考えるための装置となる。今回は机の上に載るくらいの大きさだが、これを足掛かりに、人が中に入ることのできるパビリオンへの展開を最終目標としている。プロジェクト活動は、今までにない新しい建築への試みなのだ。

プロジェクトで単にモノをつくるだけではなく、そこで求められた判断を根拠づけるために、広くビルトエンバイロメント（建築や都市の環境）に関する研究も行っている。「メディアに着目したデザイン、環境に応答する自然のデザイン、建築作品のデジタルビジュアリゼーションなど、とにかく幅広く扱っています。自分の専門と異なっていても、学生が研究したいと思うテーマをできるだけ採用しています」という風袋先生の言葉通り、研究室のウェブサイトには、多様な分野の卒業研究テーマが並ぶ。

「今日の世界は、自身を超えた自然や社会で問題が発生し、そして気がつく前に変質してしまう。このコロナ禍は、まさにそんな状況です。克服には、考えられる限りの方法を尽くさなくてはいけません。学生には、未来をつくり出すための、創意と工夫の力を身につけてほしいと思っています」と風袋先生。プロジェクトはまさしく、創意工夫の連続である。風袋研究室の学生は、狭義の建築の枠を超えたさまざまな手法を通して、未来をつくる力を身に付けていく。

「知恵の板」による装飾

「リバーブ・スケープ」

「スクロール・ハット」

早稲田大学大学院 理工学術院 建築学専攻

小林恵吾 研究室

MEMBER	指導教員：小林恵吾（こばやし けいご） 学部4年生 8名／修士1年生 15名、2年生 14名、3年生 3名
MASTER'S DESIGN SCHEDULE	1年：研究室のプロジェクトに参加・テーマ検討 2年：9月テーマ設定→12月中間発表→2月学内発表
PROJECT	「国際共同ワークショップ（ベルサイユ建築アカデミー、コロンビア大学 GSAPP、UCLA など）」「コラボレーション・プロジェクト（ワーグナープロジェクト、 AMO カントリーサイドリサーチなど）」「各種展示計画関連（Gordon Matta - Clark 展、Charlotte Dumas 展、ソウル都市建築ビエンナーレ展など）」

創り上げた空間に対して、人はどのように応答するのか

　2016 年に発足した小林恵吾研究室では、劇場の空間構成や美術展の会場構成など通常の建築に限定されないさまざまなプロジェクトに取り組んできた。2018 年は、1970 年代にニューヨークを中心に活動したゴードン・マッタ＝クラークの展覧会の会場構成を手掛けた。インスタレーション、彫刻、写真、ストリートカルチャーなどゴードンの作品は幅広いが、代表作は実際の建物を切断した「スプリッティングカット」。小林研究室では、「スプリッティングカット」の 8 分の 1 再現模型の展示を提案した。

　「主要な作品は展示空間の外周壁に展示し、鑑賞するための導線を確保しつつ、それとは別に会場の中央スペースに大型模型や溜まり場となる要素を設置し、観覧者が能動的にふるまうような空間を意図しました」と小林先生は話す。再現模型の他、東京のゴミを用いた GarbageWall の制作を学生で行ったり、鉄パイプなど建設現場で使われる建材を架構に用いたりして、広場のような空間を創り出した。

　「会場構成のプロジェクトは建築のプロジェクトとは異なりますが、考えるスケールやコンセプトづくり、設計や施工の工程があるなど共通点も多々あります。修士の 2 年

「ゴードン・マッタ＝クラーク展」での模型設営の様子

間で、コンセプトから設計、施工、利用という一連の流れを経験できる点は、会場構成プロジェクトの良いところです。また、つくり上げた空間・状況に対して、人がどのように反応し、行動するのかという建築と同じ課題を持ち、その検証まで行える点も、学生にとっては学びになります」

　展覧会の会場構成の他、研究室で 2017 年から継続して取り組んでいるのが、東京藝術大学の高山明教授と協働している「ワーグナー・プロジェクト」だ。「ワーグナー・プロジェクト」は、初日に公開オーディションで選ばれた一般参加者が生徒役となり、ラッパーや DJ、グラフィティアーティストなどその道のプロフェッショナルから、ラップやライブ、ダンスやグラフィティなどのレクチャーを受けるというワークショップ型の演目。小林研究室は劇場や広場での空間構成を担当し、都市の要素である階段やフェンスでの囲いなどを取り込むことで、仮設都市空間をつくり上げてきた。また開催期間中、参加者の動きを記録し、どこに人が集まるのか、どのように空間を利用しているのかを探ってきた。

　「『ゴードン・マッタ＝クラーク展』では、鑑賞以外の行為をどのように引き出すかということが課題でしたし、『ワーグナー・プロジェクト』では、どのような空間・状況をつくり出せば、人が擬似的にでもコミュニティをつくり、活発に行動するかが課題でした。どちらも、技術が進歩し、社会が変わっても人の身体は変わらないことを前提に、空間に対する人の行為をテーマとしています」と小林先生は話す。

　プロジェクトが終わると、毎回その工程や観察・計測したデータを冊子にまとめているという。「人間工学的な行動分析も大切ですが、建築で重要なことは偶然性です。少数の人しかとらない変わった行動に注目して、なぜそのような行動をとるのかを検証してドキュメントすることも大切。企画、設計、施工、検証、そしてドキュメントまでの一連のプロセスが経験できることは、将来設計の仕事に携わるうえでも生かされてくると思います」

コロナ禍で展示構成のプロジェクトも行いましたが、これまでのように学生と密にコミュニケーションをとりながら進めることができませんでした。ZOOMや3Dモデルを使って情報共有をしましたが、やはり限界がありました。ただ、ZOOMをはじめとしたリモートのコミュニケーションツールが浸透したことで、海外の方のレクチャーやコラボレーションなどがしやすくなりました。オンラインだと以前よりも気軽に頼めますし、気軽に引き受けてくださるようになったかと思います。

「ワーグナー・プロジェクト」

都市スケールサーベイで世界が抱える課題に取り組む

2016年、小林先生がオランダの事務所から日本に帰ってきた際、少子高齢化をはじめとした日本が抱える問題の深さや多さを実感したという。一方、空き家問題などに見られるように主に郊外において人口の縮小が顕在化する一方、渋谷や日比谷といった都心の各地域で大規模開発が続く東京の二面性にも興味が湧いた。そういったこともあり、研究室発足時から「都市スケールのサーベイ」も続けている。

2017年には世界の40大学が出展した「ソウル都市建築ビエンナーレ」に出展。「共有都市」という大会テーマのもと、小林研究室では台東区の「谷中・千駄木・根津」エリアをサーベイして展示を行った。「東日本大震災後、日本の建築においてコモンズ（共有）がテーマになりましたが、ある枠で共有をつくるとその裏には排除された人が出てきます。行政や特定の人の主導で、"みんな"という強制力が先行して働くのではなく、自然発生的に生成されるコモンズの形はないかと考えた際に、谷根千エリアが思い浮かびました」と小林先生。谷根千には、古本が好きで町を本屋にする活動をされている方や、空き家や空き地を活用する運動を進めている方、シンボルである樹木を守る方など、個人個人が各自の情熱や興味で活動している人が多い。そういった人たちは自然にゆるいネットワークを形成し、さらにはそこに賛同した人たちが集まってくる。小林研究室では、21人の活動家に活動内容や彼らの街に対する想いや考えをインタビューし、個人から発生する共有の在り方を分析し、海外の人たちに示した。

「少子高齢化をはじめ日本が抱える多様な社会的課題は、世界の国々でも問題になっていますが、日本では先頭だって深刻化している。こういった問題に取り組むことは、海外の人と共通のテーマで議論することにつながりますし、他の国々への問題解決のヒントを示せるかもしれない」と小林先生。都市スケールのサーベイは、海外でも興味のある都市があれば積極的に足を運ぶ。東南アジアの発展途上の地域のサーベイにおいては、「発展途上の状況の中に、縮小へ向かう未来の日本に必要な可能性やヒントのようなものを見いだせるのではないか」と言う。

こうしたプロジェクトを通して得たことを糧に学生は修士設計に取り組む。「修士設計はアンビルドですが、アイデアの基盤は比較的リアリティに基づいているものが多いと思います。研究室のメンバーも多いのでとにかく多様な案を出して欲しい」と小林先生。修了後の進路も、建築以外の道に進む学生もいるそうだが、一方で研究室のプロジェクトを通して、建築へのモチベーションを取り戻し設計の道に進んだ学生もいるという。人口減少、環境問題、都市問題など、さまざまな課題が顕在化する中、建築が扱う問題や領域が広がっている。「建築の新しい分野については学生の方が敏感」と小林先生。今後、小林研究室からは従来の建築にとらわれない、多種多様な人材が輩出されるだろう。

「ソウル都市建築ビエンナーレ」では、谷根千の21人の活動家を紹介した

総合資格学院は、「今」最も合格者を輩出しているスクールです！

総合資格学院は合格実績 No.1

総合資格学院なら1級建築士試験に1年で合格できる！

優れた実績を挙げ続ける講習システムをさらにチューンナップ

令和の大改革 を進行中！

詳細はこちら

2020年度　1級建築士　設計製図試験　卒業学校別実績

卒業生合格者20名以上の学校出身合格者のおよそ6割は当学院当年度受講生！

卒業生合格者20名以上の学校出身合格者合計 2,263名中／当学院当年度受講生合計 1,322名

下記学校卒業生当学院占有率 **58.4%**

学校名	卒業合格者数	当学院受講者数	当学院占有率	学校名	卒業合格者数	当学院受講者数	当学院占有率	学校名	卒業合格者数	当学院受講者数	当学院占有率	学校名	卒業合格者数	当学院受講者数	当学院占有率
日本大学	162	99	61.1%	大阪工業大学	55	34	61.8%	金沢工業大学	35	16	45.7%	北海道大学	27	13	48.1%
東京理科大学	141	81	57.4%	東京都市大学	52	33	63.5%	名古屋大学	35	22	62.9%	新潟大学	26	18	69.2%
芝浦工業大学	119	73	61.3%	京都工芸繊維大学	49	23	46.9%	東京大学	34	16	47.1%	愛知工業大学	25	17	68.0%
早稲田大学	88	51	58.0%	関西大学	46	32	69.6%	神奈川大学	33	22	66.7%	中央工学校	25	12	48.0%
近畿大学	70	45	64.3%	熊本大学	42	23	54.8%	立命館大学	33	25	75.8%	京都建築大学校	23	19	82.6%
法政大学	69	45	65.2%	大阪市立大学	42	22	52.4%	東京都立大学	32	21	65.6%	武庫川女子大学	23	13	56.5%
九州大学	67	37	55.2%	東京工業大学	42	17	40.5%	横浜国立大学	31	15	48.4%	大分大学	21	12	57.1%
工学院大学	67	31	46.3%	名城大学	42	27	64.3%	千葉工業大学	31	19	61.3%	慶応義塾大学	20	9	45.0%
名古屋工業大学	65	38	58.5%	東京電機大学	41	25	61.0%	三重大学	30	16	53.3%	日本女子大学	20	11	55.0%
千葉大学	62	41	66.1%	広島大学	38	29	76.3%	信州大学	30	16	53.3%				
明治大学	62	41	66.1%	東北大学	38	26	68.4%	東海大学	30	16	53.3%				
神戸大学	58	27	46.6%	東洋大学	37	24	64.9%	鹿児島大学	27	18	66.7%				
京都大学	55	28	50.9%	大阪大学	36	13	36.1%	福井大学	27	11	40.7%				

※卒業学校別合格者数は、試験実施機関である（公財）建築技術教育普及センターの発表によるものです。※総合資格学院の合格者数には、「2級建築士」等を受験資格として申し込まれた方も含まれている可能性があります。　（2020年12月25日現在）

 総合資格学院

東京都新宿区西新宿1-26-2 新宿野村ビル22階 TEL.03-3340-2810

スクールサイト▶ https://www.shikaku.co.jp
コーポレートサイト▶ http://www.sogoshikaku.co.jp

Twitter ⇒「@shikaku_sogo」　Facebook ⇒「総合資格 fb」で検索！

JIA
EXHIBITION
OF STUDENT
WORKS FOR
MASTER'S
DEGREE
2020

第18回 JIA 関東甲信越支部
大学院修士設計展

発行日　　2021年2月9日
編 著　　JIA関東甲信越支部大学院修士設計展実行委員会
発行人　　岸 隆司
発行元　　株式会社 総合資格　総合資格学院
　　　　　〒163-0557 東京都新宿区西新宿1-26-2　新宿野村ビル22F
　　　　　TEL 03-3340-6714（出版局）
　　　　　株式会社 総合資格‥‥‥‥‥‥‥　http://www.sogoshikaku.co.jp/
　　　　　総合資格学院‥‥‥‥‥‥‥‥‥　https://www.shikaku.co.jp/
　　　　　総合資格学院 出版サイト‥‥‥‥　https://www.shikaku-books.jp/

編 集　　株式会社 総合資格　出版局（新垣宜樹、梶田悠月、金城夏水、藤谷有希）
デザイン　株式会社 総合資格　出版局（志田 編）
印 刷　　シナノ書籍印刷 株式会社

本書の一部または全部を無断で複写、複製、転載、あるいは磁気媒体に入力することを禁じます。

Printed in Japan
ISBN 978-4-86417-387-2
Ⓒ JIA関東甲信越支部大学院修士設計展実行委員会